Donald R. Perry

Leben im Dach des Dschungels

Donald R. Perry

Leben im Dach des Dschungels

Ein Forscher in den Kronen des Regenwalds

Aus dem Amerikanischen
von Peter Göbel

Wolfgang Krüger Verlag

Die Originalausgabe erschien 1986 unter dem Titel »Life Above the Jungle Floor« im Verlag Simon and Schuster, New York

Umschlaggestaltung: Manfred Walch, Frankfurt am Main, unter Verwendung zweier Fotos von Donald R. Perry
Lektorat: Ulrich Ernst Huse
Typographie und Herstellung: Hans-Heinrich Ruta
Satz: Fotosatz Otto Gutfreund, Darmstadt
Druck: Georg Appl, Wemding
Bindung: G. Lachenmaier, Reutlingen
ISBN 3-8105-1509-4

Die Fotos in diesem Buch stammen von Donald R. Perry – mit Ausnahme der nachfolgend genannten:
S. 20, 33 und 41 (Paul Abravaya), S. 2 und 165 rechts (Carlos Gomez), S. 165 links (Charles Goodnight), S. 160, 161 und 172 (Norman Milks), Umschlagrückseite (Nalini Nadkarni).
Die schwarzweißen Strichzeichnungen wurden der Zeitschrift *Spektrum der Wissenschaft* (Jg. 1986) entnommen.

Inhalt

Ich widme dieses Buch meiner
Mutter und meinem Vater,
die mir auf ihre Weise halfen, meinen
Weg zur Biologie zu finden –
und Andrew Fields, der nach vielen
Jahren erfolgreicher Forschungen
im Kronenraum vor kurzem
bei Arbeiten im Regenwald tödlich
verunglückte.

Dank

Ein Buch wie dieses kann nicht ohne die Hilfe zahlreicher Mitarbeiter und Freunde entstehen. Ich bedanke mich herzlich bei Sylvia Merschel für ihre beständige Ermunterung, Unterstützung und hilfreichen Ideen in den langen Jahren, in denen wir das Buch vorbereiteten. Bei den Geländearbeiten in La Selva unterstützte mich eine große Zahl von Gästen und Forschern: Paul Abravaya, Cathy Andrews, Kamaljit Bawa, Jim Beach, Amos Bien, Robert Borth, Phil DeVries, Gary Freed, Carlos Gomez, Mike Grayum, Charles Griswald, David Janos, Nalini Nadkarni, Dennis Ojima, Cathy Pringle, Manuel Santana, Robert Sanford und die Belegschaft von Finca La Selva mit ihren vielen Mitarbeitern. Dank schulde ich Rebecca Eastman, die vom Erfolg meiner Forschungsarbeiten fest überzeugt war und damit entscheidend zur Fertigstellung des Buches beigetragen hat. Eine Reihe anderer Kollegen war mir auf verschiedene Weise behilflich: Anne-Marie Bennstrom, Rick Gutierez, John Herman, Lee Kavanau, Lynn Nesbit, Mark Oring, Luis Sanjurjo, Stephen Schmidt, Paul Trachtman, David Vescera sowie die zahlreichen Studenten der *Organization for Tropical Studies.* Auch bei ihnen möchte ich mich an dieser Stelle bedanken.

Von Kamal Bawa, Sigma XI. und durch ein Stipendium der California State University Northridge erhielt ich finanzielle Unterstützung. Das Unternehmen *Osa Productivous Forestales* erlaubte mir großzügigerweise, mehrere Jahre lang seine Einrichtungen auf der Halbinsel Osa zu benutzen. Weitere Zuschüsse verdanke ich Ron und Marlene Collins, Sheila Selby und Robert Petricca. Ich bedanke mich bei der Regierung Costa Ricas und den freundlichen Menschen in den Ministerien, die mir uneigennützig die Erlaubnis erteilten, in ihrem Land zu forschen. Ihre Nationalparks und ihr Weitblick sind beispielhaft für einen verantwortungsbewußten Naturschutz.

Schließlich bin ich Roberta Halsey zu besonderem Dank verpflichtet. Als Lektorin ist es ihr in langer Arbeit gelungen, dem Manuskript seine endgültige Form zu geben. Sie beteiligte sich darüber hinaus selber an den Geländearbeiten.

Donald R. Perry

»Ein anderes, Tausende von Quadratmeilen großes Reich des Lebens muß erst noch entdeckt werden. Es liegt nicht auf dem Erdboden, sondern 100–200 Fuß über ihm . . . Den Naturforscher erwartet dort eine reiche Ernte. Er muß nur die von der Natur gesetzten Hindernisse – Schwerkraft, Ameisen, Dornen, vermoderte Stämme – überwinden und zu den Wipfeln der Urwaldbäume aufsteigen.«

William Beebe, *Tropical Wild Life (1917)*

Einführung

Das klare, schöne Gesicht der Natur hat mich als Kind tief beeindruckt. Ich kann mich noch gut daran erinnern, obwohl inzwischen schon eine Ewigkeit vergangen zu sein scheint. Bei Spaziergängen fesselten die Pastelltöne des Sonnenlichts, das durch die Blütenblätter von Frühlingsblumen fällt, meinen Blick mit unerklärlicher Anziehungskraft. Schmetterlinge kamen mir wie Boten aus einer fremden, wunderbaren Welt vor. Hohes Unkrautgestrüpp verschlang mich, und ich malte mir – wie Kinder es tun – in allen Einzelheiten die Abenteuer aus, die ein winziger Mensch in den von Spinnen, Insekten, Kriechtieren und anderen Bestien bevölkerten Gras-Dschungeln zu bestehen hätte.

Diese Neugier und die Lust am Abenteuer spüre ich noch heute in mir. Sie führten mich in eine Welt mit Tieren und Pflanzen, die den meisten Menschen unbekannt ist und die erst wenige gesehen haben. Es ist ein Ort jenseits aller Kindheitsträume, eine zerbrechliche Welt, die wie ein flüchtiger Traum nach und nach von unserem Planeten verschwindet.

Dieses Buch ist die erste Chronik der noch weithin unbekannten Welt im obersten Stockwerk der tropischen Regenwälder. In zahlreichen Werken ist bereits versucht worden, das Leben im Urwald zu schildern. Alle früheren Autoren waren indes – genauso wie die Entdecker, über die sie berichten – Gefangene des düsteren, feuchten und oftmals auch bedrückenden Urwaldbodens. Die Tier- und Pflanzenwelt in den bodennahen Stockwerken des Regenwaldes ist interessant, repräsentiert allerdings nur einen Bruchteil der gesamten Flora und Fauna des Waldes. Die

Rote Samen der im unteren Waldstockwerk beheimateten Kletterpflanze Siparuna*; sie werden durch Vögel verbreitet*

umfangreichsten und in vieler Hinsicht auch wichtigsten Lebensgemeinschaften finden sich hoch über dem Erdboden in einer Schicht, die *Kronenraum* genannt wird. Um diesen Teil des Urwalds zu erforschen, müßte man entweder wie ein Affe über hohe Äste klettern oder sich wie ein geflügeltes Tier durch die Luft bewegen können.

Die untere Grenze des Kronenraumes verläuft knapp zehn Meter über dem Erdboden. Von dort setzt er sich Schicht um Schicht bis über die Höhe eines 17stöckigen Wolkenkratzers hinaus fort. Wissenschaftler, die auf herkömmliche Weise, beispielsweise mit ausziehbaren Leitern oder mit Stangen, an denen Sammelbehälter befestigt sind, Untersuchungsmaterial im Regenwald sammeln, haben eine Reichweite von ungefähr neun bis zehn Metern. Zwei Drittel der Pflanzen und Tiere des Regenwalds leben jedoch oberhalb dieser Höhe, und viele von ihnen werden selten oder niemals in der Nähe des Erdbodens gefunden. Nicht weniger als 80% der Nahrung für die Bewohner des gesamten Regenwalds werden im Kronenraum erzeugt. Er ist buchstäblich die wichtigste »Nahrungsebene« des Waldes. Berichte über die unteren Stockwerke verraten deshalb nichts oder nur wenig über das in der Luft schwebende Lebensreich, das für die Existenz der tropischen Regenwälder von entscheidender Bedeutung ist.

Das wichtigste Stockwerk des Regenwalds versperrt Forschern mit tückischen Hindernissen den Weg. Die Arbeit auf den langen Ästen der Urwaldbäume in schwindelerregender Höhe läßt sich vielleicht am besten mit der Kletterei auf den Stahlträgern eines Wolkenkratzers vergleichen – mit dem Unterschied, daß die Äste noch ein paar zusätzliche Probleme bieten: Sie können wippen, schaukeln oder brechen, und sie bergen eine Vielzahl giftiger Tiere wie Spinnen, Wespen, Vipern, Skorpione und Ameisen. Auch sind die Baumstämme häufig morsch. Bei heftigem Wind kann man hören, wie sie zerbrechen und zu Boden stürzen. Dies sind nur einige der Ursachen, warum das Kronendach bisher noch nicht gründlich erforscht worden ist.

Heute führt eine Handvoll Biologen Untersuchungen im Kronenraum durch, und man beginnt zu begreifen, was die Wissenschaft im letzten Jahrhundert versäumt hat. Bei Entdeckungen, die einen weiteren Stein im großen Puzzle des Kronenraums an die richtige Stelle setzen, scheint das unbehagliche Papierrascheln in

Die riesigen Augen verleihen der Kleinlibelle ein außergewöhnlich weites Gesichtsfeld

den Hallen der wissenschaftlichen Akademien beinahe hörbar.
Das Bild, das sich auf diese Weise abzeichnet, zeigt eindeutig, daß der Kronenraum bei der Entwicklung des Lebens auf der Erde unter den verschiedenen Lebensräumen mit an vorderster Stelle steht.

Eine bemerkenswerte Untersuchung wurde von Terry Erwin durchgeführt, einem auf dem Erdboden forschenden Biologen, dessen Blick aber auf das Kronendach des Urwalds gerichtet ist. Er arbeitet am *Smithsonian Institute,* wo er ein Verfahren entwickelte, mit Hilfe von Pestiziden Insekten des Kronenraums vom Erdboden aus zu sammeln. Durch die sorgfältige Auswertung etlicher 1000 Proben kam er zu dem Schluß, daß die Kronen tropischer Bäume zwischen 10 und 30 Millionen Arten beherbergen könnten. Diese Zahl ist in der Tat unfaßbar. Sie ist bis zu 20mal größer als alle früheren Schätzungen über die Zahl der Insektenarten auf unserem Planeten. Anders gesagt: Wenn Erwins Hochrechnung stimmt, würde dies bedeuten, daß mindestens 50% der auf der Erde vertretenen Arten im Kronenraum leben. Die Mehrzahl dieser Insekten ist in einen verborgenen Lebenszyklus eingeschlossen und bleibt daher für den menschlichen Beobachter praktisch unsichtbar. Einige Insektenarten, die niemals direkt mit uns in Berührung kommen, könnten dennoch für die Menschheit von Nutzen sein. Eine ganze Reihe von Insekten ernährt sich, sowohl in Entwicklungsstadien als auch als erwachsene Tiere, beispielsweise von Blättern und hat komplexe biochemische Beziehungen zu Pflanzen entwickelt. Viele Pflanzenarten ganz unterschiedlicher Gattungen und Lebensräume, Pflanzen im Kronenraum eingeschlossen, schützen sich gegen diese Insekten mit bestimmten Chemikalien, so wie wir Feldfrüchte mit Pestiziden spritzen. Diese Chemikalien bilden sich innerhalb der Pflanzenzellen. In höherer Konzentration können sie Insekten töten.

Von der Zahl der Pflanzenarten her ist der Kronenraum das vielseitigste Ökosystem auf der Erde. Wir können deshalb davon ausgehen, daß er ein unglaublich großes Reservoir noch unbekannter Chemikalien für den Pflanzenschutz darstellt. Der Wirkungsbereich dieser Chemikalien ist wahrscheinlich ebenso breit wie das Spektrum der Pflanzen im Kronenraum. Abgesehen von ihren Wirkungen auf gefräßige Insekten, beeinflussen die in den Pflanzen enthaltenen Substanzen auch die Körperfunktionen bei baumbewohnenden Affen und Halbaffen sowie beim Menschen. Der Tropenökologe Norman Myers schätzt, daß jährlich weltweit pflanzliche Arzneimittel und Drogen im Wert von 40 Milliarden Dollar verwendet werden. Es ist eine betrübliche Tatsache, daß es die pharmazeutische Industrie bis heute versäumt hat, den Reichtum der Urwälder an pflanzlichen Arzneimitteln eingehend zu erforschen.

Der Kronenraum stellt gewissermaßen eine Mischung bekannter und unbekannter biologischer Fakten dar, deren Nutzen weit über den kommerziellen Wert des Waldes als

Quelle von Holz und anderen Erzeugnissen hinausreicht. Er ist eine komplizierte Fabrik evolutionärer Ideen, die das irdische Leben verändert haben. Der prägende Einfluß dieses Lebensraums spiegelt sich im Unterwasserflug der Pinguine, in einer Dose mit gemischten Nüssen, im Flügel einer Fledermaus, in der Sprache der Papageien und in der Entwicklung des menschlichen Verstandes wider. Wenn wir das Leben in den Kronen der Urwaldbäume jemals vollständig begreifen wollen, müssen wir zuvor Systeme entwickeln, die uns den Zugang zum Kronenraum ermöglichen.

Neue Erkenntnisse über die Welt, in der wir leben – sei es von Wissenschaftlern oder von Künstlern –, beruhen gleichermaßen auf Erfindungen wie auf Ideen. Man denke an das Teleskop, das Mikroskop, den Transistor oder die verschiedenen Tauchgeräte. Jede dieser Erfindungen öffnete den Weg zu umfangreichen Forschungsgebieten. Wenn die Erfinder allerdings auf der Stelle treten, dann wird der Forschergeist erstickt, und in einer ebensolchen Situation befanden wir uns bei der Untersuchung der verwickeltsten Lebensgemeinschaft auf unserer Erde.

Bei der Suche nach neuen Erkenntnissen scheuen wir oft keine Kosten. Mehrere Millionen Dollar wurden beispielsweise für ein Forschungsprojekt mit dem Namen SETI ausgegeben. Der Name ist eine Abkürzung für *Search for Extraterrestrial Intelligence,* also die Suche nach intelligenten Lebewesen auf fremden Himmelskörpern. Astronomen lauschen mit Radioteleskopen in den Weltraum, um Signale intelligenter Lebewesen von weit entfernten Sternen und Galaxien zu empfangen, obwohl die Wahrscheinlichkeit, solche Signale zu entdecken, zugegebenermaßen sehr gering ist. Die Erforschung der tropischen Wälder wird von amerikanischen Institutionen jährlich mit etwa 20 Millionen Dollar gefördert, wobei allerdings der Hauptteil auf Studien entfällt, die auf dem Urwaldboden durchgeführt werden. Wissenschaftler, die den Kronenraum untersuchen, erhalten dagegen keine nennenswerte Unterstützung, obwohl ihre Arbeit gewiß nicht weniger wichtig ist als die der Kollegen am Urwaldboden oder etwa das SETI-Projekt – beherbergt doch der Kronenraum die vielfältigsten Lebensgemeinschaften, die es auf unserem Planeten gibt.

Die Biologie der Tropen im allgemeinen und die der Tiefland-Regenwälder Costa Ricas im besonderen ist äußerst kompliziert. Diese Wälder enthalten eine Vielfalt von Lebensformen, die auch die klügsten Köpfe bescheiden werden läßt. Das Leben im Urwald verstehen zu lernen ist eine Aufgabe, die niemals endet. Sie erfordert Affen, die das Leben auf dem festen Boden vorziehen, gleichzeitig aber nach einem Vermögen streben, das im Lauf der Evolution verlorengegangen ist: der Fähigkeit, sich frei in den Kronen der Urwaldbäume zu bewegen, sie zu erforschen und sich in dem unsicheren Lebensraum zu behaupten.

Wie bei jeder anderen Idee oder Neuerung gab es auch bei diesem biologischen Abenteuer einen Augenblick, den man als seinen Anfang bezeichnen könnte. Diese Augenblikke sind nur selten einmal der wahre Beginn, oft gehen ihnen wichtige Ereignisse voraus, die manchmal die ersten Fingerzeige auf dem Weg zu einem bedeutenden Ziel sein können. Ein solches Ereignis geschah im Herbst 1973, als ich mit John Williams, einem guten Freund, an einem Wochenende zum Drachenfliegen fuhr. Unser Volkswagen quälte sich in den Bergen von Santa Monica an der Küste Kaliforniens eine Straße zu einem verlassenen Feuerwachturm am Rand des Topanga Cañons hinauf. Der Chinook-Wind, der dort an den steilen Felswänden und Klippen aufsteigt, sollte uns den notwendigen Auftrieb geben und uns – hoffentlich stundenlang – durch die Luft gleiten lassen.

Wir gingen schweigend den Schotterweg zum Wachturm hinauf und schleppten die einen halben Zentner schwere Last auf unseren Schultern. Der Wind pfiff durch das Gestrüpp und die großen Sandsteinblöcke. Ein Vogel flog wie ein Geschoß mit eng an den Körper gelegten Flügeln über den Kamm – und wir beide fragten uns, ob das wirklich der richtige Tag zum Drachenfliegen wäre.

Die Instrumente auf dem Wachturm wurden schon längst nicht mehr abgelesen. Ihr »Nervensystem« aus elektrischen Leitungen war bereits lange wegen der wertvollen Kupferdrähte geplündert worden, und die Registriergeräte waren ebenfalls verschwunden. Die Flügel eines vom Wind angetriebenen elektrischen Generators funktionierten indes noch. Er war zu einem durchsichtigen, grauen Pfannkuchen verschmolzen, und die Flügel wurden von den Böen mit irrsinnigen Geschwindigkeiten herumgewirbelt. Das Schalenkreuz des Windtachometers drehte sich mit dem gleichen Tempo. Mein kleiner Hand-Windmesser zeigte bei Böen Geschwindigkeiten bis zu 100 km/h an, 50% mehr, als ein Drachen im Geradeaus-Flug erreichen kann. John entschied sich trotzdem zum Start. Rückblickend betrachtet, war das eine überaus verwegene Entscheidung.

Bei dem heftigen Wind hatten wir Mühe, den Drachen zusammenzubauen. Als wir fertig waren, ging John zur Felskante, während ich ihm half, die Bewegungen des Drachens zu kontrollieren. Er hatte vor, steil ins Tal hinunterzutauchen, wo der Wind schwächer sein würde, dort so lange wie möglich zu fliegen, um dann tief unten im Tal auf einer Wiese zu landen, die – aus der Höhe gesehen – so groß wie eine Briefmarke schien. Keiner von uns glaubte, daß dies ohne Probleme ablaufen würde.

John startete, als der Wind für einige Sekunden nachließ, und begann ins Tal hinunterzugleiten. Sekunden später setzte eine neue Böe ein und hob ihn drei bis sechs Meter über den Kamm. Ich sah, wie er sich anstrengte, tiefer zu gehen, doch er tanzte wie ein Ball auf einem Springbrunnen aus Luft. Der Wind trieb ihn langsam rückwärts über den Kamm hinweg, und er konnte sich nicht dagegen wehren. Der Drachen wurde mit unwiderstehlicher Kraft zu dem Punkt gezogen, an dem der Wind in mächtigen Wirbeln und Strudeln in die Schlucht hinabstürzte.

Turbulente Luftströmungen können die Aluminiumrohre, aus denen das Skelett des Drachens besteht, wie Streichhölzer zerbrechen. Da es keinen Sinn hatte, gegen den Wind anzukämpfen, wendete John, um mit dem Wind zu fliegen. Er wurde augenblicklich in die heftigen Strömungen hineingezogen. Der Drachen sah wie ein aufgewirbelter Papierschnipsel aus; er war außer Kontrolle geraten und wurde in den Cañon getrieben, wo es keinen Landeplatz gab. Die Manzanitasträucher des Chaparral schienen auf dem gegenüberliegenden Bergkamm und im Tal aufrecht zu stehen; sie sahen wie die Gänsehaut auf dem Rücken einer steinernen Bestie aus. Der »schauderhafte Flug«, wie ihn John später in aller Seelenruhe nannte, dauerte einige Minuten, dann verschwand der Drachen hinter den Felswänden, und ich rannte den Berg hinunter, um zu sehen, ob sich John bei der Landung verletzt hatte.

John war mit dem Schrecken davongekommen, der Drachen hing jedoch in den Kronen einiger zehn Meter hoher Bäume. Um ihn wiederzubekommen, mußten wir ihn auseinandernehmen und durch eine Schicht von Zweigen herablassen.

Über einer sumpfigen Stelle formen die Baumkronen eine Blätterschlucht

Diese Prozedur dauerte eineinhalb Stunden. Während dieser Zeit wich meine anfängliche Abneigung gegen die Kletterei auf schwankenden Zweigen; ich gewann Gefallen daran, mein Blickwinkel veränderte sich, und ich hatte das überaus deutliche Gefühl, ein Affe zu sein.

Für sich allein genommen, wäre diese neue Erfahrung wohl ziemlich bedeutungslos gewesen, allerdings studierte ich damals im höheren Semester an der California State University in Northridge, und es wurde Zeit, ein Fachgebiet für die Geländearbeiten auszusuchen. Von wichtigen Forschungsprojekten an der Universität hatte ich damals kaum eine Vorstellung – vermutlich geht es den meisten Studenten in den Abschlußsemestern so –, und als ich mir die von der Berufsberatung herausgegebenen Broschüren angesehen hatte, erfüllte mich ein Gefühl tiefer Resignation. So wählte ich zunächst Zellularbiologie.

Die Themen schienen interessant; von der Sträflingsarbeit, die Experimente mit Zellbestandteilen mit sich bringen, wußte ich jedoch nur wenig. Schon bei meiner ersten Studie verlor ich schnell jedes Interesse. Es ging dabei um die Beweglichkeit von Zellbestandteilen zerkleinerter Seeigel-Embryonen in einem elektrischen Feld. Im »Kerker«, wie wir das im Kellergeschoß untergebrachte Zellularbiologische Laboratorium nannten, wurde ich zusehends blasser und lustloser.

Ich flüchtete in den dritten Stock des Biologischen Instituts, wo George Fissler und Andrew Starrett, beide Professoren und Feldbiologen, ihre Büros hatten. Andrew, der bei meiner Diplomarbeit Tutor sein sollte, veranstaltete damals ein Seminar über die Biologie der Tropen. Von ihm erfuhr ich, daß die Lebensgemeinschaften in den Kronen der Urwaldbäume noch praktisch unbekannt sind, und ich entschloß mich spontan, auf diesem Gebiet zu forschen. Bei meinem Entschluß spielten die merkwürdigen Erfahrungen, die ich kurz zuvor bei der Bergung des Drachens gemacht hatte, eine wichtige Rolle, aber auch ein Artikel von William Denison, der im Juni 1973 im *Scientific American* über ein Verfahren berichtet hatte, das möglicherweise für die Forschungsarbeit in den Tropen verbessert werden könnte.

Andy saß an seinem Schreibtisch, als ich ihm von meinen Plänen erzählte. Ich weiß noch, wie er dabei mit einem »Du-hast-ja-keine Ahnung-wovon-du-redest«-Ausdruck im Gesicht auf die Zigarre zwischen seinen Zähnen biß. Er nahm mir nicht den Mut, was ich ihm hoch anrechne, aber meine Pläne müssen ihm ziemlich unausgegoren vorgekommen sein. Schließlich war ich noch nie in den Tropen gewesen und hatte noch nie die riesigen Bäume des Regenwalds gesehen. Andy schickte mich nach Costa Rica, wo er umfangreiche Forschungen unternommen hatte. Nach wochenlanger Vorbereitung brach ich zu meiner ersten Reise in die Urwälder Mittelamerikas auf.

Ein Kaschubaum im Urwald

Ein dröhnender Zwei-Zylinder-Diesel bewegte unsere Fähre langsam durch die Bucht zur Halbinsel Osa, die wie ein Hügelland aus grünem Samt über die glitzernde Wasserfläche des Golfo Dulce aufstieg. Rafael Campos, ein erfahrener Ornithologe der Universität von Costa Rica, hatte sich mir für die kurze Reise in die Wildnisse seines Landes angeschlossen.

Urwaldbäume krönten die Ufer; ihre Blätter glänzten im hellen Morgenlicht wie Smaragde. Golfito, ein Verladehafen für die Bananenplantagen der *United Fruit Company,* glitt langsam vorüber. Eine Reihe schäbiger Appartements und Schlafsäle, hochtrabend als »Pensionen« bezeichnet, schien uns trostlos anzustarren, als wir in der schönen Bucht an der Küste des Stillen Ozeans verschwanden.

Es war im Oktober 1982, als ich wieder zur Halbinsel Osa zurückkehrte. Ich war gespannt, ob der erste Urwaldbaum, den ich jemals erstiegen hatte, noch stand. Fast 50 Monate waren verstrichen, seitdem ich den Baum zum letzten Mal gesehen hatte. Vier Jahre sind in Costa Rica eine lange Zeit: Eine große Zahl von Kindern war inzwischen geboren worden, und um sie zu ernähren, mußten weitere Wälder gerodet und Felder für Mais und Bohnen angelegt werden.

Der Blick auf die Halbinsel weckte in mir lebhafte Erinnerungen an meine erste Reise nach Osa im Sommer 1974; damals reiste ich allein mit einem einzigen, großen Ziel: die Geheimnisse der Natur, die hoch oben im Dach des Waldes verborgen waren, zu entdecken und zu erforschen. Der Flug von Los Angeles nach Costa Rica verlief seinerzeit ohne besondere Vorkommnisse – abgesehen von der letzten halben Stunde. Es war Ende Juni, Regenzeit in Costa Rica, und gewaltige Gewitterwolken bedeckten den Himmel. Feuchte Luftmassen, nicht allzu hohe Tagestemperaturen (die Monatsmittel liegen im Juni bei 26 °C) und tropische Regengüsse ließen die Flora auf der Landenge zwischen Nord- und Südamerika üppig wuchern. Das Wetter machte den Flug aber auch sehr unruhig, ähnlich einer Fahrt mit der Achterbahn. Drei Passagiere mußten zu den Fluggästen wohlbekannten Papiertüten greifen, als der Pilot, um Turbulenzen zu vermeiden, beim Landeanflug die riesigen Wolkentürme durchstieß und sich ihnen dabei der Magen umdrehte.

Auf dem Platz vor dem Flughafen fühlte ich mich wie ein Vertriebener. Meine ganze Habe lag zu meinen Füßen, und ich wußte nicht, wohin ich gehen sollte. Um eine Unterkunft hatte ich mich noch nicht gekümmert. Ich fühlte mich fremd, weil die umstehenden Leute auf meine fast zwei Meter hohe Gestalt starrten, Leute, die im Durchschnitt um mindestens 30 Zentimeter kleiner waren.

Die Tatsache, daß ich ein *Gringo* war, der kein Spanisch verstand, machte meine Andersartigkeit komplett. »Taxi?« rief ein Mann und winkte mich zu seinem Wagen. Das vertraute Wort verschaffte mir augenblicklich Erleichterung. Er sprach ein wenig Englisch und bemühte sich, meine spanischen Brocken zu deuten. Ich blätterte hektisch in meinem Wörterbuch und versuchte meinen ersten Satz: »Jo kiäro una pänsjon, por fawor«. Es klappte. »Sie suchen eine Pension«, antwortete er auf englisch mit einem breiten spanischen Akzent.

Mein Reiseziel war nicht die City von San José mit einem ihrer internationalen Hotels, sondern ein Vorort, Sitz der Universität von Costa Rica. Der Taxifahrer setzte mich am Bürgersteig ab, zehn Meter vor einem Bahnübergang. Die Universität lag jenseits der Gleise. Die Pension, deren Name ich vergessen habe und die heute nicht mehr existiert, befand sich 50 Meter entfernt an einem Weg, der parallel zur Bahnlinie verlief. Der Preis für ein geschmacklos eingerichtetes, kleines Zimmer mit Etagenbad und muffiger Luft betrug zwei Dollar pro Tag, ein Betrag, der bestens zur Finanzlage eines arbeitslosen Studenten paßte. Das Frühstück (ein Ei, Brot und eine Tasse Kaffee) war im Preis eingeschlossen. Angesichts der ausgezeichneten Qualität des Kaffees in Costa Rica war das spottbillig.

Mit einer dürftig gefüllten Kasse zu reisen hat den Vorteil, daß man viele Leute trifft und rasch Freunde findet. Die Pension war für fünf Studenten aus verschiedenen mittelamerikanischen Ländern ein Zuhause fern der Heimat. Wir wurden bald gute Freunde, besonders nachdem jeder festgestellt hatte, daß er mich – einen *Gringo*! – bei einer Schachpartie schlagen konnte.

Die wenigen Tage, die ich in der Hauptstadt verbrachte, verliefen ziemlich hektisch, denn es mußten in letzter Minute noch Vorräte beschafft werden. Ich kaufte unter anderem einen Beutel mit zwei Pfund Mandeln, die mit feiner Schokolade überzogen waren (Schokolade wird in Costa Rica aus den Samen des Kakaobaums hergestellt). Die Mandeln waren als Notration gedacht, um damit meinen Elan und meine Energie zu fördern, wenn erst die Schinderei der Untersuchungen im Kronenraum begann.

Die Straßen San Josés haben europäisches Flair. Sie sind schmal und von Autos, Omnibussen, Fußgängern und Straßenverkäufern verstopft. Die Verkäufer bieten eine Vielzahl von Produkten an: Lederwaren, Schmuck, frisches Obst und Gemüse sowie Haushaltsgeräte. Ich kaufte bei ihnen am liebsten frisch gepreßten Orangensaft und Ananasscheiben, das Stück für einen Colon, etwa zehn Cents. An fast jeder Straßenecke standen Losverkäufer, die Lose der staatlichen Lotterie anboten. Überall in der Stadt wuchsen Pflanzen; sie überwucherten gleichermaßen die Balkons von Einfamilienhäuschen und Appartementhochhäusern. Tropische Blumen fanden sich auf Stützmauern, Dachrinnen, Abflußgräben, Dächern, Stromleitungen – kurzum:

an jedem denkbaren Standort, an dem genügend Feuchtigkeit vorhanden war, um eine Pflanze keimen zu lassen. Die meisten Gewächse waren keine Zier- oder Nutzpflanzen, sondern Pflanzen des Urwalds. Sie bildeten gewissermaßen die vorderste Front im Kampf der Natur, verlorenes Terrain zurückzuerobern.

Ich entschloß mich, mit dem Bus nach Golfito zu fahren und dort das Flugzeug nach Rincon zu nehmen. In der kleinen Holzfällerstadt konnten Biologen, die die unberührte Natur in der Umgebung studieren wollten, übernachten und sich verpflegen. Golfito ist die der Halbinsel Osa am nächsten gelegene Stadt, wenn man diese Ansammlung von kleinen Dienstleistungsbetrieben, die sich im Zusammenhang mit der Bananenindustrie entwickelte, überhaupt als »Stadt« bezeichnen kann. Manche Leute nannten sie auch »die Achselhöhle Costa Ricas«, und dies keineswegs nur, weil sie am Rand der

Sonnenaufgang über dem Urwald im Tiefland Costa Ricas

Halbinsel Osa liegt, die in den Stillen Ozean hinausragt.

Die Busfahrt nach Golfito dauerte elf Stunden, in denen wir nicht mehr als 300 Kilometer zurücklegten. Man sollte ein wenig Spanisch verstehen und sich die Fahrpläne genauer anschauen, bevor man in Costa Rica öffentliche Verkehrsmittel benutzt. Ich sorgte mich sechs Stunden lang, daß wir zu spät in Golfito ankommen würden, um noch eine Unterkunft zu finden. »No problema«, meinte der Busfahrer – Worte, die ich in nächster Zeit häufiger zu hören bekam, um dann zu wissen, daß es angebracht war, mir ernsthaft Sorgen zu machen.

Der Bus hielt vor einer Pension am Rand der Stadt. Als ich ausstieg, war von den anderen Fahrgästen ein unverhohlenes Gekicher zu vernehmen, das zu einem lauten Lachen anschwoll, als der Bus weiterfuhr. Mein Vertrauen in den Busfahrer schwand immer mehr, als ich mir die verkommene Unterkunft ansah, die er ausgesucht hatte. Man brauchte kein Spanisch, um die Natur dieses Etablissements zu erkennen, als sich in der Empfangshalle drei Damen auf mich stürzten. Sie schoben mich vorwärts, zogen am Rucksack und an meinen Armen, während sie sich heftig über ihren Anteil an dem möglicherweise wertvollen »Strandgut« zankten. Schließlich konnte ich mich, sehr zu ihrem Ärger, aus der liebevollen Umklammerung befreien.

Mit meinem Gepäck taumelte ich zurück auf die Straße, um mir unter den anderen Pensionen in der Straße eine zu suchen, deren Hauptzweck darin bestand, *leere* Betten zu vermieten. Ein hagerer, buckliger Mann führte mich zu einem Zimmer im zweiten Stock eines benachbarten Hauses. Er war sehr dreckig, hustete dauernd, und jede Treppenstufe kostete ihn offensichtlich große Anstrengungen. Jahrzehntealter Schmutz bedeckte den Boden und die Wände der »Empfangshalle«. Das Zimmer war winzig, und ich setzte mich auf das viel zu kurze Bett, um den Komfort des Strohsacks zu testen. Müde, wie ich war, nahm ich es trotzdem.

Die Wände meines Zimmers reichten nicht bis zur Decke: Das oberste, etwa 60 Zentimeter breite Stück war offen, damit frische Luft in die Räume strömen konnte. Die Hitze und die hohe Luftfeuchtigkeit der Tropen bestimmen den Baustil der Gebäude. In dieser Nacht wünschte ich mir allerdings, die Wände hätten bis zur Decke hinaufgereicht, denn dann wäre ich von verschiedenen Unannehmlichkeiten dieses Gasthauses verschont geblieben. Aus dem benachbarten Zimmer zogen Wolken von Gestank zu mir herüber, und der Geschäftsführer hustete die ganze Nacht über laut und vernehmlich. Am Morgen entdeckte ich mehrere Stiche an mir, die zweifellos von Wanzen stammten. Ich nahm schnell ein Taxi zum Flughafen, um nach Rincon weiterzufliegen.

Der Flug begann eigentlich normal: Wir hoben von der Startbahn ab, stiegen hoch, machten eine scharfe Kurve und flogen über das blaue Wasser des Golfo Dulce hinweg. Dann gingen wir aber wieder tiefer, so nahe an die Wasseroberfläche, daß das Fahrwerk des einmotorigen Buschflugzeugs einen Fliegenden Fisch beim Sprung hätte treffen können.

Mit dem unverwechselbaren Charme des Südländers begann der Pilot nun zu zeigen, was in ihm steckte, und flog haarscharf über den Boden und Baumgruppen hinweg. Seine Kunststücke waren allerdings nicht für mich, den *Gringo*, gedacht, sondern galten der jungen, schönen Frau, die an seiner Seite saß. Die Vorstellung wurde auch in Gebieten mit dichtem Urwald nicht unterbrochen. Da die beiden Flügelspitzen die Kronen riesiger Urwaldbäume beinahe berührten, konnte ich wenigstens die mit einer Vielzahl von Pflanzen schwer beladenen Äste studieren und mich so etwas von den waghalsigen Flugmanövern des Eindruck schindenden Piloten ablenken. Ich bekam einen Vorgeschmack von dem, was mich im Urwald erwartete. Durch Lücken im Kronendach konnte man für Sekundenbruchteile den Urwaldboden sehen, der in atemberaubender Tiefe unter mir lag.
Die weißen, am Rand der Bucht zusammengedrängten Häuser von Rincon waren ein beruhigender Anblick. Minuten später holperte das Flugzeug über die Schotterpiste zwei Meilen vor der Stadt. Es hielt an einem Gebäudekomplex mit den Unterkünften der Holzfäller. Inzwischen war es schwülwarm geworden, und ich triefte bald von Schweiß, als ich meine fast 50 Kilo Ausrüstung auslud.

Der Jeep, der mich dort erwartete, war mit Roststellen und Löchern übersät. Ächzend und keuchend rollte er über den Schotterweg zum Verwaltungsgebäude des Holzfällercamps. Hinter dem Flugplatz tauchte der Weg in ewiges Zwielicht. Baumriesen, manche mehr als 15 Stockwerke hoch, ragten wie gigantische Säulen beiderseits des Weges auf. Ihre Kronen formten dichte Gewölbe aus Holz und Laub, die das Sonnenlicht schluckten. Der Weg hatte keine Lücken in das Kronendach gerissen, er war nur einer von vielen Pfaden, die Tiere in das exotische Pflanzendickicht am Urwaldboden getreten hatten. Hier kam ich in die ursprünglichste Wildnis Costa Ricas, ein Gebiet, das sich einer reichen Tier- und Pflanzenwelt, malerischer Strände und dichter Regenwälder rühmen konnte. An der gesamten Küstenlinie des Stillen Ozeans ist in der westlichen Hemisphäre keine ähnliche Wildnis mehr zu finden.

Das Holzfällercamp wurde von Rich, einem ausgewanderten US-Bürger, geleitet. Als ich ihn besuchte, saß er in seinem Büro unter einem großen Deckenventilator mit vier Flügeln. Wir unterhielten uns über meine Pläne, über die er von der Hauptverwaltung in San José – wie gewöhnlich – nicht unterrichtet worden war.

»Sie wollen auf diese Bäume klettern?« Die Idee kam ihm verrückt vor. »Haben Sie das schon mal probiert?«

»Natürlich«, flunkerte ich, um die Expedition nicht aufs Spiel zu setzen.

»Unsere Bäume sind gefährlich«, warnte er mich, »auf ihnen wimmelt es von Skorpionen, Schlangen, Ameisen und allen möglichen anderen

Sicherheit ist die wohl wichtigste Voraussetzung beim Klettern in Urwaldbäumen. Das Seil sollte von einem starken Ast gehalten und für den Fall, daß dieser Ast doch bricht, von weiteren Ästen gesichert werden. Die Mißachtung dieser Vorsichtsmaßnahme ließ mich etwa eine halbe Stunde vor Aufnahme dieses Fotos aus zehn Meter Höhe in den Fluß stürzen

Tieren.« Er wollte mich überreden, wieder abzureisen, aber ich hatte den weiten Weg nicht gemacht, um jetzt aufzugeben. Um ihn zu beruhigen, erklärte ich, mich von gefährlichen Tieren in sicherem Abstand halten zu wollen. »Sie werden es wohl nicht vermeiden können, in ihre Nähe zu kommen«, knurrte er sarkastisch. »Da sind schon andere *Wissenschaftler* bei uns aufgetaucht, die angeblich wußten, was sie taten. Einer von ihnen studierte Pekaris (Nabelschweine), seiner Ansicht nach völlig ungefährliche Tiere. Wir verloren eine Menge Arbeitszeit, um ihn nach Golfito ins Hospital zu schaffen. Seine Wunden mußten mit über 100 Stichen genäht werden . . .«. Rich beendete seine Geschichte mit einem breiten Grinsen. Sie gehörte offenbar zu seinem Standardrepertoire, weil sie sein Vorurteil bestätigte, Feldbiologen seien komplette Narren. In der Tat kann es bei der Arbeit im Gelände zu gefährlichen Situationen kommen. Daher stimmte ich ihm in einigen Punkten zu. Ich wollte nicht, daß seine Leute meinetwegen Arbeitszeit verloren.

»Ich mache mir mehr Sorgen, daß Ihnen auf dem Erdboden etwas zustößt«, bemerkte Rich in einem ernsthafteren Ton. »Der Biß der Buschmeister (der zweitgrößten Giftschlange der Erde) und Lanzenottern ist tödlich. Sie können bis zu drei Meter lang werden und haben keine Rasseln, mit denen Klapperschlangen größere Tiere und Menschen warnen. Manche machen regelrecht Jagd auf Menschen. Im vorigen Jahr wurde bei uns ein Arbeiter gebissen. Sein Bein schwoll nach dem Biß auf das Doppelte der normalen Größe an. Er starb auf dem Transport nach Golfito und blutete dabei aus den Ohren und allen Poren.«

Die Geschichten, die Rich erzählte, sollten mir Angst einjagen – und sie verfehlten ihre Wirkung nicht. Am selben Abend wurde ich in meiner Hütte in Rincon durch ein lautes Geräusch von der Decke her aufgeschreckt. Ich schaute hoch und lauschte angestrengt, hörte aber nur ein leises Zirpen in hohen Tönen. Im Dachstuhl hauste ein Schwarm von Fledermäusen. Ihr Mist tropfte durch die Decke und hinterließ große braune Flecken. Da war das merkwürdige Geräusch wieder zu hören, dieses Mal aber von einer anderen Stelle in der gegenüberliegenden Ecke. Dort schob sich ein böse blickendes Bärengesicht durch ein Loch in der Sperrholzwand: Ein Coati (Nasenbär), der eng mit dem Waschbären verwandt und auch etwa so groß ist, beobachtete jede meiner Bewegungen. Die neugierigen Käferaugen und der winzige Rumpf, die in die Intimsphäre meiner Unterkunft eindrangen, gefielen mir überhaupt nicht. Ich habe Jagdtrophäen an der Wand, die den Besucher mit starren Augen anblicken, immer als bedrohlich empfunden, und dieses lebendige Exemplar bildete in dieser Hinsicht keine Ausnahme. Nach dem, was Frank Chapman in seinem Buch *My Tropical Air Castle* (Mein Luftschloß in den Tropen) beschreibt, gehören

Coatis zu den intelligentesten Säugetieren auf der Erde. Chapman kam während seiner Forschungen auf der Insel Barro Colorado in der Panama-Kanalzone zu diesem Schluß. Ganz gleich, wo auch immer er Futterstükke außerhalb ihrer Reichweite aufhängte, den Coatis gelang es stets, an den Tauen dorthin zu klettern und sich ihre Belohnung zu holen. Da dieser Coati mir möglicherweise nicht freundlich gesonnen war, markierte ich unzweideutig mein Revier, indem ich dem kleinen Räuber ein Paar zusammengerollter Socken an den Kopf warf, worauf er sofort verschwand. Die Frontlinie war damit gezogen.

Am folgenden Morgen wurde ich durch lautes Klopfen aus dem Schlaf gerissen. Doyly, der Führer, den ich auf Richies Drängen gemietet hatte, wartete vor der Tür. Ich öffnete und schaute in ein Gesicht wie aus grauer Vorzeit. Doylys Züge glichen denen der Statuen und Wandgemälde altamerikanischer Indianerkulturen bis aufs Haar. Vor mir stand ein Mann, der sich auf die direkte Abstammung von diesen bemerkenswerten Kulturen berufen durfte. Er kannte sich, wie er später bewies, in der Tier- und Pflanzenwelt des Urwalds hervorragend aus und war imstande, mir über die Tragkraft tropischer Bäume Auskunft zu geben. Gerade das war für meine Pläne wichtig.

Wir marschierten am Vormittag zu dem Wald in der Nähe des Flugplatzes zurück. Dieser Wald war in den späten 60er und frühen 70er Jahren für Andrew Starrett, meinen Lehrer an der California State University, und andere Tropenbiologen gewissermaßen ein Mekka der Forschung gewesen. Heute arbeitete wegen der Interessenkonflikte zwischen den Holzfällern und den Biologen nur noch eine Handvoll Wissenschaftler in diesem Gebiet. Das Gebäude, das früher dem *Tropical Science Center* gehört hatte, war inzwischen nahezu verfallen. Seine leeren Fensterhöhlen und die von Wespen verseuchten Schlafräume waren Symbole für die wissenschaftliche Grabesruhe, die sich seit einigen Jahren über Rincon gesenkt hat. 100 Meter weiter westlich kamen wir zu einem kleinen Fluß, dem Agua Buena. Er bildete die natürliche Grenze eines Areals mit praktisch unberührtem Urwald, das sich in voller Länge und Breite über die Halbinsel erstreckte. Das Gebiet beherbergte damals eine ungewöhnlich reiche Flora und Fauna, wie sie sonst nirgendwo anzutreffen war. Heute ist sie allerdings fast vollständig vernichtet. Wir entdeckten Hellrote Aras und einen Königsgeier, riesige Leguane, eine Abgottschlange (Boa constrictor), unzählige Varietäten von Insekten und Morphofaltern, deren schillernde Flügel leuchtend blaues Sonnenlicht wie Blitze reflektierten.

Zögernd stieg ich hinter Doyly in den Fluß. Ein untergetauchter Ast schlug auf mein Bein, und ich stolperte zurück, wobei mir Andys Warnung einfiel: »Schwimme nicht in Flüssen, die im Nicaragua-See entspringen!« Er hatte von einem Biologen gehört, der an einem Grenzübergang hinter einer langen Schlange von Menschen auf die Zollformalitäten warten mußte. Anscheinend war es ein heißer Tag, denn der Mann entschloß sich, in einem benachbarten Fluß ein erfrischendes Bad zu nehmen. Süßwasserhaie töteten ihn. Jetzt stand ich bis zu den Knien im Agua Buena und hoffte nur, daß der Fluß für jeden angriffslustigen Knorpelfisch zu seicht war.

Das Wasser war kristallklar, ein Zeichen, daß es flußaufwärts keine Farmen gab. Messungen belegen eindeutig, daß das Wasser in den Flüssen unberührter Urwälder nur sehr geringe Mengen ausgewaschener Nährstoffe enthält. Sie stellen deshalb eines der Ökosysteme mit dem sparsamsten Nährstoffumsatz dar. Die Wurzeln von mehreren hundert Baum- und Krautarten nehmen die Nährstoffe, die bei der Zersetzung organischer Stoffe frei werden, schnell auf und schließen die lebensnotwendigen Elemente in einen äußerst effizienten Kreislauf ein. Dieser natürliche Nährstoffkreislauf wird durch unkontrollierten Brandrodungsfeldbau oder weitflächige Abholzung unterbrochen.

Die scheinbare Fruchtbarkeit tropischer Waldböden zieht rund um den Erdball Siedler an. Sobald jedoch die schützende Pflanzendecke vernichtet ist, werden die meisten Böden in der Regel rasch von heftigen Regengüssen abgespült und ausgelaugt. Solche wolkenbruchartigen Starkregen sind in den feuchten Tropen sehr häufig. Bei einem einzigen Regenguß können ohne weiteres 100–130 Liter Niederschlag pro Quadratmeter fallen. Das abfließende Regenwasser erodiert den empfindlichen Oberboden, füllt die Flüsse mit Schlamm und laugt die Nährstoffe aus, die unter natürlicher Vegetation vom Pflanzenkleid festgehalten werden. Ohne kräftige Düngung wird der Boden innerhalb von etwa fünf Jahren unfruchtbar und liefert keine nennenswerten Erträge mehr. Das üppige Pflanzenwachstum im tropischen Regenwald täuscht einen nährstoffreichen, fruchtbaren Boden bloß vor. Es ist in dieser Beziehung quasi eine Fata Morgana.

Am gegenüberliegenden Ufer des Agua Buena versperrte uns ein Dikkicht den Weg. Jetzt hatten wir den undurchdringlichen Urwald erreicht, wenigstens dachte ich das. Doyly allerdings ging unbeirrt weiter, schlug mit dem Buschmesser eine Lücke in die grüne Mauer und steckte es dann wieder in die Scheide. Nach ein paar Metern wich das Dickicht einem lockereren Bestand, in dem wir uns ohne Schwierigkeiten zwischen den Pflanzen bewegen konnten.

Diese Erfahrung widersprach den Berichten, Urwälder seien praktisch undurchdringlich. Das falsche Bild des Urwalds kommt daher, daß viele Forscher ihn nur von außen, von Flüssen oder aus der Luft, kennengelernt haben. In der Nähe von Flußufern oder im Kronendach des Regenwalds, wo die Pflanzen viel Licht bekommen, ist die Vegetation in der Tat sehr dicht. Der Waldboden erhält dagegen nur den hundertsten Teil des verfügbaren Lichts, weil die Sonnenstrahlen auf dem Weg zum Boden von den aufeinanderfolgenden Laubschichten absorbiert werden. Das schwache Licht am Urwaldboden läßt bestenfalls eine dünne, allerdings vielseitige Gemeinschaft von Pflanzen gedeihen. Diese sind entweder an die Dunkelheit angepaßt oder müssen ständig ums Überleben kämpfen.

Hier und dort findet das Sonnenlicht Ritzen im Kronendach und zeichnet gleißendhelle Lichtflecke auf den Waldboden, die die ergiebigste Energiequelle für die unterernährten Pflanzen in den bodennahen Stockwerken des Regenwaldes bilden. Ihre Blätter erhalten indes im Lauf des Tages nur für wenige Augenblicke volles Sonnenlicht.

Die Erhabenheit des Waldes läßt sich kaum mit Worten beschreiben. Von allen Autoren, die seine Stimmung wiederzugeben versuchten, war W. H. Hudson in seinem Buch *Green Mansions* (Grüne Häuser) vielleicht am erfolgreichsten: »Ich nenne es Dach ... aber es hat mit einem Dach nicht mehr Ähnlichkeit als die hohen Wolken, die am Himmel ziehen und dabei ihre Formen und Farben ständig verändern. Ebensowenig bildet es eine Barriere für Wesen, die sich zum Himmel aufschwingen ... Hoch über mir schien das aus Blättern aufgebaute Wolkenland zu schweben, in das ich schaute ... Hier ist die Natur mit ihrem grünen, luftigen Baldachin unerreichbar fern, eine vom Sonnenlicht durchtränkte Wolke, besser: eine Wolke über der anderen. Und obwohl die höchste für das Auge unsichtbar bleiben mag, die Sonnenstrahlen durchdringen sie doch und beleuchten den weiten Raum unter ihr. Jedes Stockwerk des Waldes erhält so sein eigenes Licht und seine besonderen Schatten. Hoch über meinem Kopf, aber nicht annähernd so hoch, wie es den Anschein hat, durchdringt jetzt Sonnenlicht als goldener Pfeil das zarte Dämmerlicht eines bestimmten Stockwerks. Die Strahlen fallen durch eine Lücke im Kronendach und verleihen allem, was sie berühren, einen sonderbaren Glorienschein.«

Der hohe, weite Raum, die emporenartig übereinander angeordneten Stockwerke, das wie Glasfenster durchstrahlte Blättermosaik und der leichte Dunst, der wie der Rauch glimmender Kerzen durch die Sonnenstrahlen zum Kronendach aufsteigt, haben mehr als einen Beobachter inspiriert, die Regenwälder mit Kathedralen zu vergleichen. Bei meinem Marsch durch den Wald wurde mir bewußt, wie sehr dieser Vergleich zutrifft. Ich fühlte mich angesichts der ungeheuren Massen lebender Organismen nicht nur winzig und unbedeutend, sondern verstand auch besser, warum bisher niemand das Dach des Waldes erobert hatte.

Wir suchten stundenlang nach dem idealen Baum, an dem ich meine Klettermethode testen konnte. Eine Reihe größerer Bäume schien geeignet, aber keiner wies die Vielfalt von Lebewesen auf, die ich auf einigen alten Urwaldriesen vermutete. Obwohl die Kronen der Bäume im allgemeinen nicht zu sehen waren, konnte man ähnliche Arten doch an ihrer Rindenstruktur erkennen: Manche hatten eine glatte, andere eine rissige, gefurchte, mit Dornen oder Warzen besetzte Rinde. Mit Hilfe der Farbe waren die Baumarten dagegen nicht eindeutig zu identifizieren, denn der eigentliche Farbton war oft unter weißen, gelben oder braunen Flechtenüberzügen verborgen; man hätte die Rinde einkerben müssen. Vielen Baumarten begegneten wir auf unserem Marsch durch den Urwald nur ein einziges Mal. Die Wälder auf der Halbinsel Osa enthalten vielleicht mehr als 300 Baumarten: riesige Bäume, solche mittlerer Größe und ausgesprochene Winzlinge. Der Zwergenwuchs hängt mit dem Lichtmangel in den unteren Stockwerken des Regenwalds zusammen. Ein 50jähriger Baum, der kaum mehr als das Existenzminimum an Sonnenlicht erhalten hat, kann bei einer Höhe von knapp zwei Metern einen Stammdurchmesser von nur zwei bis drei Zentimetern aufweisen.

Doyly blieb plötzlich bewegungslos stehen, so daß ich beinahe mit ihm zusammengestoßen wäre. Er zeigte auf den Pfad unmittelbar vor uns und rief mit fester, scharfer Stimme: »Terciopelo!« Die Stelle, auf die er zeigte, kam mir mit ihrer Streuschicht aus abgefallenen Zweigen und Blättern wie jede andere Stelle des Urwaldbodens vor. Dann verwandelten sich die Zweige jedoch

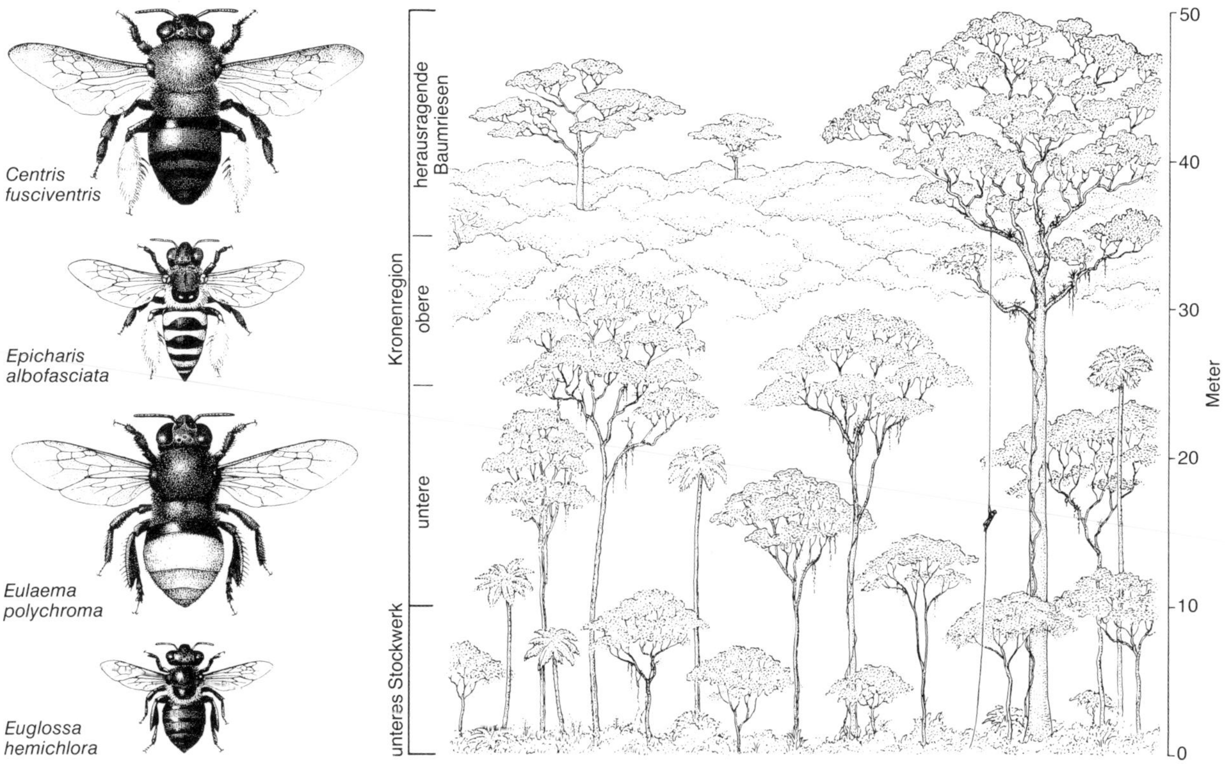

Die Stockwerkbildung im Regenwald fördert die Artenvielfalt. Jede Schicht des Waldes besitzt ihre eigene Tier- und Pflanzengesellschaft. So treten auch viele bestäubende Insekten nur in einem bestimmten Höhenbereich auf: Die beiden Bienarten oben sind z. B. nur in der oberen Kronenregion zu finden, die beiden anderen nur darunter

wie durch Zauberei in ein gewundenes Band aus weißlichen, x-förmigen Flecken auf dem Rücken eines großen, zusammengerollten Wesens, das drei Meter vor uns lag. Es war die gefürchtetste Grubenotter nicht nur Costa Ricas, sondern ganz Lateinamerikas: die tödliche Lanzenotter (Bothrops atrox). Im Gegensatz zu anderen Giftschlangen weicht sie Menschen nicht aus, sondern stößt blitzschnell zu. Ihr Tarnkleid ist perfekt, durch das Fleckenmuster wird selbst ein drei Meter langes Exemplar auf dem Erdboden beinahe unsichtbar.

Jährlich gehen Hunderte von Todesfällen auf das Konto der Lanzenotter und verwandter Grubenottern. Sie produziert ein Nervengift, das die Blutgerinnung verhindert und gleichzeitig als Verdauungsenzym wirkt. Dieses dient dazu, große Beutetiere wie Kaninchen, die ganz verschlungen werden, leichter zu verdauen. Bei schweren Bißverletzungen treten, sofern das Opfer überlebt, immer erhebliche Gewebeschäden auf, die erst nach langer Zeit – oder überhaupt nicht – vollständig verheilen. Es heißt, daß die Bewohner entlegener Gegenden in Lateinamerika Glieder mit Bißwunden sofort amputieren, um dem anscheinend sicheren Tod zu entgehen, selbst wenn in einer großen Zahl von Fällen nachweisbar kein Gift in das Gewebe gespritzt wurde. Für die Bauern in den ländlichen Gebieten wäre es ein tödliches Risiko, darauf zu warten, bis die ersten Vergiftungssymptome auftreten. Das Mitführen von Giftschlangenseren ist daher bei Forschungen in Lateinamerika unbedingt notwendig.

Grubenottern, zu denen auch die Klapperschlangen und die Wassermokassinschlangen gehören, verdanken ihren Namen zwei etwa fünf Millimeter tiefen Gruben an beiden Seiten des Kopfes. Diese Gruben sind hochempfindliche Temperaturfühler, die auf Temperaturunterschiede von 0,002 °C reagieren. Mit den Grubenorganen können die Schlangen selbst bei völliger Dunkelheit aus einem halben Meter Entfernung den Standort einer Maus auf den Punkt genau bestimmen. In den extrem dunklen Nächten am Urwaldboden ist das ein entscheidender Vorteil.

Wie alle Einheimischen tötete Doyly die Lanzenotter schnell und sicher mit dem Buschmesser. Der Brauch, Schlangen zu töten, ist weitverbreitet. In den USA, wo man über Schlangen nur wenig weiß, werden laufend harmlose und nützliche Arten getötet. Auf der Erde gibt es zahlreiche Waldreservate, in denen Giftschlangen grundlegende Bestandteile des Ökosystems sind. In weiten Gebieten unseres Planeten, die vom Menschen genutzt und besiedelt werden, sind giftige Schlangen bereits ausgerottet. Deshalb sollten zumindest die Schlangen in den Reservaten verschont bleiben.

Wenige Minuten, nachdem wir auf die Schlange gestoßen waren, erreichten wir eine kleine Lichtung im Urwald, die noch nicht alt war. Derartige Lichtungen entstehen auf natürliche Weise, wenn ein großer Ast, ein Baum oder gleich mehrere Bäume umstürzen und die tieferen Vegetationsschichten zerstören. Die Lükke, die sich dadurch im Kronendach bildet, öffnet dem Sonnenlicht den Weg zum Waldboden. Der Strom von Sonnenenergie, der durch einen solchen »Lichtkanal« in das Innere des Waldes flutet, setzt einen komplizierten Prozeß in Gang, an dem viele Arten von Bäumen, Schlingpflanzen und Kräutern beteiligt sind. Er führt dazu, daß die Wunde im Regenwald bald wieder verheilt. Verschiedene Baumarten warten in einem Ruhestadium geradezu auf eine solche Gelegenheit, um sich ungestört zu entwickeln, andere brauchen Licht und Wärme, um ihre Samen keimen zu lassen. Letztere sind besonders angepaßte Spezialisten, die Lichtungen im Wald schnell und erfolgreich besiedeln. Beim Wettlauf der verschiedenen Pflanzenarten zum lichtdurchfluteten Kronendach sind diese sogenannten Pionierpflanzen erbitterte Konkurrenten. Viele Baumarten, wie der Kanonen- oder der Ameisenbaum (*Cecropia*-Arten), wachsen niemals hoch genug, um das Kronendach zu erreichen, aber sehr schnell. Das verbessert ihre Chancen in dem Wettlauf und gibt ihren Samen Zeit, um einen anderen »Lichtkanal« im Urwald zu finden und dort den Prozeß wieder von neuem zu beginnen. Dieser ewige Kreislauf ist einer der Gründe, weshalb die Wälder der Tropen die artenreichsten Wälder der Erde sind.

Während wir uns langsam über die Lichtung bewegten, dachte ich daran, daß ihr üppiges Pflanzenwachstum Nagetiere wie Pakas und Agutis anlockt. Diese beiden mit den Meerschweinchen verwandten Tierarten haben zartes, wohlschmeckendes Fleisch und werden daher in Lateinamerika viel gejagt. Sie sind gleichzeitig auch die wichtigsten Beutetiere der großen Grubenottern, auf die man deshalb achten sollte, wenn man Lichtungen betritt. Glücklicherweise kommen Giftschlangen in den meisten Urwäldern nicht allzu häufig vor, und übertriebene Vorsicht ist nicht notwendig.

Am anderen Ende der Lichtung, etwa 20 Meter von uns entfernt, stand ein mächtiger Baum, dessen Stamm bestimmt drei Meter Durchmesser hatte. Einen größeren Baum habe ich in Costa Rica bis heute nicht entdecken können. Die Pflanzen, die auf der Lichtung wuchsen, kletterten an seinem Stamm in die Höhe und verschleierten mit ihrem Blattwerk seine wahren Umrisse. Das gab dem Baumriesen eine geheimnisvolle Ausstrahlung, ähnlich dem Geheimnis, das über den vom Urwald überwucherten Ruinenstädten der Maya liegt.

Doyly war sprachlos. Dann fragte er: »Este?« (Der da?) und legte seine Stirn in tiefe Sorgenfalten. Ihm mißfiel der Wirrwarr von Pflanzen und Tieren auf dem Stamm; jeder vernünftige Holzfäller hätte einen großen Bogen um diesen Baum gemacht. Ich nickte und zeigte mit dem Finger auf die Pflanzen am Stamm und die herabgefallenen roten und gelben Blüten an seinem Fuß. Mich interessierte nämlich unter anderem die Frage, wie die Blüten hoher tropischer Bäume bestäubt werden. Ich wollte vor allem genau wissen, welche Insekten an der Bestäubung beteiligt sind. Auf diese Insekten sind die hohen Bäume mit ihren auffälligen Blüten, schmackhaften Früchten und exotischen Hölzern bei der Fortpflanzung angewiesen. Informationen über Fortpflanzungsvorgänge, zusammengetragen, solange die Wälder wenigstens noch teilweise intakt sind, werden einmal von unschätzbarem Wert sein – falls die Menschheit in Zukunft jemals versuchen sollte, die selbstverschuldeten Umweltschäden wiedergutzumachen.

Doyly war fest davon überzeugt, daß die Äste dieser Baumart große Lasten tragen könnten. Ihr gebräuchlicher Name war Espasel *(Anacardium excelsum)*, eine Art, die – wie der wissenschaftliche Name verrät – eng mit dem als Lieferant der Kaschunüsse kommerziell genutzten Kaschubaum *(Anacardium occidentale)* verwandt ist. Die Nüsse des Espasel werden ebenfalls gegessen oder als Fischköder verwendet. Wenn es gelänge, ein Verfahren zur Ernte der Nüsse zu entwickeln, könnte der Espasel vielleicht zur Kulturpflanze werden.

Wir rodeten mit dem Buschmesser einen kleinen Lagerplatz für ein paar Tage und errichteten aus zehn Millimeter dicken Plastikteilen einen Schutzschirm gegen Regen und Sonne. Ich verstaute meine Ausrüstung unter dem Schirm und schreckte dabei einen schwarzen Frosch mit giftgrünen Streifen unter der Streuschicht auf. Es war ein kleiner Pfeilgiftfrosch oder Farbfrosch, ein Goldbaumsteiger *(Dendrobates auratus)*. Sein volkstümlicher Name geht auf einen Brauch der Choco-Indianer im westlichen Kolumbien zurück: Sie

Einer der gefährlichsten Bewohner der mittelamerikanischen Urwälder: die Gewöhnliche Lanzenotter; hier verschlingt sie gerade eine Ratte

Ein Wasserfall in den tropischen Regenwäldern Costa Ricas

gewinnen aus den Hautdrüsen der Frösche ein Alkaloid-Gift und streichen es auf die Spitzen ihrer Blasrohrpfeile. Die giftigsten Farbfrösche sind Frösche der Gattung *Phyllobates.* Sie erzeugen eines der stärksten natürlichen Gifte. Es wird von den Indianern gewonnen, indem sie die Frösche mit einem spitzen Holz aufspießen und dann über ein Feuer halten; bei Hitze tritt das Gift in Tropfen aus den Hautdrüsen aus.

Seltsamerweise sind die Farbfrösche harmlos; man kann sie unbesorgt in die Hand nehmen, da sie über keine Mittel verfügen, einem die Haut zu verletzen. Das Gift wird nur wirksam, wenn es in Kratzer oder offene Wunden gelangt. Welche Aufgabe hat dann aber die tödlich wirkende Substanz, wenn die Frösche sie nicht in den Körper von Feinden spritzen können? Man nimmt an, daß das Gift in erster Linie dazu dient, die Frösche für Räuber ungenießbar zu machen. Farbfrösche gelten als klassisches Beispiel eines biologischen Prinzips, das als »Warntracht« bezeichnet wird: Eine Art, die ungenießbar oder giftig ist, wird größere Überlebenschancen haben, wenn sie Feinde durch auffällige Körpermerkmale vor dem Verzehr warnt. Und da die Biologen eine Theorie am liebsten mit Informationen aus erster Hand untermauern, unternahm man Tests mit diesen Fröschen, um ihre Genießbarkeit festzustellen. Wenigstens ein Biologe erfuhr dabei am eigenen Leib, warum Froschschenkel von *Phyllobates* bestimmt niemals auf unseren Speisenkarten auftauchen werden: Nachdem er einen Frosch in den Mund genommen hatte, merkte er bald, daß seine Zunge taub wurde und seine Kehle sich zusammenzog. Inzwischen weiß man, daß er eine giftigere Art ausgewählt hatte und sein Geschmackstest fatale Folgen hätte haben können.

Der Espasel war etwa 40 Meter hoch und hatte, wie die meisten großen Bäume in unberührten Urwäldern, im unteren Drittel keine Äste. Seine obersten Äste waren vom Erdboden aus nicht zu erkennen. Mir war klar, daß es gefährlich werden konnte, eine Schnur aufs Geratewohl in die Krone zu schießen: Der unsichtbare Ast konnte plötzlich brechen, wenn ich hoch über dem Erdboden hing. Das war mir einmal passiert, glücklicherweise fiel ich dabei in einen Fluß.

Der Weg in den Kronenraum erforderte eine Strategie ähnlich wie der Angriff auf einen Berggipfel. In diesem Fall hatte ich vor, den Aufstieg in zwei Etappen durchzuführen. Zuerst wollte ich bis zum untersten der oberen Äste klettern, wo man vermutlich einen besseren Blick in die Baumkrone hatte.

Ich lockerte die Schnüre meines Rucksacks und begann aus dem oberen Fach zwei neun Millimeter dicke Kletterseile auszupacken. Im mittleren Fach hatte ich zwei wasserdichte Gasmaskentaschen mit der Fotoausrüstung verstaut. Das untere Fach enthielt eine Rolle Angelschnur, Handschuhe, Insektenschutzmittel, verschiedene Kletterhilfen wie Haken und Karabiner, durchsichtige Umschläge für Insektenproben, zusammenlegbare Sammelnetze, einen Helm, Nylonband, Pfeile und einen Klettergurt aus demselben Material, aus dem Sicherheitsgurte hergestellt werden. Meine Ausrüstung wog insgesamt gut 30 Kilogramm.

Ich richtete die Armbrust mit der rechten Hand auf die Baumkrone, hielt die Rolle Angelschnur in der linken und schoß. Der Pfeil flog gen Himmel, und die Angelschnur schwirrte von der Rolle. Fast gleichzeitig drückte ich mit dem Daumen auf die Schnur, um den Pfeil abzubremsen und ihn in bogenförmigem Flug über einen starken Ast in etwa zwanzig Meter Höhe zu lenken – der Schuß ging jedoch daneben. Beim zweiten Versuch hatte ich mehr Glück: Der Pfeil fiel zum Erdboden zurück und zog ein weiteres Stück Schnur von der Rolle. Die Schnur war aber nicht stark genug, um das Kletterseil anzuheben. Es mußte daher durch ein Nylonband mit einer garantierten Tragfähigkeit von 100 Kilogramm ersetzt werden. Dabei bestand die Gefahr, daß sich die Angelschnur in der Baumrinde verfing und das Band dann nicht weiter nach oben gezogen werden konnte. Noch einmal hatte ich Glück, und in einer halben Stunde war das Kletterseil nach oben und über den Ast gezogen.

Nun befestigte ich ein Ende mit einem Seemannsknoten an einem 30 Zentimeter starken Baumstamm. Neue Knoten – wenigstens neu für mich – zu entwickeln, ohne sie vorher zu testen, ist ein risikoreiches Unternehmen. Ich verknotete das Seil deshalb noch mehrmals hinter dem tragenden Knoten, um mich beim Aufstieg wirklich sicher fühlen zu können.

Der Klettergurt wurde wie eine Hose mit Hosenträgern angezogen, mit einem Trageband über jeder Schulter sowie Hüft- und Beinriemen, die ihn sicher am Körper befestigten. Er hatte breitere Bänder als die Bergsteigergurte, die üblicherweise beim Seilklettern verwendet werden. Die Bergsteigergurte wiegen zwar weniger, neigen aber dazu, bei stundenlanger ruhiger Beobachtung stärker einzuschneiden und den Blutkreislauf zu behindern.

Nachdem ich den Klettergurt angezogen hatte, befestigte ich eine Steigklemme am Seil und verband sie durch einen Karabiner mit meinem Gurt. Dann brachte ich unter dieser Steigklemme eine zweite am Seil an. Sie hatte eine Art Steigbügel, in den ich mit den Füßen treten konnte. Derartige Steigklemmen verklemmen sich im Seil, wenn sie belastet werden, können aber ohne Belastung frei nach oben und unten bewegt werden.

Ich begann, das Seil anzuspannen, indem ich einen Fuß in den Steigbügel setzte und ihn nach unten drückte. Dann schob ich die mit dem Gurt verbundene Steigklemme mit der Hand so weit wie möglich nach oben. Das Seil war jetzt etwas gespannt und zog meinen Klettergurt leicht nach oben. Anschließend brachte ich die Klemme mit dem Steigbügel knapp unter der mit dem Gurt verbundenen Steigklemme in eine neue Position und streckte mich wieder.

Wenn ich das Seil auf diese Weise straffer zog, kam es mir wie ein großes Gummiband vor: Bei den sanften, schwingenden Bewegungen hatte ich das Gefühl, schwerelos zu sein; ähnlich muß man sich auf dem Mond fühlen. Ein normaler Schritt ließ mich nach oben schweben. Meine Reflexe waren allerdings noch nicht an diese scheinbare Schwerelosigkeit gewöhnt: Ich hüpfte wie ein Jo-Jo am Seil auf und ab, wobei mein Hintern Bodenpflanzen zerschmetterte und mein Rumpf an den Stamm schlug. Meine unbeabsichtigten Angriffe schreckten einen Schwarm von Ameisen auf; ich konnte mich aber an meinem Seil schnell wieder vom Baumstamm entfernen, so daß ich von ihren Bissen verschont blieb.

Doyly beobachtete meine Vorbereitungen und mußte dabei mit einer Wolke von Moskitos kämpfen. Ich winkte ihm zu, er solle sich auch an das Seil hängen, um zu überprüfen, ob der Ast unser beider Gewicht aushalten konnte. Das war nicht ungefährlich, denn wenn der Ast brach, konnte er uns erschlagen. Doyly packte die Rückenseite meines Klettergurts und zog mich zum Erdboden hinunter, dann klammerte er sich fest, und ich kletterte ein paar Fuß höher. Dies geschah, indem ich im Steigbügel aufstand, mich dann von meinem Gurt tragen ließ und gleichzeitig die Steigklemmen am Seil nach oben schob. Das Ganze erinnerte an die Bewegung einer riesigen Raupe. Wir zogen das Seil weiter an, bis wir frei über dem Erdboden schwebten. Einige Minuten lang lauschten wir gespannt, ob in der Höhe irgendwo zu hören war, wie Holz unter einer großen Last zerbricht. Da wir nichts hörten, ließ Doyly meinen Gurt los, und ich schoß wie ein Ballon, der Ballast abgeworfen hat, nach oben.

Der Zwerg-Panamabaumsteiger (Dendrobates pumilio), *ein Pfeilgiftfrosch, trägt eine Larve auf seinem Rücken umher*

Ich hatte mir ursprünglich vorgestellt, daß das Klettern auf tropischen Baumriesen ein ebenso gesunder und sauberer Sport wie Tennis sein müsse. Fünf Meter über dem Erdboden, als ich mir mit dem Buschmesser einen Weg durch Zweige bahnen mußte, verabschiedete ich mich jedoch schnell von dieser Vorstellung: Ein Regen von Schmutz und organischem Material, am ehesten mit feuchtem Kaffeesatz zu vergleichen, ging auf meine Kleider nieder und hinterließ unangenehm riechende Flecken.

Der Espasel war der schmutzigste Baum, auf den ich jemals geklettert bin; im Vergleich mit den Bäumen Nordamerikas sind indes alle tropischen Bäume Schmutzfänger. Lebermoose, Moose, Farne und viele andere Epiphyten (Aufsitzer) wachsen an den senkrechten Stammoberflächen und auf den Oberseiten der Äste. Ihre Wurzeln winden sich auf der Suche nach einem sicheren Halt und nach Nährstoffen an Furchen in der Baumrinde entlang. Schließlich bilden ihre Wurzeln ein dichtes Geflecht, das zum Teil mehr als 30 Zentimeter dick werden kann; dieses Geflecht fängt die herabfallenden Schmutzpartikel auf. Sie sammeln sich in ihm und verwittern zu einem nährstoffreichen Humus, auf dem viele Lebewesen gedeihen. Die Humusschicht auf den Ästen ist vielfach sogar dicker als die Streulage auf dem Erdboden, die dort schneller vermodert. Beim Klettern rutscht dieser feuchte Baumhumus von den Ästen und fällt als Schmutzregen herab.

Ich quälte mich bei dem Versuch, die Einstiegsöffnung mit dem Buschmesser zu erweitern und dem Schmutz aus dem Weg zu gehen, durch das Gewirr von Ästen weiter nach oben – eine unangenehme und hoffnungslose Aufgabe: Voller Schrecken mußte ich mit anschauen, wie die Klinge meines Buschmessers von einem Ast zurückprallte und das Kletterseil traf. Glücklicherweise hinterließ es dort nur eine kleine Kerbe, aber ich steckte das Messer sofort ein.

Oberhalb der Äste, die ich bereits gestutzt hatte, verschwand der Erdboden in der Tiefe, und auf den wenigen verfügbaren Standorten wuchsen andere Pflanzen. Sie waren enger mit den Gewächsen in den oberen Stockwerken des Regenwaldes verwandt. Neben mir klammerte sich ein Fensterblatt *(Monstera)* mit

Wie Telefonkabel verlaufen die Luftwurzeln von Hemi-Epiphyten am Baum entlang. Im Gegensatz zu den echten Epiphyten benötigen sie Nährstoffe und Wasser aus dem Boden

großen, durchlöcherten Blättern an den Baumstamm. Anthurien (Flamingoblumen) und Bromelien wuchsen wie winzige Büsche auf Stämmen, Ästen oder wo immer sie sonst einen Platz gefunden hatten. Eine Bromelie schaukelte in den Schlingen einer rund 30 Meter langen, verholzten Schlingpflanze, die von den Baumkronen herabhing und sich hin und her bewegte – ein Zeichen, daß eine frische Brise über das Dach des Waldes strich.

Das Bild erinnerte mich an Tauchexkursionen in die Tangwälder vor der Küste Südkaliforniens. Auf halber Strecke zum Meeresboden bildete der Tang einen schwimmenden Wald, der – vom Erdboden und Himmel losgelöst – im Rhythmus der hoch über ihn hinweglaufenden Wellen auf und nieder wogte. Die dünnen, zerbrechlichen Stämme trugen ein Dickicht langer, säulenförmiger Blätter, das allen möglichen Arten von Fischen, Krebsen, Seesternen und anderen Meereslebewesen Unterschlupf bot. Während sie sich nach der unsichtbaren Meeresoberfläche streckten, wurden die Blattsäulen durch Luftblasen, die in Hohlräumen der einzelnen Blätter eingeschlossen sind, in der Schwebe gehalten. Die Wipfel der Bäume im tropischen Regenwald schienen wie der Tang ebenfalls frei in der Luft zu schweben; ihre Kronen wirkten im Verhältnis zu den Stämmen häufig viel zu groß, eine riesige Blätterkugel balancierte auf einem hohen, dünnen Stamm, der unter der Last zusammenzubrechen drohte.

In ungefähr acht Metern Höhe über dem Erdboden wehte eine leichte Brise vom Kronendach her und machte die Luft frischer und kühler. Die relative Luftfeuchtigkeit schwankt in den unteren Stockwerken des Waldes rund um die Uhr zwischen 90 und 100%. Im Kronenraum kann die Luftfeuchtigkeit dagegen zur Mittagszeit auf 60% sinken. Der Schweiß, der in der trockeneren Luft aus meinen Kleidern verdunstete, verschaffte mir eine willkommene Abkühlung und vertrieb die Schwüle des feuchten, dunklen Waldbodens.

In solchen Augenblicken spiegelte sich die Vorfreude auf die Arbeit im Regenwald wider, die mich schon seit Monaten erfüllt hatte. Ich wollte die engen Wechselbeziehungen zwischen den Lebewesen des Urwalds studieren, wollte sehen, wie ein Hellroter Ara seine Jungen füttert oder eine Baumschlange Beute macht. Meine erste Begegnung mit der Tierwelt des Kronenraums war allerdings eine Wolke etwa drei Millimeter langer, braungefärbter Bienen, die sich in weniger als einer Minute in größeren Scharen um mich versammelten und mir das Leben zur Hölle machten. Sie krabbelten bei ihrer unbarmherzigen Suche nach Feuchtigkeit, vielleicht auch nach Salz, meine Schläfen hinauf, den Nacken hinunter und in die Augen hinein. Ein paar Minuten dieser lästigen Gesellschaft machen jeden wahnsinnig, und ich ließ schleunigst das Mückennetz von meinem Helm herunter.

Ich rüttelte an einer Schlingpflanze, um festzustellen, ob sich eine Schlange zwischen den ineinander verflochtenen Wurzeln verkrochen hatte. Die gelblichen Ranken, die diese Schlingpflanze fest am Stamm hielten, gaben dabei nach und lösten einen kleinen Erdrutsch aus, der tief unter mir auf den Waldboden prasselte. Insekten vieler verschiedener Familien brachten sich eilig auf benachbarten Schlingpflanzen in Sicherheit; ein komplettes Ökosystem klebte an der senkrechten Oberfläche des Baumstamms.

Einen Meter höher hatte sich ein tellergroßes Stück Rinde vom Stamm gelöst. Darunter konnten ein Salamander, ein Frosch oder eine von zahllosen anderen Tierarten verborgen sein. Ich machte meine Kamera schußbereit und hob das Rindenstück vorsichtig Millimeter um Millimeter an.

Plötzlich hüpfte ein 15 Zentimeter langer Skorpion wie ein furchterregendes Schachtelmännchen aus dem Hohlraum auf meinen Handschuh. Skorpione haben bekanntlich einen giftigen Stachel, und ihr Gift ist je nach Art unterschiedlich gefährlich: Der Stich eines Skorpions kann wie ein Bienenstich wirken, er kann aber auch tödlich sein. Welches Gift diese Art verspritzte, wußte wohl niemand – und ich hatte verständlicherweise keinen Ehrgeiz, es herauszufinden. Der Skorpion suchte hastig nach einem neuen Unterschlupf, und der nächste war die gebauschte Oberseite meines Handschuhs. Instinktiv schüttelte ich die Hand und schleuderte den Skorpion in einem langen, bogenförmigen Flug nach unten, wo Doyly stand und mir mit einem belustigten »Ich-habe-es-Ihnen-ja-gesagt«-Ausdruck im Gesicht zuschaute. Beim Absturz erwischte der Skorpion ein Blatt und verschwand im Dickicht des Espasel.

Nach dieser Episode hielt ich nach ruhigen, friedlichen Lebewesen Ausschau. Zur Linken, rund drei Meter außerhalb meiner Reichweite, wuchs eine schöne gelbe Orchidee. Mit beiden Füßen stieß ich mich vom Stamm ab, schwang wie ein Pendel durch die Luft und klammerte mich in der Nähe der Blume an einen anderen Ast. Wie viele auf Bäumen lebende Pflanzen hatte sich die Orchidee mit wurzelähnlichen Ranken auf einem kleinen abgebrochenen Ast verankert, der sie früher im Kronenraum getragen hatte und dann beim Sturz von den unteren Ästen aufgefangen worden war. Dieser glückliche Zufall rettete die Orchidee vor dem langsamen Tod im finsteren »Keller« des Waldes. Aber konnte er sie auch vor einem anderen Schicksal bewahren? Die Insekten, Vögel und sonstigen Tiere, die die Blüten in den sonnigen oberen Stockwerken bestäuben, würden den Pflanzen in den tieferen Schichten des Waldes ihre Dienste nicht anbieten.

Ich pendelte an den Stamm zurück und traf ihn mit meinen Füßen. Zu meiner Überraschung dröhnte der Stamm dabei wie eine Trommel. Mit der Stiefelspitze trat ich noch ein paarmal dagegen; die dumpfen Töne, die dabei zu hören waren, bewiesen, daß der Baum innen ganz hohl war.

Hohle Bäume sind weder durchweg morsch, noch sind sie in den meisten Fällen abgestorben. Das lebende Gewebe eines Baums umfaßt einen äußeren Mantel, das sogenannte Faszikularkambium, dessen Zellen sich teilen und damit ein Dickenwachstum bewirken. Das Holz in der Mitte des Stamms, das Kernholz, ist tot. Viele der riesigen Sequoias (Mammutbäume), der höchsten Bäume der Welt, sind zugleich hohl und sehr lebendig. Bei der Tragkraft hohler Bäume gibt es allerdings einen Haken: Ein hohler Zylinder aus irgendeinem einheitlichen Material kann zwar theoretisch so fest wie ein massiver Zylinder sein, die ideale Zylinderform, von der bei dieser Berechnung ausgegangen wird, kommt bei vermodernden Bäumen allerdings – wenn überhaupt – nur sehr selten vor. Ich verzichtete daher auf weitere Pendelbewegungen und kletterte im Schneckentempo aufwärts.

Ungefähr 13 Meter über dem Erdboden zweigten auf beiden Seiten des Stamms zwei dicke Äste ab. Der Stamm schwoll hier auf etwa vier Meter Durchmesser an. Die Seitenäste reichten bis zum oberen Kronenraum hinauf, während der Stamm drei Meter höher als gezackter Stumpf endete. Aus der Entfernung betrachtet, sah der Baum

Der Regenwald ist ein nach Feuchtigkeit, Licht und Temperatur stark gegliederter Lebensraum. Am Boden ist es nicht so heiß wie im Kronenraum, aber es scheint viel heißer, weil die Luftfeuchtigkeit stets bei fast 90% liegt. Der Kronenraum hingegen ist eine Welt voller Licht, frischer Luft und weiter Ausblicke

deshalb wie ein langer Hals ohne Kopf zwischen zwei erhobenen Armen aus. Mein Kletterseil hing, wie ich jetzt feststellte, an einem Ast, der aus der Spitze des abgebrochenen Baumstammes wuchs und anscheinend verdorrt war. Ich kletterte weiter bis zu der Stelle, an der das Seil in einer dicken Moosschicht verschwand, so daß ich die Steigklemmen nicht mehr nach oben schieben konnte. Sie war etwa eine Armlänge vom Rand des Baumstumpfes entfernt. Nach den ersten Erfahrungen zögerte ich natürlich, den Stumpf anzufassen, ohne mich zuvor vergewissert zu haben, daß keine gefährlichen Tiere auf ihm lauerten. Weil eine genauere Untersuchung nicht möglich war, schlug ich vorsichtshalber mit einem Stück Nylonband auf den Stumpf und hoffte, eventuell anwesende Tiere damit vertreiben zu können. Ich hatte dabei jedoch nicht berücksichtigt, daß die Peitschenhiebe friedliche Tiere verärgern können.

Mit beiden Händen klammerte ich mich am Rand des Baumstumpfes fest und suchte gleichzeitig mit den Füßen nach einem Halt. Als ich endlich einen Blick über den Rand werfen konnte, war ich überrascht, denn der Stamm war nur eine leere Hülle, in deren Mitte ein knapp ein Meter großes, rundes Loch gähnte. Aus dem offenen Rachen strömte mir modrig riechende Luft entgegen. Über meinem Kopf war ein Summen zu hören, und ich blickte auf. Eine große Biene saß auf den Blüten eines strauchigen Schwarzmundgewächses *(Melastomaceae),* das als Epiphyt auf dem Baum wuchs. (Epiphyten sind im Gegensatz zur Mistel und anderen Pflanzen, die mit ihren Wurzeln auf der Suche nach Nährstoffen in das lebende Gewebe ihrer Wirtspflanze eindringen, keine Schmarotzer.) Die Biene und die Blüten, die sie besuchte, faszinierten mich. Ich war ziemlich sicher, der erste zu sein, der das Tier sah, das für die

Beinahe hätte ich meine Hand auf den Kopf dieser zusammengerollten Schlegelschen Lanzenotter gelegt

Vermehrung dieser Pflanze verantwortlich war. Das Bruststück der Biene vibrierte, als sie sich auf der Blüte niederließ. Dabei wurde Blütenstaub auf ihren Körper geschüttelt. Die Antheren, jene Teile der Blüte, die den Blütenstaub enthalten, waren wie winzige Salzstreuer konstruiert. Übrigens stammten die Blüten, die ich am Fuß des Baums gefunden hatte, auch von einem Schwarzmundgewächs.

Aus dem Hohlraum drang ein schrilles Quieken, und ich spähte hinein, gerade noch rechtzeitig, um ein rosafarbenes Blütenblatt in den dunklen Tiefen des hohlen Stamms verschwinden zu sehen. Die rechte Hand auf den gegenüberliegenden Rand der Öffnung gestützt, kauerte ich nieder und beobachtete, wie tief im Innern des Baums graue Schatten umherflatterten. Ein wurzelähnliches Gebilde, das etwa eineinviertel Meter unter dem Rand in den Hohlraum hineinragte, hüllte die unteren Teile in Dunkel. Wieder war von dort ein Quieken zu hören. Da sich meine Augen allmählich an die Dunkelheit gewöhnten, konnte ich eine Zweistreifen-Taschenfledermaus *(Saccopteryx bilineata)* erkennen, eine tropische Fledermausart, die sich tagsüber im Halbdunkel von hohlen Bäumen und Felshöhlen in der Nähe des Eingangs, manchmal aber auch an der Unterseite von Ästen aufhält. Durch meine Anwesenheit fühlten sich die Tiere gestört.

Damit endete mein erster Tag auf dem riesigen Baum. Ich sollte noch etliche Male zu ihm zurückkehren und in seiner Krone viele verschiedene Abenteuer erleben – auch einige, die um ein Haar schiefgegangen wären. Der bei weitem gefährlichste Zwischenfall ereignete sich im Sommer 1976, als ich an derselben Stelle am Eingang zur Baumhöhle kauerte und etwas untersuchte, was ich für ein Moospolster hielt. Dieses »Moospolster« entpuppte sich als eine zusammengerollte Schlegelsche Lanzenotter *(Bothrops schlegelii)*. Ihr großer Kopf war nur ein, zwei Zentimeter von meiner Hand entfernt. Mehr erschrocken als überlegt sprang ich zurück, fiel an die zwei Meter ins Leere und wurde dann vom Seil abrupt aufgefangen. Einige Minuten lang hing ich in der Luft, um meine Sinne zu sammeln und anschließend meine Ausrüstung zu überprüfen.

Die Schlegelsche Lanzenotter, eine auf Bäumen lebende Grubenotter, ist wegen ihres außerordentlich wirksamen Giftes berüchtigt. Es lähmt ihre Beute in kürzester Zeit. Die Otter hält sich mit Vorliebe über dem Erdboden im Geäst auf, wo sie leicht die oberen Körperteile von Menschen erreichen kann. Sie wird deshalb in Lateinamerika sehr gefürchtet; jährlich sterben allein in Costa Rica drei bis sechs Menschen am Biß der Schlegelschen Lanzenotter.

Ich wollte unbedingt ein Foto von dieser Giftschlange machen. Um sie ganz aufs Bild zu bekommen, mußte ich einige Anthurienblätter zur Seite biegen. Die Otter blieb währenddessen regungslos liegen. Ihre lidlosen Augen, gelbe Juwelen in einem Körper aus Jade, blickten mich starr an. Wie die grotesken Tierköpfe an den Wasserspeichern gotischer Kirchen bewachte die Schlange den Eingang zur Baumhöhle.

Lebewesen in einer Höhle aus Holz

Den nächsten Tag verbrachte ich damit, mich in der Umgebung von Rincon etwas umzuschauen. Der Ort war auf einem 200 Meter breiten Schwemmlandstreifen zwischen der Bucht und einem Hügel errichtet worden. Am Fuß des Hügels standen Pfahlhäuser aufgereiht. Wie mir Rich erklärte, sollten die niedrigen Pfähle die Häuser vor den gelegentlichen Schichtfluten schützen, die bei heftigen Wolkenbrüchen von den Hängen strömten.

Ich stieg den Hügel hinauf und kam in ein Dickicht, das aus einem verwilderten Garten entstanden war und in dem neben anderen Pflanzen Papayabäume und Bananenstauden wuchsen. Hier traf ich auch den Coati wieder, der mich in der ersten Nacht besucht hatte. Er stöberte nach etwas Eßbarem und schob dabei seine biegsame Schnauze durch einen vermodernden Ast.

Nur auf einer Bananenstaude, die sich fünf Meter hoch aus dem Dikkicht reckte, gab es reife Früchte. Bananen wachsen nicht auf Bäumen, sondern auf riesigen Stauden, deren Stengel kaum fester als die von Blattsellerie sind. Da ich sicher war, daß die Bananenstaude unter meiner Last umknicken würde, ging ich zum Büro zurück, um zu fragen, wie Bananen eigentlich geerntet werden. Zu meiner Überraschung gab man mir den Rat, ich solle einfach die ganze Staude abhacken, so wie es die Arbeiter auf den Bananenplantagen machen. Allerdings läßt man die Bananenstauden in den Plantagen nicht so hoch wachsen, damit die Fruchtbündel nicht beschädigt werden, wenn sie auf den Boden fallen. Mit einem Buschmesser bewaffnet, stieg ich wieder den Hügel hinauf und durchtrennte den Stengel mit zwei kräftigen Hieben. Zwar wurden viele Bananen zerquetscht, als das Fruchtbündel auf den Boden schlug, Dutzende blieben aber unversehrt.

Die Fruchtbündel der Bananenstaude sind nicht leicht: Das von mir geerntete wog sicher mehr als 25 Kilogramm. Ich hatte Mühe, es auf meine Schultern zu heben. Bei jedem Schritt auf dem Weg den Hang hinunter wackelte das Bananenbündel, was viele Lebewesen, die sich in ihm eingenistet hatten, in panische Angst versetzte. Erschreckte Schaben und Spinnen krochen aus den dunklen Ritzen und benutzten meinen Kopf als Sprungbrett an einen sicheren Ort. Arbeiter in Bananenplantagen machen auf diese Weise bei der Ernte manchmal die unliebsame Bekanntschaft von giftigen Schlangen.

Ich hing das Bananenbündel an einen Querbalken unterhalb der ersten Etage meines Pfahlbaus. Damit sollten Tiere ferngehalten werden; Ameisen allerdings reicht die Schnur, an dem das Bündel hängt. Andere Insekten können durch einen

Schrank mit Fliegengitter abgehalten werden; einen solchen hatte ich aber nicht.

Ich stieg die Treppe hinauf, um mich zu waschen, und fand die Vordertür halb offen. Obwohl die Tür keinen Riegel besaß, dachte ich, ich hätte sie geschlossen. Drinnen waren schlurfende Geräusche und das Knistern von Papier zu hören. »Was für ein Glück«, sagte ich zu mir, »die Firma spendiert dir eine Hausgehilfin.« Als ich ins Zimmer trat, erwartete mich jedoch eine ganz andere Situation: Ich ertappte einen Einbrecher auf frischer Tat, wie er meine Habseligkeiten durchwühlte. Überall waren Lebensmittelpackungen und Ausrüstungsgegenstände verstreut, und der Missetäter steckte mit dem Kopf ganz in meinem Beutel mit Schokoladenmandeln, den er vor sich her über den Fußboden schob. Wutentbrannt zog ich mein Buschmesser, stürzte in das Zimmer und schlug dem Coati mit der breiten Seite der Schneide auf sein Hinterteil. Der zog den Kopf aus dem Beutel, grinste mich mit seinen schokoladebraunen Zähnen boshaft an und zischte verärgert. Ich sprang zurück, um mich vor seinem imponierenden Gebiß in Sicherheit zu bringen. Als er dann zur Tür rannte, jagte ich hinter ihm her. In der Küche erwischte ich ihn wieder und trieb ihn dort, das Buschmesser schwingend, in die Ecke. Mit einem bösartigen Zischen drohte er zurück. Ich gab ihm den Weg frei und ließ ihn durch die Vordertür entkommen. Später bastelte ich dann aus einem Stück Seil und Nägeln eine coatisichere Türklinke, um den unerwünschten Gast fernzuhalten.

Zwei Tage später waren Doyly und ich wieder an dem wilden Kaschubaum. Erneut kletterte ich zum Eingang der Baumhöhle. Die kurze Unterbrechung hatte meinen Forscherdrang wieder geschürt. Ich wollte die Baumkronen und vor allem den Hohlraum im Kaschubaum genauer untersuchen. Trotzdem war mir bei dem Gedanken, in den dunklen Hohlraum zu steigen, nicht ganz wohl. Ich brauchte einige Zeit, mich selbst davon zu überzeugen, daß ein »echter« Biologe eine solch einmalige Gelegenheit niemals verstreichen lassen würde. Sie bot mir zweifellos die beste Einführung in die Biologie des Urwaldlebens.

Langsam, einem Faultier ähnlich, kletterte ich den Stamm hinauf. Jeder Schritt war wohlüberlegt. Dieses Mal gab es auf ihm entweder keine verborgenen Tiere, oder ich sah sie nicht. »Sehen« bedeutet indes nicht nur, etwas anzuschauen. Es ist ein komplexer Prozeß, der mit dem Bild, das die Augenlinse auf die Netzhaut wirft, beginnt und damit endet, daß das Gehirn die Signale, die durch die Sehnerven zu ihm gelangen, deutet. Wie wir das, was wir sehen, interpretieren, hängt entscheidend von unseren Erfahrungen und Kenntnissen ab. Die Großstadtstraßen und gepflegten Parks, aus denen ich stammte, hatten meine Sehkraft nicht genügend gefordert und sie deshalb verkümmern lassen. Sie wäre wohl aufgrund der großen Risiken, die mit dem Leben in freier Natur verbunden sind, geschärft worden – Risiken dieser Art fehlen aber in der Umwelt eines Menschen in der Industriegesellschaft.

Doyly war aufgeregt, weil ich mich wieder entschlossen hatte, den Baum zu besteigen, und seine Aufregung spiegelte sich in den dunklen Falten in seinem Gesicht wider. Vorsichtshalber hatte ich ihm von meinem Plan, die Baumhöhle zu untersuchen, erst berichtet, als wir am Espasel angekommen waren. Ich wollte damit das Risiko umgehen, daß sich Rich in meine Angelegenheiten mischte. Doyly brachte das jedoch in eine verzwickte Lage. Rich machte ihn nämlich dafür verantwortlich, daß mir nichts passierte. Ich wußte allerdings selbst nicht, wie er mir helfen konnte, wenn mir irgend etwas zustoßen sollte.

Es war durchaus möglich, daß der Hohlraum wie eine Gletscherspalte nach unten hin allmählich schmaler wurde. Wenn das der Fall war, hätte ich mich schon bei einem kleinen Sturz hilflos zwischen den Wänden verkeilen können. Bergsteiger kommen manchmal auf diese Weise in Gletscherspalten ums Leben. Mich plagte jedoch vor allem die Vorstellung, eventuell inmitten einer Schar bizarrer Lebewesen hilflos eingesperrt zu sein.

Ich zurrte mein Kletterseil an einem Ast in der Nähe der Einstiegsöffnung sorgfältig fest, damit es nicht abrutschen und mich in den Spalt stürzen lassen konnte. Mein erster Schritt in die Baumhöhle traf das Hindernis, das die Öffnung halbierte. Ich probierte, ob es mein Gewicht aushielt, und duckte mich dann, um die Unterseite zu untersuchen. In der dumpfen, stinkenden Luft, die durch den Hohlraum aufstieg, schwanden mir beinahe die Sinne. Glücklicherweise gewöhnt sich der Geruchssinn sogar an starke Gerüche schnell.

Der Lichtkegel meiner Stirnlampe reichte über das Hindernis hinaus tief in einen Schacht hinein, der wie ein natürlicher Schornstein aussah.

Jeder Baum birgt ein neues Geheimnis, und das vielleicht größte, das ich erforschen konnte, war das Leben in diesem hohlen Baum

Das Licht konnte aber die Dunkelheit nicht bis zum Grund des Schachts durchdringen. Um seine Tiefe zu bestimmen, zog ich eine Münze aus der Hosentasche und ließ sie hinunterfallen. Es dauerte zwei Sekunden, bis sie unten aufschlug – und ich erinnerte mich an eine Newtonsche Formel, die man mir in den langen Jahren auf der High School eingetrichtert hatte. Was für eine seltene Gelegenheit! Wie oft kann man das, was einem in der Schule beigebracht wurde, auch anwenden? Die Rechnung war relativ einfach: Die Hälfte der Erdbeschleunigung (9,81 m/s^2) multipliziert mit dem Quadrat der Fallzeit (2 s), also 4,9 m/s^2 mal 4 s^2, ergab die Fallhöhe von 19,6 m. Dieser Wert war zu groß, denn ich befand mich nur 15 Meter über dem Erdboden. Offensichtlich hatte ich die Fallzeit nicht exakt genug ermittelt, sonst hätte ich damit die Tiefe der Baumhöhle bis auf den Meter genau berechnen können. Immerhin hatte meine Rechnerei ergeben, daß die Höhle tief in den gewaltigen Stamm hinabreichen mußte.

Die Unterseite des Hindernisses lag noch teilweise im Dunkel. Ich rechnete daher, während ich durch die enge Öffnung kroch und dabei möglichst weiten Abstand von den schmutzigen Wänden hielt, mit einigen Überraschungen. Nur die kleine Kolonie von Zweistreifen-Taschenfledermäusen war zu sehen. Sie hatten sich gleich in der Nähe des Einstiegs niedergelassen und schlummerten dort. Ein Schwarm von Mücken watete genüßlich durch den dünnen Schleimüberzug an der Innenseite des Schachtes.

Um mich zu schützen, hatte ich jeden Zentimeter meines Körpers mit Kleidern verhüllt: Über dem Helm und dem Gesicht trug ich ein Mückennetz, meine Hände waren durch Handschuhe geschützt, die noch über die Manschetten meines langärmeligen Hemdes reichten, und die Jeans steckten in Urwaldstiefeln, wie sie die US-Soldaten im Vietnamkrieg getragen hatten. Zwangsläufig wurde mir in der warmen Luft der Baumhöhle sehr heiß.

Ich hing in meinem Klettergurt und pendelte über dem Loch zwischen der Höhlenwand und dem Hindernis. Damit ich nicht an der Wand entlangscheuerte, mußte ich mich aufrecht Stück für Stück hinunterlassen, dabei gleichzeitig meine Pendelbewegungen kontrollieren und die Stiefelspitzen gegen die Wände des Hohlraums stemmen. Dadurch wurden die Mücken aufgeschreckt, die an der Höhlenwand geschmaust hatten, und stiegen in einer Wolke um mich herum auf.

Beim Abstieg in den senkrechten Schacht wuchs die Angst in mir. An der Unterseite des Hindernisses, nur wenige Zentimeter von mir entfernt, hockte teilnahmslos ein Skorpion. Ich holte einen Beutel aus der Tasche und sperrte das Stacheltier darin ein, bis ich meine Untersuchung des Baums beendet hatte.

Seit dem Augenblick, in dem ich in den Hohlraum geklettert war, flogen Fledermäuse umher. Das Licht der Lampe scheuchte sie auf und machte sie gereizt. Während ihrer panischen Flucht stießen mehrere mit mir zusammen. Auf dem Höhepunkt dieses Getümmels atmete ich eine Mücke ein, die einen Weg durch das Netz gefunden hatte. Angewidert spuckte ich sie aus, denn ich wußte, daß sie sich im Fledermausdreck entwickelt hatte. Bei Temperaturen um 27 °C und einer Luftfeuchtigkeit von 100% stieg Wasserdampf aus meinen schweißnassen Kleidern und kondensierte zu Dunstschwaden. Ich blieb eine Zeitlang bewegungslos sitzen, um mich abzukühlen. Die Fledermäuse ließen sich derweil an den Wänden oberhalb des Hindernisses nieder und hofften darauf, bald wieder an ihre gewohnten schmutzigen Schlafplätze zurückkehren zu können.

Unter mir verschwanden die Höhlenwände in einem schwarzen Nichts; über mir schien der Wald eine weit entfernte Welt. Der Boden der Baumhöhle war immer noch nicht zu erkennen, kein Hinweis auf das, was unter mir lag. Im Augenblick beschäftigte mich jedoch ein Anfall von Platzangst. Ich erhöhte deshalb mein Tempo und hoffte, das Abenteuer schnell hinter mich zu bringen.

Anstatt enger zu werden, verbreiterte sich der Schacht etwa zwei Meter unter dem Hindernis plötzlich zu einer großen Grotte aus Holz. Meine Platzangst verschwand schnell, während ich am »Dach« dieser Grotte frei in der Luft schwebte. Die zylinderförmige Kammer hatte bemerkenswerte Ähnlichkeit mit einer Höhle im Kalkstein. Sie reichte etwa zwölf Meter in die Tiefe, wobei sie sich wie eine Sanduhr verengte und dann wieder breiter wurde, bis sie am Grund auf schwarzem Boden aus lockerer Erde endete.

Ihre Decke hatte zwei weitere Ausbuchtungen, die sich außen in den größten Ästen fortsetzten. Die eine bildete – wie der Eingang zur Baumhöhle – eine Öffnung im Stamm, die aber an der Außenseite von dem Schwarzmundstrauch und einer Menge anderer Epiphyten versperrt war. Ich richtete den Lichtstrahl in den anderen hohlen Ast hinein, worauf ein kreischender Lärm aus ihm drang, der in der ganzen Höhle widerhallte. Das Licht hatte einen Schwarm von mehreren hundert Blattnasen-Fledermäusen aufgeschreckt. Die meisten gehörten zur Art *Phyllostomus discolor,* der Bunten Lanzennase, die sich von Früchten ernährt. Einige Fledermäuse fielen von der Decke und umkreisten mich, ohne mich dabei zu berühren, so, als ob sie auf einem Aufklärungsflug wären. Bald kehrten sie aber zu ihrer Sippe am Ende der »Sackgasse« zurück, wo sie vor der Witterung, vor Licht und Räubern ausgezeichnet geschützt waren.

An der Mündung der »Sackgasse« wuchsen an der Höhlenwand schneeweiße Scheibenpilze. Um sie genauer zu untersuchen, stieß ich mich von der Wand ab und klammerte mich an einen Holzzapfen, der wie ein Stalaktit von der Decke herunterhing. Jede Scheibe schützte eine Kolonie kleiner Blattflöhe *(Homoptera),* die in allen Entwicklungsstadien vertreten waren. Pilze einer anderen Art, die ich noch nie zuvor gesehen hatte, hingen wie Miniaturkronleuchter von den Scheiben herab. Als ich die Höhle verließ, sammelte ich einige Proben dieser Pilze, um sie genauer zu untersuchen und zu fotografieren. Leider verwandelten sich die Proben außerhalb der schützenden Höhlenwelt nach wenigen Minuten in einen wäßrigen Brei. Pilze hatten die Baumhöhle gemeinsam mit Termiten, holzbohrenden Käfern und anderen Organismen ausgehöhlt, und sie waren noch fleißig bei der Arbeit. An einer Stelle hatte mein Stiefel einen Kratzer in der Höhlenwand hinterlassen und die Wohnröhre einer Termitenkolonie auf fünf Zentimeter Länge freigelegt. Die beschädigte Wohnröhre wurde sofort von Termitensoldaten bewacht, die eine Reihe von Arbeitern vor den vermeintlichen Angreifern schützten.

Die vielen Tiere im oberen Teil der Baumhöhle hatten mich neugierig gemacht, wer wohl in dem mehrere Stockwerke hohen Hohlraum darunter leben mochte. Ich ließ mich mit einem speziellen Abseilgerät, mit dem man die Abstiegsgeschwindigkeit vom nervenkitzelnden »freien Fall« bis zum zentimeterweisen Hinabgleiten leicht regulieren kann, das Seil herunter. Ich war auf der Pirsch nach Lebewesen und glitt deshalb nur langsam in die Tiefe. Die Oberfläche der Höhlenwand war an einigen Stellen glatt, hier trat das feinkörnige Holzgefüge zutage, zum größeren Teil war sie jedoch mit einem humusähnlichen Material bedeckt, das von den Wänden herabtropfte und dem Material zwischen den Wurzeln der Epiphyten außerhalb des Baumstamms entsprach. Vier Zentimeter lange Grillen marschierten durch den Dreck. Ihre 15–20 Zentimeter langen Fühler tasteten die Umgebung auf der Suche nach Nahrung und Feinden ab.

Ein oder zwei Meter unterhalb der Grillen hockte in einem dunklen Winkel ein Monster aus der Welt der Insekten: eine Geißelspinne oder Amblypygide, ein skurriles Tier mit dünnen Beinen, die ohne weiteres meine Hand hätten umschließen können. Geißelspinnen kommen ausschließlich in den Tropen vor. Sie kauern in Spalten, unter der Rinde und an anderen verborgenen Orten, so lange, bis die Sonne untergeht. Dann kommen sie hervor und machen auf Ästen und Stämmen Jagd auf sorglose Beutetiere. Die Geißelspinnen im Innern des Baums wagten sich dagegen wahrscheinlich nur selten einmal nach außen.

Der Amblypygide wartete bewegungslos, während er mit den langen, fühlerähnlichen Vorderbeinen seine Umgebung in weitem Radius nach Beute abtastete. Seine Opfer enden auf grausame Weise, denn ein Amblypygide ist gewissermaßen eine zum Leben erweckte »Eiserne Jungfrau«, ein schreckliches Folterwerkzeug, mit dem im Mittelalter Gefangene zu Tode gequält wurden. Im Gegensatz zu Skorpionen sind Geißelspinnen nicht giftig; sie haben aber in der Nähe ihres Mundes zwei umgewandelte Beine oder kieferförmige

Gebilde, die mit nadelspitzen Dornen besetzt sind und dazu dienen, die Beutetiere aufzuspießen. Häufig werden die Beutetiere langsam bei lebendigem Leib verspeist. Aber auch diese Geißelspinne erwartete ein grausames Schicksal: Bei ihr sproß ein weißer Schwamm aus einem Laufbein. Der Schwamm würde das Tier schließlich verzehren; bis dahin blieb die Geißelspinne jedoch für jedes kleinere Lebewesen in der Höhle ein gefährlicher Feind.

Sechs Meter über dem Höhlenboden kam ich an einer Gruppe von Groß-Schaben *(Blaberus giganteus)* vorbei, zu der erwachsene Tiere von etwa sieben Zentimeter Länge gehörten. Für Schaben sahen sie recht hübsch aus. Man glaubte, auf ihrem Rücken ein Gesicht zu erkennen, das durch die durchsichtigen Flügel nach oben schaute – eine Eigenart, die dieser Art den volkstümlichen Namen »Göttergesicht-Schabe« beschert hat. Die erwachsenen Tiere saßen zu Dutzenden an den Wänden, in regelmäßigen Abständen und den Kopf nach oben gerichtet, ähnlich wie Möwen am Strand. Die Schabenkolonie umfaßte auch pechschwarze Schaben, die noch nicht fortpflanzungsfähig waren. Sie ernährten sich zweifellos alle von dem Schmutz, der an den Höhlenwänden klebte.

Große Schaben waren für mich eigentlich nichts Neues, denn als Kind hatte ich im südlichen Arizona gelebt, einer Gegend, die weithin für Schaben mit Rekordgrößen bekannt ist. Gemessen an den Schaben im hohlen Baum waren die großen »Wasserkäfer« in den Häusern Arizonas allerdings Winzlinge. Ich versuchte eine erwachsene Schabe zu fangen, sie hüpfte jedoch von der Wand, flog gegen das Mückennetz und verschwand dann hinter meinem Kopf. Meinen wilden Schlägen wich sie aus, indem sie zwischen Kopf, Brust und Schultern hin- und herrannte. Bei einer Runde erwischte ich sie; mit den starken Krallen an jedem ihrer sechs Füße klammerte sie sich aber an meinem Hemd fest. Wenn ich kräftig an dem natürlichen Mantel des Insekts gezerrt hätte, wären meine Kleider nur noch schmutziger geworden. Ich ließ die Schabe also los und trieb sie mit einigen kräftigen Handschuhschlägen zur Höhlenwand zurück.

Ungefähr einen Meter über dem Erdboden hielt ich an und inspizierte ihn sorgfältig auf Buschmeister. Obwohl alles in Ordnung zu sein schien, stieg ich nicht zum Boden hinab, sondern löschte die Stirnlampe, um mir den Hohlraum aus dem Blickwinkel seiner Bewohner anzuschauen. Da jedes einzelne Lebewesen in seiner eigenen, für uns Menschen kaum vorstellbaren Welt lebt, konnte das nur ein angenommener Blickwinkel sein. Ohne Licht war ich blind, nicht anders als die Schaben und Geißelspinnen. Das Kletterseil war mein Rettungsanker. Ich hing an ihm und malte mir aus, welche Wesen sich jetzt wieder in die Höhle hineinwagen würden, nachdem das Licht in ihr erloschen war.

Nach einigen Minuten hatten sich meine Augen an die Dunkelheit gewöhnt, und ich erkannte die ersten undeutlichen Formen. An der Oberfläche der Höhlenwand tauchten Holzbuckel und Muster aus Farbflekken auf. Das schwache Licht fiel durch die runde Eingangsöffnung hoch über mir; sie sah wie der Vollmond am nächtlichen Himmel aus. Hier in der düsteren Unterwelt war jedoch paradoxerweise gerade Tag. Vielleicht drangen aber beim jahreszeitlichen Lauf der Sonne zu irgendeiner Zeit ja auch einmal helle Sonnenstrahlen in die Höhle ein.

Anschließend untersuchte ich die Baumhöhle wieder mit der Lampe. Zu meiner Überraschung stieß ich auf ein kleines rattenähnliches Säugetier mit hellem Fell, das wie versteinert etwa einen halben Meter über dem Erdboden auf einem Holzsims saß. Um es mir aus der Nähe anzuschauen, stieg ich hinunter und machte dabei Fotos. Der Elektronenblitz tauchte das Innere der Baumhöhle immer wieder in grelles Licht, erstaunlicherweise rührte sich der Nager nicht von der Stelle. Als ich auf Armlänge herangekommen war, langte ich hinüber und stupste das Tier mit dem Zeigefinger in die Seite. Es lief nicht weg, sondern machte bloß einen Katzenbuckel, um damit meinem Finger zu entgehen.

Die »Ratte« war in Wirklichkeit überhaupt keine, sondern eine Opossummaus, ein sehr interessantes Säugetier, das in Mittel- und Südamerika recht häufig ist und zu den altertümlichen Beuteltieren gehört. Im Gegensatz zu den nordamerikanischen Opossums hat die Opossummaus ihren Beutel im Lauf der Jahrmillionen verloren. Sie ernährt sich von Früchten und Insekten und hat, abgesehen von der Größe und ihrem äußeren Bild, nichts mit Ratten gemeinsam.

Was tat die Opossummaus in dem hohlen Baum? Vielleicht labte sie sich an den zahllosen Insekten. Sie ist ein ausgesprochener Feinschmekker und verachtet auch andere Kost nicht. Paul Abravaya, ein Biologe, der mit mir zusammen einmal den hohlen Baum besuchte, war lange Zeit in Brasilien gewesen, wo er das Verhalten gefangener Opossummäuse untersucht und sie als äußerst aggressiv gegenüber anderen kleinen Säugetieren kennengelernt hatte. Beispielsweise tötete eine gefangene Opossummaus die in ihrem Käfig untergebrachten Fledermäuse und verspeiste sie. Ob Opossummäuse auch in Freiheit Fledermäuse fressen, ist nicht bekannt, wenn sie es aber tun sollten, dann fänden sie in der Baumhöhle ein weites Betätigungsfeld.

Ich sah, wie sich auf dem Höhlenboden etwas bewegte, und richtete die Lampe dorthin. Im Lichtschein leuchteten die Augen eines größeren Tieres hell auf. Es war ein Südamerikanischer Ochsenfrosch *(Leptodactylus pentadactylus),* die größte Froschart in Mittelamerika. Dieser bis zu 20 Zentimeter lange Frosch ist ebenfalls ein angriffslustiges Tier, das nachweislich Schlangen bis zu einem halben Meter Länge verschlingt. Mit einer schnellen Handbewegung versuchte ich den Frosch zu fangen, er hüpfte jedoch unter einen Vorsprung und verschwand dort. Ich bückte mich und wollte das in die Enge getriebene Tier packen, mußte aber zu meiner Überraschung feststellen, daß sich der Hohlraum weit in eine Wurzel hineinzog. Der Frosch hatte sich drei Meter tief im Wurzeltunnel hinter einer Biegung verkrochen.

Vom Rand des Höhlenbodens gingen mehrere Tunnel strahlenförmig wie die Speichen eines Rades nach außen. Der Boden des Tunnels, durch den der Frosch entkommen war, wies zahlreiche Spuren auf. Sie zeigten, daß viele Tiere ihn als Verbindungsweg zum Wald draußen benutzten. Nach den Spuren zu urteilen, fand auf mehreren anderen dieser natürlichen »U-Bahn-Linien« ebenfalls ein lebhafter Verkehr von der Baumhöhle zum Wald und in umgekehrter Richtung statt. Offenbar übten die Baumhöhle und die Lebewesen, die sie bewohnten, auf eine Vielzahl von Tieren des Urwaldbodens eine große Anziehungskraft aus. Ich fand es amüsant, daß ich bei der Erforschung des Kronenraums schließlich hier unten auf dem Grund des Waldes angekommen war.

Während ich die Wurzeltunnel untersuchte, war die Opossummaus leise durch einen der unterirdischen Gänge verschwunden. Als ich so mutterseelenallein am Grund der finsteren Höhle saß und nachdachte, kam mir dieser sonderbare Ort wie ein Teil jener Märchenwelt vor, die Lewis Carroll in *Alice im Wunderland* beschrieben hat. Ich hatte eben eine Maus mit gehobenen Ansprüchen und einen Frosch mit glühenden Augen getroffen, der mich aufforderte, ihm in einen unterirdischen Gang zu folgen. Ich hätte vielleicht der Versuchung nachgegeben, einen Pilz zu probieren, um mich damit in einen Däumling zu verwandeln, wenn ein winziger Mensch für die hungrigen Bewohner der Höhle nicht ein »gefundenes Fressen« gewesen wäre.

Das Fotografieren war in der Baumhöhle äußerst schwierig. Selbst geringste Anstrengungen ließen mir den Schweiß von der Stirn rinnen, und der Wasserdampf, der bei der Luftfeuchtigkeit von 100% sofort kondensierte, vernebelte die Objektive meiner Kameras. Es gab zudem noch ein weiteres Problem: Jedesmal, wenn ich den Blitz auslöste, wurden die Fledermäuse nervös und ließen Tröpfchen und weiche Kügelchen fallen, die auf meinen Helm klatschten. Nach jedem Foto mußte ich deshalb schnell meine Kamera in Sicherheit bringen.

Man sollte annehmen, daß sich bei dem monate- und jahrelangen »Guanoregen« eine meterdicke Schicht angehäuft hätte – als ich den Höhlenboden betrat, sanken meine Füße jedoch kaum ein. Ich nahm eine Handvoll von der Erde, die der Humuserde zwischen den Wurzeln der Pflanzen draußen ähnlich, aber viel fruchtbarer war. Meine Hand umschloß ein üppig blühendes Meer von

Insektenlarven: Larven von Käfern, Schaben und anderen Insekten. Sie strömten buchstäblich von meinem Handschuh und verschwanden so schnell in der Guanoschicht, wie Fische im Wasser untertauchen.

Guano war das Herzblut des Ökosystems dieses hohlen Baums. Die winzigen Zersetzer und anderen Organismen am Grund der Nahrungspyramide gediehen prächtig in ihm und bildeten das Fundament einer vielseitigen Gemeinschaft von räuberischen Konsumenten. Wahrscheinlich kamen das ganze Jahr über Vertreter aller wichtigen Tiergruppen des Urwalds in die Baumhöhle. Sie wurde dadurch zu einem natürlichen Forschungslaboratorium, in dem man unter anderem viele nachtaktive Lebewesen studieren konnte, die sonst nur mit Mühen oder überhaupt nicht zu beobachten waren.

Die Fledermäuse, von denen der Guano stammte, zerstreuten sich nachts auf der Suche nach Nahrung im Wald. Sie ernährten sich im Gegensatz zu den Fledermäusen der gemäßigten Klimazonen, die fast ausschließlich von Insekten leben, von Früchten. Bei ihrer geringen Körpergröße und den hohen Körpertemperaturen, die sie zum Flug brauchen, müssen sie zahllose Bäume, Sträucher und Epiphyten besuchen, um sich dort mit Nahrung und Energie zu versorgen. Umgekehrt verbreiten sie die Samen vieler Urwaldpflanzen und düngen den Boden und die Wände der Baumhöhle mit ihrem Mist.

Fledermäuse sind die wichtigsten Säugetiere des tropischen Regenwalds. Das warme Klima und die Vielfalt von Früchten, Nektar und Insekten, die ihnen die Natur hier anbietet, begünstigen die Existenz von zahlreichen verschiedenen Arten. In Costa Rica allein gibt es 103 Fledermausarten, während in ganz Nordamerika bloß 40 Arten vorkommen.

Ich grub ein Loch in den Boden der Baumhöhle, wobei noch mehr Käfer und schließlich der Erdboden zum Vorschein kamen. Da die Baumhöhle keinen hölzernen Boden hatte, fiel der Guano direkt auf die Erde. Diese Beobachtung war sehr wichtig, denn sie bedeutete, daß die Nährstoffe, die aus dem Guano ausgewaschen wurden, in den Erdboden gelangten und dort wahrscheinlich von den Wurzeln des Espasel aufgenommen wurden.

Zweifellos profitierte der Baum von den Fledermäusen, so wie die Fledermäuse umgekehrt in einer Art von Mutualismus (Lebensgemeinschaft) vom Baum mit einer sicheren Unterkunft versorgt wurden und daraus ihren Nutzen zogen. Ich betone: »in einer Art von Mutualismus«, denn vielfach schränkt man den Begriff Mutualismus auf die Beziehung zwischen zwei Lebewesen ein, aus der beide Vorteile ziehen und die für ihre Existenz unbedingt notwendig ist. Zwischen dem Espaselbaum und den Fledermäusen bestand eine derart enge Symbiose nicht – beide Arten konnten unabhängig voneinander existieren. Zumindest lebten beide jedoch in einer Umwelt, die auf »Zusammenarbeit« ausgerichtet war.

Da tropische Böden meist ausgesprochen nährstoffarm sind und

Hohlräume in Bäumen viele Organismen anziehen, die Nährstoffe freisetzen und anreichern, wäre es denkbar, daß ein Hohlraum für einen Espaselbaum ein Vorteil ist. Als ich das Gebiet um Rincon untersuchte, konnte ich in der Tat feststellen, daß die größeren Espaselbäume überwiegend hohl waren. Diese Art neigt offensichtlich dazu, ihr Kernholz zu verlieren. Selbst wenn man in Frage stellt, daß der Hohlraum für den Baum langfristig einen Vorteil bedeutet, ist es meiner Ansicht nach doch wahrscheinlich, daß der nährstoffreiche Guano dem Baum eine erhöhte Vitalität verleiht und ihm, wenigstens kurzfristig, gegenüber anderen Bäumen Vorteile bei der Nährstoffversorgung verschafft. Bei einer normalen Lebensdauer hätte der Espasel damit im Vergleich zu anderen Bäumen eine größere Zahl überlebender Nachkommen – eine Selektionskraft, die die natürliche Auslese fördert und so zur Entwicklung der Symbiose zwischen Baum und Fledermäusen beiträgt. Falls meine Vermutung richtig sein sollte, dann wäre ich auf eine Wechselbeziehung zwischen Säugetieren und Bäumen gestoßen, die bislang unbekannt war.

Ich kletterte am Seil vom Erdboden aus ein Stück nach oben, löschte das Licht und hoffte wieder, noch ein paar Tiere in die Baumhöhle zu lokken. Nach einigen Minuten merkte ich, daß der natürliche Lichtpegel in der Höhle leicht schwankte. Einen Augenblick lang dachte ich, es seien meine Augen, die sich an die Dunkelheit anpaßten, dann stellte ich aber fest, daß das Phänomen mit einem Loch an der Wand gegenüber zusammenhing. Durch dieses kleine kegelförmige Loch drang etwa einen Meter über dem Boden schwaches, wogendes Licht in die Höhle. Das Loch und der fast pechschwarze Hohlraum bildeten tatsächlich zusammen ein einfaches optisches Gerät: Das Loch diente als Linse, die ein verschwommenes Bild der Außenwelt auf die Höhlenwand warf. In

links unten: *Der Samen des Crabbaums* (Carapa) *hat die Größe eines Fußballs; mit den im Nährgewebe gespeicherten Nährstoffen kann sich der Keimling am dunklen Waldboden entwickeln*
unten: *Fledermäuse, wie der Fruchtvampir* Ectophylla alba, *spielen im Urwald eine wichtige Rolle: Sie verbreiten die Samen der Urwaldpflanzen und bestäuben ihre Blüten*

mehreren Stadtparks gibt es ähnlich konstruierte Räume, sogenannte Camerae obscurae, die das, was sich draußen abspielt, auf eine Leinwand projizieren.

Das Loch warf ein schwaches, auf dem Kopf stehendes Bild von Doyly an die Höhlenwand. Ich spähte durch die Öffnung und sah ihn am Fuß des Baums auf und ab gehen. Bestimmt war er darüber besorgt, daß er schon eine ganze Weile nichts von mir gehört hatte. Ich schaute zur Uhr: Fünf Stunden waren inzwischen vergangen, weit mehr, als es mir vorgekommen war.

Um Doyly auf mich aufmerksam zu machen, schrie ich, so laut ich konnte, durch das Loch; meine Schreie wurden aber vollständig von dem Hohlraum geschluckt. In diesem Augenblick wurde mir erst richtig bewußt, wie sehr ich von der sicheren Welt draußen abgeschnitten war. Das Kletterseil, meine einzige Verbindung zur Zivilisation, hing von dem weit entfernten, winzigen Ausgang herab, und ich stellte mir vor, was wohl geschähe, wenn es sich irgendwie lösen würde.

Das Insektengewimmel zu meinen Füßen, die stickige Luft, Skorpione, Fledermäuse, Schaben, die Stunden der »Einzelhaft« und mein gestreßter Kamerad, das alles weckte die Sehnsucht in mir, in die frische, helle Luft des Waldes zurückzukehren. Für den Aufstieg brauchte ich allerdings viel Zeit, und als ich mich endlich aus dem finsteren Hohlraum durch den strahlendhellen Ausgang schob, wußte ich, daß ich ein einzigartiges biologisches Experiment hinter mir hatte. Als Einführung in die ungewöhnlichen Geheimnisse des Lebens im Kronenreich war es von unschätzbarem Wert.

So verlief meine Reise im Sommer 1974. Acht Jahre später, im Herbst 1982, als das Fährboot Rafa und mich zur Halbinsel Osa hinübertrug, wurde mein Herz immer schwerer. Die bewaldeten Berge kämpften eine Schlacht, die sie gegen den Menschen verlieren mußten. Weite Flächen waren für Felder und Weiden kahlgeschlagen worden. Ob die Holzfäller den hohlen Baum vielleicht verschont hatten? – Wohl kaum, denn er stand auf begehrtem Boden.

In Puerto Jimenez mieteten Rafa und ich für die Fahrt nach dem ungefähr 16 Kilometer entfernten Rincon ein Taxi. Rafas Anwesenheit hatte auf den Fahrpreis keinerlei Einfluß. Da ich Amerikaner war, knöpfte man uns das Doppelte des üblichen Preises ab. Wir hatten keine Zeit zum Feilschen, denn wir mußten uns beeilen und schnell nach Rincon kommen: Es war schon zehn Uhr vormittags, und nur mit viel Glück konnten wir uns den Baum anschauen und rechtzeitig zurückkommen, um noch die Fähre nach Golfito zu erwischen, die um fünf Uhr nachmittags in Puerto Jimenez ablegte.

Der Spätherbst ist für eine Reise zur Halbinsel Osa im allgemeinen der unpassendste Termin, denn der November ist der schlimmste Monat der Regenzeit. Glücklicherweise war 1982 ein ungewöhnlich trockenes Jahr, und wir konnten zu dem hohlen Baum fahren, obwohl die Straße bis zum Flugplatz fünf Flüsse querte. Wenn alles gutging, müßte die Fahrt nur eine halbe Stunde dauern.

Die Flüsse führten an den Übergängen beachtliche Wassermassen, die Angel, unser Fahrer, mutig bezwang. Jedesmal, wenn wir wie Delphine in die Fluten tauchten, puffte Dampf durch die Rostlöcher des Motorraums und zog in dichten Wolken durch das Taxi. Wir saßen bei der tropischen Hitze in unserer eigenen kleinen Sauna. Ich fragte Angel, warum er nicht langsamer durch die Flüsse führe. Er schaute mich mit ernster Miene an, trat mit dem Fuß mehrmals erfolglos auf das Bremspedal und sagte »No hay freno!« – die Bremsen des Taxis funktionierten nicht.

Überall gab es frische Kahlschläge, und nicht nur die Bürger Costa Ricas waren dabei, den Urwald in die Knie zu zwingen. Bei dem letzten verzweifelten Versuch des *Homo sapiens,* sich das ganze Land unseres Planeten anzueignen, schlugen auch Europäer und Nordamerikaner ihre Äxte in das Holz der Bäume auf der Halbinsel Osa. Mir war klar, daß ich in Zukunft hier grüne Weiden, Rinder und erodierte Böden vorfinden würde. Und ein paar Jahre später würde es nur noch verwüstetes Land geben, ohne Wälder, ohne Papageien, Affen und Schlangen, ohne einen Hauch der ursprünglichen Schönheit, dafür aber mit einer Menge Bretterbuden und Kindern mit aufgedunsenen Bäuchen.

Die Leute lächelten uns voller Zuversicht und Zufriedenheit an. Bei ihrer Arbeit und in ihren Träumen streckten sie die Hände nach Wohlstand aus, die Zukunft aber hielt noch nicht einmal fruchtbare Erde bereit.

Für Angel war jeder Fahrgast ein Hoffnungsschimmer, doch es schien, als ob das Schicksal eingreifen und sich gegen ihn wenden würde. Auf der Uferböschung am letzten Flußübergang ahnte ich Schlimmes: Das strömende Wasser sah tiefer und reißender als bei den vorhergehenden Flüssen aus. Als unser Taxi in den Fluß tauchte, spritzte Wasser bis in den Innenraum und stieg dann langsam über die Bodenbretter an. Das Auto hatte sich festgefahren, aber sein Motor lief noch, drückte unter Wasser dicke Abgasblasen aus dem Auspuffrohr und bejammerte laut sein Schicksal. Seine Räder drehten sich, fanden in dem lockeren Geröll jedoch keinen Halt. Ich warf meinen Rucksack auf das Wagendach, damit er trocken blieb, und sprang in das hüfttiefe Wasser, um schieben zu helfen. Es war jedoch zu spät: Der Motor hauchte sein Leben aus, und das Auto (eigentlich ein *Pickup,* ein Lieferwagen mit offener Ladefläche) versank langsam in einem Schlammloch.

Über dem Hügelland, aus dem der Fluß kam, hing drohend eine dunkle Wolke. Wenn es jetzt einen Wolkenbruch gab, würde das Hochwasser das Taxi in den Golfo Dulce spülen und Angels Laufbahn als Chauffeur jäh beenden. In dieser Situation konnte der Fahrpreis nur noch steigen, denn Angel brauchte einen Traktor, um das Taxi aus dem Fluß zu ziehen. Meiner Ansicht nach war es höchste Zeit, sich zu verabschieden. Ich zahlte Angel für die Fahrt den vereinbarten Preis und sagte ihm noch, ich käme wahrscheinlich zurück, er bräuchte aber nicht zu warten. Dann beeilte ich mich, Rafa einzuholen, der sich bereits auf den etwa fünf Kilometer langen Weg zum Flugplatz gemacht hatte.

Meine Hoffnungen wuchsen und schwanden, je nachdem, ob wir an erhaltenen Waldstücken oder neuen Kahlschlägen vorbeikamen. Die Wälder, deren Astspitzen sich einst über der Straße berührt hatten, waren verschwunden. An der Wand einer mit Stroh gedeckten Hütte am Weg lehnte eine Axt. Ihre funkelnde Schneide war geschliffen und sah so aus, als ob sie eben erst benutzt worden wäre. Die Sonne brannte mit der für offenes Weideland typischen drückenden Hitze auf uns herab.

Der Espasel stand, falls er die Attacken überlebt hatte, am Fuß eines niedrigen Hügels unterhalb eines Bergs, der noch bewaldet war. Rafa erzählte mir, daß *Squatter* (wilde Siedler) aufgetaucht waren und das Land ohne Erlaubnis der Behörden in Besitz genommen hatten, nachdem es von dem Holzkonzern aufgegeben worden war. Die Regierung hatte den Wald auf der Seite des Flugplatzes, an der »mein« hohler Baum stand, zwar zum Naturschutzgebiet erklärt und die *Squatter* vertrieben, aber erst, nachdem sie bereits großen Schaden angerichtet hatten. Es war deshalb höchst unsicher, ob der Baum noch stand.

In der Nähe einer Lichtung beobachteten wir zwei Königsgeier, die auf einem Ast saßen. Ihre purpurfarbenen Köpfe und schneeweißen Halskrausen hoben sich scharf vom Grün der Baumkronen ab. Königsgeier sind selten und von der Ausrottung bedroht.

Quälende Sorgen plagten mich, als wir uns anschickten, den Agua Buena zu durchqueren. Die Bäume am gegenüberliegenden Ufer des Flusses ragten in den blauen Himmel. Man hatte die Flußniederung gerodet. Nun wurde sie von einem nahezu unpassierbaren Dickicht eingenommen. Allein der Marsch zu der Stelle, wo ich den hohlen Baum zu finden hoffte, würde schwierig werden; ich mußte ihn aber sehen, selbst wenn von ihm nur noch ein vermoderter Stumpf übriggeblieben sein sollte.

Vor langer Zeit war ich tief betroffen, wenn ich an die Vernichtung der Urwälder dachte. Inzwischen habe ich mich damit abgefunden, ihr Schicksal resignierend hinzunehmen. Die sozialen, wirtschaftlichen und politischen Kräfte sind gewaltig und wohl nicht aufzuhalten. Man kann das Problem aber auch mit einem anderen Maßstab messen, einem Maßstab, der die gegenwärtige Situation in das richtige Verhältnis setzt: Von dem Tag an, an dem sich die ersten primitiven Lebewesen in einem Urmeer entwickelten, hat sich die Pflanzen- und Tierwelt der Erde ständig geändert. Immer wieder rollten Ausrottungswellen über unseren Planeten hinweg, die zahlreiche Arten auslöschten. Über 99% aller Arten, die im Verlauf der Erdgeschichte die Erde besiedelten, sind heute ausgerottet. Anscheinend steht den tropischen Wäldern das gleiche Schicksal bevor. Und in der Folge vielleicht auch dem Menschen.

Rafa und ich wateten flußabwärts bis zu einer Biegung, an der früher ein Pfad begonnen hatte. Der Pfad war verschwunden, war von dem dichten Pflanzengewirr verschlungen

Das Klettern im Regenwald ist ein Abenteuer, das an die Vorgeschichte der menschlichen Rasse erinnert. Wie das rattenähnliche, insektenfressende Spitzhörnchen vor 60 Millionen Jahren können auch wir nur am Stamm auf und ab klettern und sind nicht in der Lage, von Baum zu Baum zu springen und so die Welt des Kronenraums zu entdecken

worden, das sich schnell auf gerodeten Flächen ausbreitet. Dieses praktisch undurchdringliche Dickicht ist die Art von Urwald, die in populärwissenschaftlichen Büchern immer beschrieben wird. In Wirklichkeit handelt es sich dabei aber nicht um Urwald, sondern um eine Ersatzgesellschaft auf gerodeten Flächen, gewissermaßen der Grind auf verheilten Wunden des Regenwalds.

Die restliche Wegstrecke unserer Suchexpedition forderte das Letzte von uns. Ich marschierte voraus, schlug den Weg mit dem Buschmesser frei, so wie es Doyly vor acht Jahren getan hatte, und achtete auf Grubenottern. In Gedanken war ich aber meinen Schritten schon weit voraus. Immer wieder stießen wir auf gefällte Urwaldfürsten; unter ihren entkräfteten Körpern keimten neue Hoffnungssprosse. Die Flora und Fauna des Urwalds kämpften ums Überleben. Farbfrösche hüpften noch durch das herabgefallene Laub, überall wimmelte es von Ameisen, und kleine Baumsämlinge stritten um einen Platz in diesem Wald, der sich langsam regenerierte. Wenn man den Wald sich selbst überließe, würde er in wenigen Jahrzehnten wieder seinem Name Ehre machen und könnte sich im Lauf von einigen Jahrhunderten erneut zu einem »unberührten« Regenwald entwickeln.

Jeder Fußbreit des Weges mußte freigeschlagen werden. Schmutz regnete von Sträuchern und Bäumen auf unsere ungeschützten Köpfe. Wir zerrissen Spinnweben mit den Händen, und ich hielt nach Zeichen Ausschau, daß wir auf dem richtigen Kurs waren. Dann tauchte der alte Freund zu meiner Linken auf. Wie durch ein Wunder endete der Kahlschlag nur 20 Meter vor dem Espaselbaum. Ringsum hatten scharfäugige Holzfäller die besten Bäume ausgesucht und gefällt, sein hohler Stamm hatte dem Espasel noch eine Gnadenfrist beschert.

Wir arbeiteten uns durch das Dikkicht näher an den Baum heran. Er sah gesund aus, sein Kleid aus Schlingpflanzen war wohl sogar noch dichter geworden. Vielleicht hing das damit zusammen, daß die benachbarten Bäume gefällt worden waren und dadurch mehr Sonnenlicht zum Urwaldboden drang. Am Fuß des Stamms fand ich ein Loch, das damals noch nicht existiert hatte. Der muffige Geruch des Fledermausguanos hing wie früher in der Luft. Es hätte einen vollen Tag gedauert, die Baumhöhle zu untersuchen; dafür reichte unsere Zeit leider nicht. Das Laub im Verbindungsgang war von Tieren festgetrampelt worden. Wahrscheinlich nutzten Säugetiere die Höhle als Unterschlupf.

Das grelle Gekreisch der Gelbwangenamazonen und Goldkinnsittiche sagte uns Lebewohl. Schwalben zogen ihre Kreise über dem geschundenen Wald und fingen Insekten, die aus der mit Leben erfüllten oberen Grenzfläche des Kronenraums aufstiegen. Vielleicht wird der Espasel und seine vielfältige Lebensgemeinschaft viele Jahre überdauern. Wahrscheinlicher ist jedoch, daß eine Flut von Menschen auch noch die letzten Spuren des unberührten Urwalds hinwegspülen wird, genauso wie der Agua Buena meine Fußspuren auf seinen sandigen Ufern löschte.

Finca La Selva

Der Tiefland-Regenwald Costa Ricas, dessen Kronenraum ich in den vergangenen zehn Jahren erforscht habe, liegt im Gebiet von Sarapiquí, 60 Meilen Luftlinie nördlich der Hauptstadt San José. Für die Anreise zum Urwald benutze ich gewöhnlich den *Rápido,* eine Buslinie, deren Namen (Expreß) man keinesfalls zu wörtlich nehmen sollte. Die Reise schließt eine fünfstündige Fahrt über steile, schmale Landstraßen ein, die nicht asphaltiert und in regelmäßigen Abständen mit tiefen Schlaglöchern übersät sind. Wegen häufiger Pannen verlängert sich die Fahrt meist um Stunden.

Die einzige größere Stadt an der Strecke ist Alajuela. Wie alle Provinzstädte Costa Ricas strahlt sie ländliche Ruhe aus. Alajuela hat einen sehr hübschen Marktplatz, wo Besucher einmal in der Woche auf Bänken sitzen und der Musik des städtischen Sinfonieorchesters lauschen können. Mächtige Bäume mit großen, immergrünen Blättern ziehen Liebespaare und Gruppen von Schulkindern an, in ihrem Schatten machen die Einwohner beim Einkaufen eine Ruhepause. Oben auf den Ästen wächst eine Vielzahl herrlicher Orchideen und anderer Epiphyten, die zur Blütezeit Wohlgerüche verströmen und mit ihren Farben das Stadtbild bereichern. Einwohner berichteten mir, daß die Bäume Verstecke für eine Familie von Perezosos (Zweizehenfaultieren) sind und Nahrung für Papageienschwärme bieten, die den Marktplatz besuchen.

Von den Stadtgrenzen Alajuelas steigt die Straße allmählich bis auf einen kühlen hohen Paß zwischen den Vulkanen Poas und Barba an. Dann windet sie sich an den steilen Flanken der Vulkane hinunter in ein von Urwäldern bedecktes Tiefland. Diese Wälder erstreckten sich einst als zusammenhängendes Band von der Halbinsel Yucatán in Mexiko bis zum südamerikanischen Amazonas-Tiefland. Poas ist einer von vielen Nationalparks in Costa Rica. (Das mittelamerikanische Land hat von allen Ländern der Welt, einschließlich den USA, den größten Flächenanteil von Nationalparks.) Wolkenlose Tage sind hier selten, aber wenn die Wolkendecke einmal aufreißt, eröffnet sich ein überwältigender Blick auf den Urwald im Tiefland, einen azurblauen, von Wolkenwäldern umgebenen Kratersee und die kahlen Ufer eines benachbarten Sees, dessen Oberfläche oft von heftigen Gaseruptionen zerrissen wird. Der Vulkan Poas erinnert mit Nachdruck daran, daß die geologischen Kräfte, die einst die mittelamerikanische Landenge geformt haben, auch heute noch sehr aktiv sind.

Der *Rápido* holperte in der Regel ohne Zwischenstopp im Schneckentempo über die Straßen und hielt nur an, um Passagiere aus- oder zusteigen zu lassen. Wenn der Bus sich jedoch einer Stelle näherte, an der vor kurzem ein Fahrzeug die Felswände hinabgestürzt war, fuhr er manchmal an den Straßenrand. An einer dieser Stellen war ein Bus von der Straße abgekommen und mehrere 100 Meter tief in eine Schlucht gestürzt. Noch Wochen nach dem Unfall, der sieben Menschen das Leben gekostet hatte, legte der *Rápido* hier einen Zwischenhalt ein, damit die Passagiere das Fahrzeugwrack anschauen und stille Gebete sprechen konnten.

Entlang dieser Strecke überquert die Straße Schluchten, die mehrere 100 Meter eingekerbt sind. Fensterplätze bieten besonderen Nervenkitzel, wenn der Bus in Schlangenlinien die Haarnadelkurven hinunterfährt und sich dabei an den Rand der senkrechten Felswände klammert. Ab und zu wird die Fahrt durch den Anblick herrlicher Wasserfälle, wilder Flüsse und jungfräulicher Wälder aufgelockert.

Ich hatte oft das Gefühl, daß die Reisen zum Urwald und wieder zurück sehr viel gefährlicher waren als die Forschungsarbeit im obersten Kronenstockwerk, und ich habe manches Mal aus Furcht, nicht sicher ans Ziel meiner Reise zu kommen, Gebete gesprochen. In einer dunklen Nacht, in der dichter Nebel herrschte, verlor der Bus bei der Fahrt durch das Gelände seine Scheinwerfer. Paul Abravaya und eine ganze Ladung vor Angst versteinerter Passagiere begleiteten mich damals. Die Straßenränder waren kaum zu erkennen, was den Fahrer indes nicht kümmerte; er arbeitete sich entschlossen vorwärts. Paul und ich, beide völlig entnervt, holten schnell zwei Taschenlampen aus unserem Gepäck, lehnten uns auf beiden Seiten aus den Busfenstern und beleuchteten die Straße so gut es ging. Eine langsamere und aufregendere Fahrt läßt sich kaum vorstellen.

Die wissenschaftliche Forschungsstation, die mit ihrem unberührten Urwald Schauplatz der restlichen Kapitel dieses Buches ist, wird Finca La Selva oder die »Urwald-Farm« genannt. Sie liegt eineinhalb Stunden von den vulkanischen Fußhügeln entfernt. In weniger wohlhabenden Zeiten, als die Urwälder der Karibik noch nahezu geschlossen waren, war Finca La Selva ein bescheidener Zufluchtsort mit mehreren Gebäuden, zu denen ein Speiseraum, Kochgelegenheiten und Schlafräume für die Forscher gehörten. Im selben Maß, in dem die Urwälder in der Karibik schrumpften, wuchs das internationale Interesse an Untersuchungen in den Tropen, und die Station wurde erweitert, um dem Zustrom von Wissenschaftlern gewachsen zu sein.

Die neue Ciudad La Selva oder »Urwald-City« hat inzwischen ihre malerischste Tradition fast aufgegeben: den Gebrauch von Einbäumen als Transportmittel. Die Boote sind Relikte alter Indianerkulturen. Früher spielte sich der Verkehr mit Puerto Viejo, der nächsten Viehzüchter-Stadt, hauptsächlich auf Einbäumen ab; in letzter Zeit sind sie aus der Mode gekommen. Heute endet eine Schotterstraße gegenüber der Forschungsstation. Über eine für 100000 Dollar errichtete Fußgänger-Hängebrücke gelangen Besucher direkt zu dem Tausende Morgen Land umfassenden Urwald-Reservat, das sich in Privatbesitz befindet.

Ich besuchte die Forschungsstation zum ersten Mal im August 1974, bald nach der Entdeckung des hohlen Baums. Gary Stiles von der Universität von Costa Rica hatte mir erzählt, daß es in La Selva einige der faszinierendsten Kronenraum-Lebensgemeinschaften ganz Mittel- und Südamerikas gäbe. Die hohen Bäume hätten gewaltige Stämme mit Ästen, die sich erst 20 – 25 Meter über dem Erdboden ausbreiteten. Viele der Baumriesen seien buchstäblich mit Epiphyten übersät und, wie er warnend hinzufügte, auch von baumbewohnenden Ameisen.

Der Blütenstand einer seltenen Bromelie, im Hintergrund eine vulkanische Gebirgskette an der niederschlagsreichen Ostküste Costa Ricas

Am *Monteverde,* einem Motel mit Freiluft-Bar und Restaurant in Puerto Viejo, stieg ich aus dem Bus. In schlechtem Spanisch fragte ich Ramon, den Besitzer, wo das Mittagsboot nach La Selva ablegen würde. Eine Frage in einer fremden Sprache zu stellen ist schon ein Problem, die Antwort zu verstehen aber ein noch größeres. Mit Hilfe der Zeichensprache konnte er mir verständlich machen, daß der »Stapellauf« am Ende der Schotterstraße gegenüber seines Restaurants stattfinden würde.

Ich schleppte mein Gepäck mehrere 100 Meter weit bis zum Ende der Straße und stellte dort fest, daß die Landestelle nichts als eine steile Kiesböschung am Ufer des Flusses war. Während ich auf das Boot wartete, bemerkte ich einen 1,20 Meter langen Grünen Leguan *(Iguana iguana),* der auf einem hohen Ast schlummerte. Diese Echsenart wird in der Größe nur noch von den gewaltigen, räuberisch lebenden Waranen der Kleinen Sunda-Inseln übertroffen. Eine Reihe von Stacheln längs der Wirbelsäule verleiht den Leguanen ein furchterregendes Aussehen. Diese Eigenart hat einigen von ihnen zu Rollen in billigen Horrorfilmen verholfen. In Wirklichkeit sind die Leguane harmlose Kreaturen, die sich als Vegetarier von Baumblättern und Früchten ernähren. Wie Rinder verbringen sie ihre Mußestunden damit, zähes Pflanzenmaterial zu verdauen. Da Echsen wechselwarme Tiere sind und keine ausreichende Stoffwechselwärme erzeugen, um die Verdauung zu erleichtern, müssen sie sich stundenlang sonnen und die Sonnenenergie für sich arbeiten lassen. Leguane werden in Lateinamerika »pollo de palo« genannt, was soviel wie »Baumhühner« bedeutet. Sie werden überall im tropischen Amerika gegessen, und der Geschmack ihres Fleisches bestätigt den volkstümlichen Namen.

Zweifellos ist die Jagd auf die großen Echsen ein Grund für die Vorsicht der Leguane – ein Aspekt ihres Verhaltens, den ich kennenlernte, als ich einmal versuchte, ein Paar brütender Spitzhaubenspechte *(Phloeoceastes guatemalensis)* zu fotografieren. Ich hatte deshalb einen Strick in einem kleinen Baum befestigt und wollte seine Tragkraft testen. Mein Gewicht erschütterte den Baum und löste eine Abfall-Lawine aus, die wie Kanonenkugeln in den Fluß hinter mir einschlug. Ich ging sicherheitshalber in Deckung und wartete, bis alles wieder ruhig war. Dann spähte ich aus, um zu sehen, was in den Fluß gefallen war, aber es gab nichts zu sehen. Später erzählte ich die Geschichte einem Herpetologen (Kriechtierforscher). Er vermutete, daß mehrere große Leguane, um Ärger zu vermeiden, in den Fluß gesprungen waren und sich dort am Grund verborgen gehalten hatten.

Gerade gegenüber der Stelle, wo der Leguan ein Sonnenbad nahm, schmückten auf der anderen Seite der Straße mehrere Truthahngeier die Krone eines Baums, indem sie ihre Flügel mit 1,50 Meter Spannweite in der Sonne zum Trocknen ausbreiteten. Ein Schwarm dieser Vögel, die sich zu Hunderten sonnen, ist ein einmaliger Anblick. Man sagt, er gleiche einem »Hexen-Sabbat«.

Obwohl das Gebiet größtenteils als Weideland genutzt wurde, barg es noch verkümmerte Erinnerungsstükke eines erst vor kurzem vergangenen unzivilisierten Zeitalters. Hier und da gab es Oasen des Lebens im Kronendach: Riesige Almendros *(Dipteryx panamensis)* standen als Überreste des ursprünglichen Waldes einzeln in den Feldern. Manche, mit einem Stammdurchmesser von 1,80 Meter, waren so hoch wie siebzehnstöckige Gebäude. Ich war ein Anfänger im Klettern und hatte bisher nur den hohlen Baum bezwungen. Die Baumriesen in Sarapiquí wirkten dagegen wie die Berge des Himalaya.

In dem stillen Wasser des Flusses spiegelten sich die tropischen Feigenbäume, die sich an seinen Ufern drängten. Ihre fallenden Früchte kräuselten seine Oberfläche, tanzten auf den Wellen und schwammen dann mit schnelleren Strömungen davon. Manche Feigen verschwanden in den Strudeln, die große, früchtefressende Fische hinterließen. »Elefantenohren« verengten die Straße; die Blätter dieser krautigen Pflanzen erreichen die Größe eines Regenschirms – als solche werden sie in der Tat auch benutzt. Ein Eisvogel saß auf einem Baumstumpf, den der Fluß von einem weit entfernten Ufer herangeschwemmt hatte, und Schmetterlinge flogen dicht über der Wasseroberfläche.

Flußaufwärts war das leise Summen eines Außenborders zu hören. Minuten später zog Rafael, der Bootsmann von La Selva, einen 7,50 Meter langen Einbaum an die Landestelle. »Cómo está?« fragte er in reinsten Spanisch. »Fine«, antwortete ich in ebenso reinem Englisch.

Bei der Fahrt flußaufwärts gab es ein paar kritische Stellen, die Rafael ohne Probleme umschiffte. Er kannte die Stromschnellen und verstand die Strömungen über verborgenen Baumstümpfen, Sandbänken und treibenden Baumstämmen zu lesen. Der Wald säumte die Ufer, und Rafaels Wissen über den ungebändigten Fluß schuf lebendige Traumbilder von Mark Twains *Leben auf dem Mississippi.*

Zur Zeit Mark Twains waren die Wälder am Mississippi tatsächlich noch intakt. Da die Wälder Nordamerikas zu den größten der Erde gehörten, schienen sie unbezwingbar. Daß die Pioniere das amerikanische Ökosystem so geschwind in die Knie zwingen würden, hatte niemand vorhergesehen. Die Pioniere sind die gleichen geblieben, nur der technische Fortschritt hat sich gegen die Natur gewendet. Äxte waren nicht mehr effektiv genug, deshalb beschaffte sich der Mensch, das Kind der Bäume, neue Werkzeuge. Jetzt schneiden Motorsägen mit Hilfe von Erdöl, dem »Blut« längst vergangener Urwälder, in die »Füße« der Bäume. Kahlschläge haben sich quer durch Mittelamerika und den Amazonas aufwärts ausgeweitet. Dort zeigen die zerstörerischen Kräfte ihr häßliches Gesicht so deutlich wie niemals zuvor. Riesige, aber transportable Maschinerien zermalmen die Wälder der Erde zu einem Brei. Wir sind Augenzeugen einer entscheidenden Epoche innerhalb der Entwicklung des Lebens: Überall auf der Erde werden Bäume ausgerottet, während sich Menschen das Land aneignen.

Rafael zeigte zum Ufer, wo ein Kaiman schnell von einem Baumstamm glitt und verschwand. Bevor wir in La Selva ankamen, wurde der Fluß oberhalb der letzten Folge von Stromschnellen sehr still und malerisch. 30 Meter hohe, mit Epiphyten und baumelnden Kletterpflanzen geschmückte Bäume bildeten einen nahezu geschlossenen Schirm über dem Fluß. Rafael fuhr langsamer und winkte wieder: Drei schwarze Flußschildkröten sonnten sich auf einem Baumstamm und schlüpften ins Wasser, als wir uns ihnen näherten.

Schließlich legten wir in La Selva an einem Landungssteg aus Beton an. Steile Stufen und ein eisernes Geländer führten zur Forschungsstation, die auf einem erhöhten Punkt oberhalb des Flusses errichtet worden war, um die Gebäude vor Überschwemmungen zu schützen. Erfahrungsgemäß steigt der Río Puerto Viejo bei einem heftigen Wolkenbruch innerhalb weniger Stunden um bis zu 12 Meter an. Von der Station führen Pfade in alle Richtungen zu Brücken oder Flußübergängen, die aber bei Hochwasser überflutet werden. Wenn auch die Gebäude in La Selva trocken bleiben, sind doch Biologen, die im Urwald arbeiteten, schon vom plötzlich ansteigenden Wasser überrascht worden.

1976 ereignete sich hier eine der schlimmsten Überschwemmungen seit Menschengedenken. Wissenschaftler, die damals gerade in den Wäldern um La Selva arbeiteten, erzählen dramatische Geschichten über das verheerende Hochwasser. So mußten sie überflutete Brücken passieren, um zur Forschungsstation zurückzukehren. Da das Hochwasser die Tierwelt des Urwalds unvorbereitet trifft, schwammen und wateten die Forscher zwangsläufig inmitten von verzweifelten Lebewesen aller Arten. Ein Biologe, der wie ein Hund durch die Fluten paddelte und einen Sack voller Blätterproben hinter sich herzog, wurde zum Beispiel zur Rettungsinsel für Schwärme vom Ertrinken bedrohter Spinnen, Ameisen, Frösche, Eidechsen, Schlangen und anderer verängstigter Kreaturen. Alle Gegenstände, die auf dem Wasser trieben, wurden zu kleinen Archen: Schwimmende Blätter, Stöcke und Bäume trugen Myriaden hilfloser Passagiere zu unbekannten Zielen. Pflanzen, die im Erdboden wurzelten und nicht ganz überflutet waren, beherbergten ein reiches Sortiment kleiner Tiere, die das steigende Wasser in kleinen Gruppen auf die obersten Blätter getrieben hatte.

Bei einer solchen Überschwemmung wurde ich einmal Zeuge, wie eine Spinne mit 15 Zentimeter langen Beinen ihren mit Luft gefüllten Eiersack als Rettungsring benutzte und auf dem Wasser trieb. Für furchtlose Biologen, die sich nichts daraus machen, im brusttiefen Wasser zu waten, sind Sintfluten ein wahrer Segen: In den wenigen Stunden, in denen die Flüsse Hochwasser führen, können nämlich mehr seltene Arten beobachtet werden als in vielen Wochen trockener Witterung.

Überschwemmungen haben dazu beigetragen, Pflanzen und Tiere über unseren Planeten zu verbreiten. Überall auf der Erde spülen Flüsse treibende Lebewesen ins Meer hinaus – eine Art der Verdriftung, bei der indes nur wenige Organismen »das große Los ziehen«; die allermeisten gehen dabei elendig zugrunde. Man stelle sich die Millionen von Organismen vor, die ohne eine Chance, irgendwo Fuß zu fassen, in der Regenzeit von den gewaltigen Fluten

Sonnenuntergang über dem Urwald

des Amazonas in den Atlantik geschwemmt werden. Die Süßwasserfluten lassen sich bis 300 Kilometer weit ins Meer hinein nachweisen. Daß die dabei ausgesetzten Organismen überleben, ist höchst unwahrscheinlich; nur wenige werden von den Meeresströmungen an die Küste eines Kontinents oder einer Insel getrieben. Noch seltener kommt es vor, daß sich die unfreiwilligen Einwanderer dort auch erfolgreich fortpflanzen und ihre neue Heimat besiedeln können.

Die Unterkünfte in La Selva waren sauberer als die Pension, in die ich in Golfito geraten war. Es gab allerdings nur Gemeinschaftsunterkünfte (was sich inzwischen geändert hat). Im Obergeschoß befand sich ein Schlafsaal mit vielen Schlafkojen: die Matratzen bestanden aus einem schweren Baumwollgewebe, das zwischen zwei parallele Holzleisten gespannt war. Durch den ständigen Gebrauch hatten sich in dem Baumwollbezug die Kopf- und Körperabdrücke der zahllosen Besucher La Selvas verewigt.

In dem Schlafsaal übernachteten Wissenschaftler, Studenten der Tropenbiologie und Vogelkundler, von denen sich viele bitter über Rückenschmerzen beklagten. In den letzten Jahren wurden die Baumwollbezüge durch bequemere Matratzen aus Schaumstoff ersetzt. Da der Schaumstoff in der feuchten tropischen Luft nicht austrocknet, bilden sich allerdings Moderflecken – und die damit verbundenen Gerüche.

Im Englischen werden die tropischen Wälder *jungle,* also *Dschungel* genannt, im Deutschen gibt es dafür ein besseres Wort: *Urwald.* Es bezeichnet einen ursprünglichen Wald mit einer geheimnisvollen Geschichte, deren Anfänge im dunkeln liegen. La Selva war ein vom Menschen geschaffenes Eiland, das in einem solchen Urwald eingebettet lag. Vom Schlafsaal aus konnte man den Wald geradezu fühlen. Er ragte unmittelbar hinter den großen Fenstern mit den Fliegengittern auf und schickte uns mit der nach reifen Früchten und süßen Blüten duftenden Luft seine Botschaft. Der Urwald rief nach mir, so wie ein Alpinist vom Berg angezogen wird.

Eine halbe Stunde, nachdem ich in La Selva angekommen war, wanderte ich schon allein durch den Wald. Der Kronenraum in der Umgebung der Station war höher als der auf der Halbinsel Osa. In ihm wuchsen mächtige Bäume, deren Kronen über den vielen Blätterstockwerken kaum zu erkennen waren. Diese Kronen bildeten das luftige Ökosystem, das ich erforschen wollte.

Ich blieb auf dem Pfad stehen, der sich zwischen den Urwaldriesen hindurchschlängelte, und beobachtete, wie ein »Strom« von rosaroten Blütenblättern vor mir den Pfad kreuzte. Eine fünf Zentimeter breite Kolonne von Blattschneiderameisen schleppte Blütenteile in ihr unterirdisches Nest, in dem sie einen ganz bestimmten Pilz züchten. Die Erdnester der Blattschneiderameisen sind riesig; sie beherbergen bis zu fünf Millionen Arbeiter, und die Eingänge zu einem Nest können ein halbes Fußballfeld voneinander entfernt sein. Die enge Beziehung zwischen den Ameisen und dem Pilz scheint schon seit Urzeiten zu bestehen. Der Pilz hat im Lauf der Jahrmillionen die Fähigkeit, Sporen zu erzeugen, verloren und ist deshalb in seiner Existenz und Vermehrung vollkommen von den Ameisen abhängig. Da die Klassifikation der Pilze auf der Sporenentwicklung beruht, sind die verwandtschaftlichen Beziehungen zwischen dem »Ameisenpilz« und anderen Pilzen unklar.

Ich folgte der Ameisenkolonne viele Meter weit durch den lichten Unterwuchs des Urwalds bis zu ihrem Ausgangspunkt: süßlich duftenden Blüten, die im Umkreis von etwa 15 Metern von einem zwei Meter dikken Stamm gefallen waren. Die Blüten lagen dort zu Zehntausenden auf dem Boden und verströmten einen zarten Duft, ähnlich dem von Gartenwicken. Sie stammten von einem Almendrobaum, einer hoch aufragenden Art, die zur Familie der Schmetterlingsblütler gehört und daher weitläufig mit den Erbsen verwandt ist.

Vor mir stand der dickste Erbsenstengel, den man sich vorstellen kann. In den Mythen, unserer frühesten überlieferten Geschichte, haben Bäume magische und göttliche Kräfte. Am bekanntesten sind die Mythen vom Baum des Lebens und vom Baum der Erleuchtung. Man fragt sich, warum Bäume in den Visionen der Menschheit solch wichtige Rollen spielen. Sie wurden durchweg mit der Identität des Menschen, mit seiner Fähigkeit zu denken und zu überleben, verbunden. Die biologische Forschung hat bisher nicht nur den Kronenraum vernachlässigt, sondern auch die Bäume, die biologischen Strukturen, denen wir unsere Existenz verdanken; und die Mythen, die mit Bäumen verbunden sind, stellen ein Forschungsgebiet dar, auf dem es noch viel zu tun gibt.

Die Tatsache, daß hier ein riesiger Erbsenbaum stand, mag für viele überraschend sein, allerdings nicht für die, die sich in den artenreichen Laubwäldern im Osten Nordamerikas etwas auskennen. Dort gibt es nämlich Robinien, Bäume mit großen, duftenden Blüten und einem ausgezeichneten harten Holz, das viel für Zaunpfähle verwendet wird. In den tropischen Breiten sind Schmetterlingsblütengewächse ebenfalls in vielen Gattungen und Arten verbreitet. Ihr weltweiter Erfolg wird im allgemeinen auf die Fähigkeit zurückgeführt, Stickstoff im Wurzelraum zu binden, was unter anderem auch für die Luzerne gilt. Das Leben auf den stickstoffarmen tropischen Böden ist für solche Bäume vielleicht weniger mühsam als für andere Arten.

Die Hälfte der großen Bäume in der Umgebung von La Selva sind Schmetterlingsblütler. Als häufigste Art kommt der Gavilán- oder Owalabaum *(Pentaclethra macroloba)* vor, der nur selten mehr als 35 Meter hoch wird. Sein Holz ist nicht besonders fest, und es ist deshalb gefährlich, auf seinen Ästen herumzuklettern. Andererseits ist sein Holz, ähnlich wie bei der Robinie, seinem Gegenstück in der gemäßigten Klimazone, unempfindlich gegen

Pilz- und Insektenbefall und wird deshalb viel als Bauholz genutzt.

Die Größe eines Baums, auf dem jeden Tag Zehntausende von Blüten erblühen, ist nicht leicht zu begreifen. Der Almendro hatte einen glatten Stamm, der wie eine kannelierte Säule griechischer Tempel ohne Seitenäste über das Dach des Urwalds ragte und eine halbkugelförmige Kuppel aus Ästen und Blättern trug. In seine gewaltige Krone hätte ohne weiteres ein großes Mietshaus gepaßt.

Verschiedene tropische Bäume erzeugen eine üppige Blütenpracht, deren Farben und Düfte meilenweit zu sehen bzw. zu riechen sind. Da die einzelnen Bäume derselben Art unter Umständen mehrere 100 Meter oder gar einige Kilometer voneinander entfernt stehen, erfüllen die Blüten eine wichtige Aufgabe. Sie sind quasi Reklametafeln, die den bestäubenden Tieren dabei helfen, aus der verwirrenden Vielfalt von Baumarten innerhalb des Ökosystems Urwald die ihnen vertrauten Quellen von Blütenstaub und Nektar herauszufinden. Die »Plakate« müssen von der Natur jeden Tag auf anscheinend verschwenderische Weise ersetzt werden, weil die meisten Blüten im Kronenraum nach 24 Stunden verwelken. So entsteht der »Teppich« aus abgefallenen Blüten auf dem Urwaldboden.

Der Almendro ist ein Musterbeispiel einer Baumart, die mit den herkömmlichen Techniken nicht bestiegen werden kann. Sogar Steigeisen und ein Haltegurt hätten bei ihm nicht den gewünschten Erfolg. Der Gurt würde nicht um den Stamm reichen, der mehr als sechs Meter Umfang hat, und die Krallen der Steigeisen würden nicht in das dichte, feste Holz eindringen, noch nicht einmal, wenn sie an den kräftigen Beinen eines Holzfällers befestigt wären.

Zwei andere Methoden, die gelegentlich angewendet wurden, um Bäume zu erklimmen, hätten sich ebenfalls als ungeeignet erwiesen. Eine der beiden Methoden hat Eugene Murray-Aaron in dem 1903 erschienenen Buch *The Butterfly Hunters in the Caribbees* (Die Schmetterlingsjäger in der Karibik) beschrieben. Es ist der erste ausführliche Bericht von Klettertouren auf tropische Bäume, den ich in einem Buch entdeckt habe. Murray-Aaron war der Kurator und Schriftleiter der *American Entomological Society,* und seine Tätigkeit führte ihn auf viele Exkursionen in die Tropen, um dort Insekten zu sammeln. Dabei wurden angespitzte Bambusrohre in die Stämme der Urwaldbäume geschlagen und so mit anderen Bambusstengeln verbunden, daß sie eine Leiter bildeten. Diese konnte man am Stamm Stück für Stück nach oben verlängern und so bis in die höchsten Wipfel klettern. Auf diese Weise besteigen die Dajak auf Borneo schon seit Jahrhunderten hohe Bäume.

Eine neuere Methode wurde unter der Leitung von William Denison von einem Wissenschaftlerteam der Oregon State University entwickelt, um auf die hohen Douglastannen in Oregon zu klettern. Denison schlug Felshaken in die Stämme und kletterte an ihnen wie an Felswänden hinauf. Leider verletzen Felshaken und Steigeisen die Baumrinde und machen die Bäume anfällig für Infektionen; man sollte sie daher besser nicht benutzen.

Ich lernte bald, wie frustrierend es sein kann, ein Seil an einem Baum befestigen zu wollen. Zuerst schoß ich einen Pfeil mit einer daran befestigten Schnur durch das Blätterdach, und die Schnur legte sich quer über mehrere hohe Äste. Das gab mir größere Sicherheit, denn wenn der oberste Ast unter meinem Gewicht brechen sollte, würde ich nur wenige Meter abstürzen und dann von dem nächsttieferen Ast aufgefangen werden. Der zweite Schritt bestand darin, die Angelschnur durch ein starkes Band zu ersetzen. Das klappte anfangs ganz gut, dann begann die Schnur jedoch sich zu verheddern. Nachdem ich eine Stunde lang vorsichtig an der dünnen Angelschnur gezogen hatte, rutschte das Band schließlich Zentimeter für Zentimeter über den Ast. Das Band verfing sich aber noch mehr als die Schnur, denn es hatte das Gewicht des Kletterseils zu tragen. Quälend langsam stieg das Seil in die Höhe – und am Ende war die Arbeit von zwei Stunden vergebens, weil das Band unter der Last zerriß. Das Kletterseil stürzte herab und rollte sich dabei wie eine gekochte Spaghettinudel auf. Ich war erstaunt, mit welcher Gewalt das abgerissene Seilende auf den Erdboden schlug.

Den nächsten Schuß richtete ich in der Hoffnung auf mehr Glück über einen anderen Ast. Der Pfeil wurde indes von einem Zweig abgelenkt und verwickelte sich hoffnungslos im Laub. Voller Wut zerriß ich die Schnur; allmählich hatte ich das Gefühl, daß ich den Kronenraum auf diese Weise niemals erreichen würde. Dieses Gefühl wurde sogar noch stärker, denn zehn Minuten später, als ich einen anderen Pfeil abfeuerte, verfehlte er sein Ziel wieder, glücklicherweise, ohne sich im Geäst zu verheddern.

Kurz vor Sonnenuntergang schoß ich einen letzten Pfeil durch die Krone des Almendros, der wieder eine Schnur hinter sich herzog. Bisher war ich trotz meiner mehrstündigen Arbeit nicht von der Stelle gekommen. Ich wollte aber unbedingt noch vor Sonnenuntergang Fortschritte machen, knüpfte daher das Band eilig an die Schnur und zog an ihr. Sie stieg schnell in die Höhe, und nach wenigen Sekunden hing das Band im Baum, was mich für den schwierigeren Angriff auf den Kronenraum, der für den nächsten Morgen geplant war, wieder etwas optimistischer stimmte.

Das Abendessen wurde von Chico, dem vielseitig begabten Koch von La Selva, zubereitet. Er war für viele, die lange Monate in der Abgeschiedenheit von La Selva verbrachten, Freund, Dichter, Schauspieler, Philosoph, Sänger und Musiker. Die Forschungsstation gehörte der *Organiziation for Tropical Studies (OTS)*, einem Konsortium amerikanischer und costaricanischer Universitäten. Ihr Büro in San José hatte mir mitgeteilt, ich solle mir mein Essen doch möglichst selber zubereiten, weil ein Kurs von OTS-Studenten die Küche wahrscheinlich stark beanspruchen würde. Chico ließ jedoch nicht gerne fremde Köche in seine Küche, und zu meinem Glück stand schon ein Teller mit Essen für mich bereit.

Ein typisches Essen in Costa Rica besteht aus *arroz, frijoles* und *carne,* also aus Reis, Bohnen und Rindfleisch. Die Speisen werden häufig gebraten und triefen manchmal von Fett; in La Selva gab es in dieser Beziehung allerdings kaum Probleme.

Die OTS-Studenten verwandelten die Station gewissermaßen in einen Generator zur Erzeugung von Forschungsenergie. Nach dem Abendessen versammelten sich alle im Speisesaal, um über ihre Arbeiten im besonderen und biologische Fragen des Regenwalds im allgemeinen zu diskutieren. Meiner Ansicht nach ist das große, unbekannte Wesen, das wir Urwald nennen, aber gar nicht zu begreifen. Viele Theorien tauchten an der Wandtafel auf: Warum es im Urwald so viele verschiedene Tier- und Pflanzenarten gibt, warum er ein derart komplexes Gefüge hat, weshalb es gerade so sein muß und wie man die tiefsten Geheimnisse des Waldes enthüllen könnte ...

Ich fühlte mich bei diesen abendlichen Seminaren stets unbehaglich. Zwischen den nur für Eingeweihte verständlichen Ausführungen der Studenten und ihrer Professoren auf der einen Seite und der wirklichen Welt auf der anderen lag ein unerforschtes Meer. Wie konnten eine Handvoll Worte und ein paar einfache Skizzen auf der Wandtafel überhaupt das ehrfurchtgebietende Gesicht des Urwalds widerspiegeln?

Gegen neun Uhr ging ich zu Bett, konnte aber wegen des Dieselgenerators nicht einschlafen. Während er dafür sorgte, daß die Lampen leuchteten und das Eis im Eisschrank gefror, ließ sein durchdringender Lärm meinen Schädel vibrieren. Wenn das Böse tatsächlich im Urwald lauern sollte, dann war es in dieser Maschine und im Vormarsch der Zivilisation verborgen. Stinkende Auspuffgase stiegen aus dem Generatorschuppen auf, der gleich neben den Toiletten, den Duschräumen und der Wäscherei stand.

Um zehn Uhr kam der magische Moment, in dem sich der Generator für die Nacht abschaltete. Dann konnten sich die tauben Ohren wieder erholen und den Ständchen des Urwaldchors lauschen: Laubheuschrecken, Grillen, Frösche, Eulen und eine Vielzahl anderer Tiere ließen Warnrufe erschallen, um ihr Revier anzuzeigen, und sangen Liebeslieder.

Ich erwachte vom Geklapper der Töpfe und den Gesprächsfetzen aus der Küche. Die Nacht hatte den Wald noch fest im Griff, aber das dunkle Grau am Horizont im Osten kündigte den Beginn der Morgendämmerung an, eine der geschäftigsten Tageszeiten im Urwald. Viele tagaktive Tiere erwachen und verlassen ihre Bauten zum Wettlauf um die frischen Blüten und reifen Früchte des neuen Tages. Die nachtaktiven Tiere beenden ihre heimliche Arbeit noch vor Einbruch des Lichts, das ihr Treiben enthüllen könnte.

Normalerweise hätte ich zu so früher Stunde noch fest geschlafen, aber der Gedanke an die kommenden Ereignisse machte mich hellwach. Ich wollte feststellen, welche Tiere die Blüten des Almendro besuchten und sie bestäubten. Dazu mußte ich mich auf einen 24stündigen Aufenthalt im Kronenraum einrichten. Eine Urwaldhängematte aus Militärbeständen, zwischen die Äste gespannt, sollte mein Obdach sein. Ich zog mich rasch an, frühstückte und machte mich auf den Weg.

Der Tag war noch nicht in den Wald eingezogen, und ich mußte den Pfad mit meiner Stirnlampe beleuchten. Ich war sicher, daß es der richtige Weg war, und folgte ihm, trotzdem kam er mir unbekannt vor. Die Markierungen vom vorhergehenden Tag waren nicht zu erkennen, und das Kronendach bildete eine gleichförmige, schwarze Fläche. Der Himmel, der immer heller wurde, schaute nur an einzelnen Flecken hindurch. Fledermäuse suchten die Luft nach einem Nachtmahl ab. Außer ihnen waren beiderseits des Pfades viele andere Tiere zu sehen: Auf den benachbarten Stämmen hockten Spinnen und Grillen. Eine große Spinne hangelte in Kopfhöhe über den Pfad; ihre Rettungsleine verlief 30 Meter gerade nach oben und verschwand dann im düsteren Gewirr der Kronenraumvegetation. Die Beine der Spinne mit einer Spannweite von mehreren Zentimetern schienen in der Luft zu schweben, um fliegende Beutetiere zu fangen. Als ich näher herantrat, zitterte sie und begann den seidenen Faden auf ihren Beinen aufzuwickeln. Kurz darauf war sie hoch über mir im Schatten der Baumkronen verschwunden.

Der dünne Faden, der das verhältnismäßig große Gewicht der Spinne trug, war eine Meisterleistung der Natur. Wenn er gerade nicht gebraucht wurde, konnte er gefressen, in seine Eiweißbestandteile zerlegt und bei Bedarf immer wieder zum Aufbau neuer Fäden verwendet werden. Meine Kletterseile waren dagegen sperrig, zerreißbar und unbrauchbar, wenn sie einmal beim Sturz belastet worden waren. Spinnen gelten als die ersten Tiere, die Seile benutzten – zum Klettern, aber auch, um damit etwas zu verknüpfen. Vielleicht hat sie ein früher »Naturforscher« dabei beobachtet und sich dazu inspirieren lassen, selber einmal ein Seil herzustellen und zu testen.

Neben Stechfliegen und Ameisen gehören Spinnen zu den Tieren, denen man im Urwald am häufigsten begegnet. Sie spielen dort eine ähnliche Rolle wie die Bartenwale im Weltmeer. Mit feinmaschigen Netzen durchsieben sie die Luftströmungen im Urwald nach Luftplankton. Kleine und große Insekten, ja sogar Eidechsen können sich in diesen Netzen verfangen. Eines Tages beobachtete ich zwei entzückende kleine Lichter, die wie ein Feuerrad herumwirbelten. Zuerst dachte ich, es wären zwei Insekten beim Paarungstanz, die wie unsere Glühwürmchen Lichtsignale aussandten. Die grünen Lichtpunkte leuchteten aber ununterbrochen, und dauerndes Licht ist nicht typisch für Insekten. Andererseits gibt es bestimmte Pilze, die in der pechschwarzen Finsternis des Urwaldbodens wie strahlende Wolken aussehen. Die wirbelnden Lichter, kurzgeschlossene Batterien aus Luziferin und Luziferase, waren stille Todesschreie. Eine zufriedene Spinne spann ein durchsichtiges Grab aus Seide um einen dicken Käfer, der zwei Leuchtorgane hatte, mit denen er kaltes, biologisches Licht erzeugte. Die Seidenfäden sollten nicht die schon unbeweglichen Beine fesseln, sie bildeten vielmehr eine Hülle, um Fliegen und Grillen von dem wertvollen Mahl fernzuhalten.

Hoch oben in der Baumkrone hörte ich Blätter rascheln und sah die glänzenden »Katzenaugen« eines Kinkaju oder Wickelbärs *(Potos flavus)* im dichten Blätterwerk verschwinden. Kinkajus gehören zur Familie der Procyonidae, der Kleinbären, zu der auch der Waschbär und der Coati zählen. Sie verbringen fast ihr ganzes Leben auf Bäumen. Wie Affen und Halbaffen sind die Wickelbären ausgezeichnete Kletterer, sie haben auch – ähnlich wie die Affen der Neuen Welt – einen Greifschwanz. Zug um Zug klettern sie an herabhängenden Schlingpflanzen aufwärts. Wickelbären ernähren sich hauptsächlich von Früchten; anscheinend verschmähen sie aber auch Insekten und andere Kleintiere nicht. Unter der Stelle, an der der Kinkaju gefressen hatte, lagen Dutzende von Bromelienblättern auf dem Waldboden verstreut. Ihre Enden waren angeknabbert – so wie

Diese große Spinne hat eine Beinspannweite zwischen acht und zwölf Zentimeter; sie hauste auf meiner Plattform
***rechts:** Eihüllen derselben Spinnenart*

Der Urwald besteht gleichermaßen aus kleinen und großen Bäumen. Einige kleine Bäume im dunklen »Erdgeschoß« des Regenwalds können – trotz ihrer nur etwa 1,50 Meter Höhe – ebenso 100 Jahre alt sein wie die mächtigen Baumriesen von mehr als 30 Meter Höhe und einem Stammdurchmesser von einem Meter

bei einem Grashalm, auf dem jemand herumgekaut hat. Möglicherweise war das ein neuer Hinweis auf die Nahrung der Wickelbären, über deren Verhalten man bis heute nur wenig weiß. Ich hoffte, daß vielleicht ein Kinkaju in einer Baumhöhle in der Nähe des Almendro hausen würde.

Plötzlich hörte ich ein sehr lautes *Waaa waaa waaa*, das jammernd durch den Wald schallte. Die Schreie stammten meiner Ansicht nach von einem großen Vogel. Sie klangen gespenstisch und hätten einen unerfahrenen Urwaldwanderer wohl so erschreckt, daß er auf der Stelle umgekehrt und zur Forschungsstation zurückgeeilt wäre. Damals war dieses unbekannte Tier noch eines der bestgehütetsten Geheimnisse des Kronenraums. Es sollten Jahre vergehen, bis ich durch meine Arbeit die wahre Identität dieses Vogels enthüllen konnte.

Ich hielt noch nach dem Vogel Ausschau, als der Almendrobaum vor mir auftauchte: ein dunkler Wachtposten, der die benachbarten Bäume weit überragte. Mein Pulsschlag wurde schneller, während ich vom Pfad in das dunkle, bedrohliche Pflanzendickicht trat und mich zwischen zähen Schlingpflanzen und hüfthohen Kräutern hindurchzutasten begann. Klamme Pflanzenfinger streiften über meinen Nacken; ich dachte, es wären kaltblütige Bewohner des Urwaldkellers, und schlug nach ihnen.

Nachdem ich den Baum erreicht hatte, zog ich das Kletterseil mühelos in seine Krone hinauf. Weil der Almendro so hoch war, reichte ein Kletterseil mit der Standardlänge von 50 Metern allerdings nicht über seine Äste; es war einfach zu kurz für einen Baum dieser Größe. Als ich das bemerkte, hatte ich das freie Seilende bereits vier bis fünf Meter über den Erdboden gezogen. Ich hätte es nicht mehr erreicht, wenn nicht gerade ein kleiner Baum in der Nähe gewesen wäre, auf den man klettern konnte. Seine Äste ächzten unter meiner Last, die Krone neigte sich weit zur Seite, und er wäre beinahe geknickt.

Ich traf noch einen anderen Kletterer auf diesem Baum: eine zwei bis drei Zentimeter lange Ponerinen-Ameise. Die Ponerinen, speziell die Gattung *Paraponera,* haben einen kräftigen Stachel, der ihnen den volkstümlichen Namen »Gewehrkugelameise« eingetragen hat. Ihr Körper ist wie ein Panzer in einer Insektenarmee konstruiert, mit einem festen, dicken Hautskelett, das die Angriffe scharfschnäbeliger Vögel und ahnungsloser Baumeidechsen und -schlangen abwehren kann.

Ameisen der Gattung *Paraponera* sind in den tropischen Regenwäldern weit verbreitet. Sie gehören dort zu den wenigen Tieren, die in Erdnestern hausen und ihre Nahrung in den höchsten Bäumen suchen. Im Gegensatz zu vielen anderen Ameisenarten bauen sie ihre Nester nicht in Bäumen, obwohl der Kronenraum eines ihrer wichtigsten Nahrungsreservoirs ist. Als angriffslustige Jäger zerstören sie Wespennester und greifen sogar noch größere Tiere an.

Ihre Nahrung besteht aus Nektar und einer Vielzahl von Insekten. Ich erinnere mich an eine ungefähr sieben Zentimeter lange Heuschrecke, die aus dem Kronenraum vor mir auf den Pfad stürzte; an ihren Rücken klammerte sich eine dieser aggressiven Ameisen.

Die *Paraponera*-Ameisen sind noch in anderer Hinsicht ungewöhnlich. Sie gehören nämlich zusammen mit Grillen, Heuschrecken und Zikaden zu der auserwählten Schar von Lebewesen, die Laute erzeugen können. Es sind keine Liebeslieder, die einen Partner zum Rendezvous anlocken sollen, es erinnert eher an ein raspelndes Surren, das die Ameise hören läßt, wenn sie sehr beunruhigt ist. Ich stocherte mit einem Zweig nach der Ameise. Sie wirbelte daraufhin im Kreis umher, stieß, die großen Kiefer weit geöffnet, Warnschreie aus und ließ sich nicht im geringsten von dem zigtausendfach größeren Menschenmonster beeindrucken, das nur wenige Zentimeter neben ihr auf dem Baum hockte. Mir war klar, daß diese Ameisen jedes Tier, ob groß oder klein, herausfordern würden.

Es gibt indes einen Gegner, den die *Paraponera* nicht bezwingen kann: die mikroskopisch kleinen Sporen einer Gruppe parasitischer Pilze, die als *Entomophthora* bekannt sind. Ihr heimtückischer Lebensweg beginnt, wenn eine Spore auf das Hautskelett des lebenden Beutetiers fällt, sei es auf irgendein größeres Insekt, auf eine Spinne oder auf ein verwandtes Tier. Die Spore entwikkelt sich dann zu einem langen Pilzfaden, der das Skelett des Opfers nach einer schwachen Stelle abtastet und dort in das Innere des Tieres eindringt. Die Pilzfäden wachsen schnell, ohne ihren Wirt umzubringen, bis sie das Stadium erreicht haben, in dem sie sich fortpflanzen können.

Mykologen (Pilzexperten) berichteten, daß die meisten von parasitischen Pilzen befallenen Tierleichen wenige Dezimeter über dem Erdboden gefunden werden. Sie nehmen an, daß die Pilzfäden gezielt das Nervensystem eines Tiers angreifen können. Das Tier wird dadurch wild und klettert auf eine niedrige Pflanze, wo Luftströmungen die Sporen leicht aufnehmen und im Wald verbreiten können. Diese Wechselwirkungen zwischen den Pilzen und ihren Beutetieren haben eine enorme Bedeutung. Möglicherweise lassen sich die Pilzfäden bei der Suche nach dem betreffenden Nervenknoten und Neuron von chemischen Indizien leiten – ein Thema der neurologischen Forschung, das sich in Zukunft vielleicht einmal auszahlt. Die parasitischen Pilze können den Schlüssel zum tieferen Verständnis der Prozesse im menschlichen Gehirn liefern.

Bei einer anderen, naheliegenden Aufgabe könnten diese Pilze gleichfalls nützlich sein. Sie stehen auf der

Prüfliste der Lebewesen, die im Rahmen der biologischen Schädlingsbekämpfung in der Landwirtschaft eingesetzt werden könnten. Man nimmt an, daß die Sporen – als Sprühmittel auf den Feldern ausgebracht – schädliche Insekten wirksam bekämpfen.

Viele ihrer Opfer, die ich im Urwald fand, hatte der Tod wie ein Blitz getroffen und ihre Körper gleichsam versteinert; einige waren noch in Kampfstellung gegen ihren unsichtbaren Feind, andere waren offenbar mitten im Schritt verendet. Bald nach dem Tod der vom Pilz befallenen Tiere wachsen die Fortpflanzungsorgane des Pilzes aus dem Leichnam und bilden geweihförmige Anhängsel oder dicke, farbenähnliche Überzüge, welche die Körpermerkmale des Tieres verwischen. In diesem Stadium haben sich die Sporen soweit entwickelt, daß sie – von Luftströmungen verbreitet – auf einem anderen Tier ihren bizarren Lebenskreislauf fortsetzen können. Glücklicherweise gibt es unter den beschriebenen Pilzen keine, die Säugetiere befallen.

Ich ergriff mein Seil, zog es zum Erdboden hinunter, band es an ein zweites Seil und zog dann beide in den Almendrobaum. Anschließend befestigte ich ein Seilende an einem Baum, zog den Klettergurt an und begann mit dem Aufstieg. Aus der Höhe sieht der Wald völlig anders aus. Dreiviertel des Urwalds gehören zu einem Lebensraum, der über dem Erdboden in den unteren Schichten der Atmosphäre schwebt. Nur beim Klettern oder beim Fliegen kann man ihn so erleben, wie er wirklich ist.

Auf den untersten sechs bis sieben Metern verlor der Erdboden rasch an Bedeutung. Ich fühlte mich beim Klettern etwa so wie in den Hängegurten eines Drachenfliegers: Ich hatte das Gefühl, ein fliegendes Tier zu sein. Die Stockwerke des Urwalds entfalteten sich Stufe für Stufe vor meinen Augen wie ein buntes Kaleidoskop von Blättern und Pflanzen. Jedes Stockwerk wartete mit neuen Pflanzengemeinschaften auf, die zugleich dieselben und doch sehr unterschiedlich waren. Ich stieg in die glockenförmige Krone eines knapp zehn Meter hohen Baums und tauchte durch die Blätterblase hindurch in eine andere, höhere Dimension. Jetzt hatte ich die (gedachte) Grenzlinie des unteren Kronenraums überschritten.

Zahlreiche kleinere Bäume, die an das untere Stockwerk des Regenwaldes angepaßt sind, wachsen nicht über diese Höhe hinaus. Die blutdürstigen Moskitos bleiben ebenfalls in der Nähe des Urwaldbodens. Vielleicht sträuben sie sich, durch die unteren Blätterschichten aufzusteigen, wahrscheinlicher ist jedoch, daß jede einzelne Moskito-Art spezielle Ansprüche an die Umweltbedingungen stellt und deshalb ein scharf begrenztes Verbreitungsgebiet hat – und im tropischen Regenwald gibt es Dutzende von Moskito-Arten. Marshton Bates hat sich in seinem Buch *The Forest and the Sea* (Der Wald und das Meer) eingehend mit dem

Verhalten der Moskitos beschäftigt. Seine Beobachtungen zeigen deutlich, wie sich die Insektenwelt des Urwalds in bestimmte Schichten gliedert und wie sich diese je nach Tageszeit verschieben. Er schreibt u. a.: »Bei unseren Untersuchungen über Moskitos (in Kolumbien) hatten wir beobachtet, daß sich die einzelnen Arten im Flugverhalten deutlich voneinander unterscheiden. Einige Arten kamen nur in der Nähe des Erdbodens, andere dagegen nur hoch oben in den Bäumen vor; einige Arten, die in den Morgen- oder Nachmittagsstunden im Kronenraum am häufigsten waren, kamen am Mittag näher zum Erdboden herab. Sie unternahmen im Lauf des Tages eine Art Vertikalwanderung. Während ich das meinem Freund erklärte, fiel mir plötzlich ein, daß sich viele Meerestiere genauso verhalten. Die obersten Schichten des Meeres sind am dichtesten belebt, weil sie von den Sonnenstrahlen mit Licht und Energie versorgt werden, und alle Lebewesen in der Tiefe sind vom Leben in den oberflächennahen Wasserschichten abhängig. Im Wald wie im Meer gliedert sich das Leben in verschiedene horizontale Schichten.«

Bates verglich den Boden des Waldes mit dem Meeresboden oder Benthal, auf das die Planktonorganismen und andere schwimmende Lebewesen schließlich zur letzten Ruhe hinabsinken. Der Waldboden ist wie das Benthal gewissermaßen eine Abfallhalde, und der Abfall, vermoderndes Holz, Laub, Früchte oder Blüten, enthält viel Energie, die für Blindwühlen (seltsame schlangenähnliche Amphibien), zahlreiche Frösche, Agutis, Pakas, Hirsche, Tapire, Kaninchen und eine Vielzahl anderer Organismen die Existenzgrundlage bildet. Biologisch stark vereinfacht ausgedrückt, sind die Tiere des Waldbodens die Zersetzer, die vom Manna leben, das vom Urwaldhimmel auf sie herabregnet. Sie selber bilden wiederum innerhalb der Nahrungskette die Nahrung von räuberisch lebenden Tieren des Waldbodens wie den Raubkatzen, den nerzähnlichen Tayras und Giftschlangen (zum Beispiel Korallenschlangen, Lanzenottern oder Buschmeistern).

So wie die Bodenoberfläche das Benthal des Urwalds ist, so ist sie auch der »Keller« des Urwalds. Das Klima von Kellern zeichnet sich im allgemeinen durch geringe Schwankungen der Luftfeuchtigkeit und

Ein Greiffrosch
(Agalychnis calcarifer)

Temperatur, durch schwaches Sonnenlicht und muffige, kaum bewegte Luft aus. Der Keller des Urwalds ist eine düstere und bedrückende Zone, von der über Jahrhunderte hinweg viele unheimliche Entdeckungsgeschichten erzählen. Diese Berichte haben zu einem falschen Bild des Urwalds geführt, denn sie stellen ihn ausschließlich aus dem Blickwinkel einer Zone dar, die insgesamt nur etwa ein Drittel des Ganzen einnimmt. Über dem Keller des Waldes liegt sein »Hauptgeschoß«, in dem sich die meisten Lebensaktivitäten abspielen. Jedes der höheren Stockwerke besitzt ein unterschiedliches Mikroklima, das im Licht, in der Luftfeuchtigkeit, dem Wind und den Temperaturen von immer stärkeren Extremen geprägt ist. Diese Mikroklimate haben einen tiefgreifenden Einfluß auf die Lebewesen des Waldes.

Das Hauptgeschoß wird von einer bunten Mischung von Tieren bevölkert. Einige dieser Tiere sind gleichzeitig im Keller und im Dachgeschoß zu Hause, während andere ausschließlich auf Bäumen leben. Beispielsweise pendeln Ameisenesser, Coatis und Boas auf der Suche nach Nahrung zwischen dem Erdboden und den höheren Stockwerken hin und her. Affen, Faultiere, Kinkajus und eine große Zahl anderer Lebewesen – von den Insekten bis zu den Wirbeltieren – verbringen dagegen fast ihr ganzes Leben hoch oben im luftigen Urwald. Je weiter die Forschung voranschreitet, um so klarer wird, daß Arten, die früher aus dem Blickwinkel des Urwaldbodens als selten galten, in Wirklichkeit droben im Kronenraum recht häufig sind.

Zehn Meter über dem Erdboden befand ich mich außerhalb der Reichweite der »bodenständigen« Forscher, die mit Leitern oder Stangen, an denen Sammelbehälter befestigt sind, arbeiten. Hier verlief die willkürlich gezogene Grenzlinie des bislang unerforschten unteren Kronenraums. Luftwirbel bewiesen, daß der obere Kronenraum ein frischerer, kühlerer Lebensraum ist. Die ständig hohe Luftfeuchtigkeit im Urwaldkeller und die nahezu konstanten Temperaturen um 26 °C sind für den Menschen äußerst unangenehm. Obwohl sich die Temperaturen nicht spürbar verändert hatten, wußte ich, daß mich droben die lodernde Hitze der Tropensonne erwartete. Dennoch würde ich die hohen Temperaturen viel besser ertragen, weil der Schweiß in der trokkeneren Luft schneller verdunstet und diese Kühlung die Hitze mildert.

Die Bäume des unteren Kronenraums gehörten zu den glücklichen, die alle Attacken der Blatt- und Samenesser im Urwaldkeller und – nicht zu vergessen – die ständige Bedrohung durch herabstürzende Stämme und Äste irgendwie überstanden hatten. Sofern sich nicht eine Lücke im Kronendach öffnet, die das zum Wachstum notwendige Sonnenlicht hereinläßt, sterben viele der kleineren Bäume an Altersschwäche und/oder Krankheiten, bevor sie das Stadium erreicht haben, in dem sie sich fortpflanzen können. Die Kräfte, die die Baumsamen und -sämlinge vernichten, sind so stark, daß wahrscheinlich jeweils nur einer von zehn Millionen den unteren Kronenraum erreicht. In dem Zeitraum, in dem ein Baum in den oberen Kronenraum und damit ins volle Sonnenlicht hineinwächst, kommen vielleicht mehr als 50 Millionen seiner Nachkommen um.

Mit zunehmender Höhe erschien eine »Fata Morgana«: Die Kronenspitzen der kleinen Bäume verschmolzen zu einem welligen grünen Teppich, quasi der »doppelte Boden« des Kronenraums, der mir das trügerische Gefühl von Behaglichkeit gab. Blüten, die vom Erdboden her nicht zu sehen waren, schmückten die Baumkronen und lockten Schmetterlinge, Wespen, Käfer und andere Besucher an. Der am verführerischsten geschmückte Baum, eine *Warscewiczia coccinea,* brüstete sich mit Büscheln scharlachroter Blätter, die auf die winzigen, orangefarbenen Blüten voller Nektar aufmerksam machten. Ihre roten Kolliers sahen ganz ähnlich wie die Blätter des Weihnachtssterns aus; sie lockten ab und zu Schneekäppchenkolibris an.

Die Kolibris haben einen beinahe mystischen Ruf als Bestäuber von Urwaldpflanzen erworben. Wenn man sie an Blüten, zum Beispiel an denen der *Warscewiczia,* beobachtet, dann wird daraus oft automatisch geschlossen, daß sie die Pflanze bestäuben. Kolibris sind bei der Bestäubungsarbeit indes nicht allzu großzügig. Sie tun es aus ganz eigennützigen Motiven, wie alle anderen Lebewesen auch, und würden den Nektar wohl ebenso gern stehlen, ohne den Blütenstaub zu entfernen, ihn zu anderen Blüten zu transportieren und die Pflanze damit gewissermaßen für den Nektar zu entschädigen.

Alle Blütenpflanzenarten mußten ihre Lektionen über den Egoismus der bestäubenden Tiere, die sich immer nur selber beglücken wollen, im Lauf der Entwicklungsgeschichte erst mühsam lernen. In diesem Prozeß bildeten von den Bedecktsamern viele Familien gewundene und oftmals kompliziert gebaute Blütenteile aus, wie sie vor allem bei den Orchideen und den Hülsenfruchtgewächsen weit verbreitet sind. Diese komplizierten Blüten bringen die Nektarräuber beim Besuch der Blüte zwangsläufig mit dem Blütenstaub in Berührung.

Eine erfolgreiche Vermehrung ist das Ergebnis der an den Körperbau und das Verhalten der jeweiligen Tierarten optimal angepaßten Blütenform und -farbe. Sie geben vielfach am eindeutigsten darüber Auskunft, welche von den vielen Besuchern der Pflanze die Blüten tatsächlich bestäuben. Die Blüten, die von Kolibris bestäubt werden, können im Einzelfall zwar ganz unterschiedlich geformt sein, sie sind aber im allgemeinen rot, erzeugen große Mengen von Nektar und haben eine Trompetenform, die an die Schnabellänge der jeweiligen Vogelart angepaßt ist.

Die *Warscewiczia* besitzt nur eines dieser Merkmale: die roten Blätter. Es steht jedoch fest, daß rote Blütenfarben nicht nur Vögel anziehen; auch Schmetterlinge scheinen sich für rote und orangefarbene Blüten besonders zu interessieren.

Wichtiger ist noch, daß die Blüten der *Warscewiczia* keine Vorrichtungen besitzen, die verhindern, daß die Kolibris den Nektar stehlen, den Blütenstaub jedoch in der Blüte lassen. Das spricht dagegen, daß – wie man lange annahm – ihre Blüten von den kleinen Vögeln bestäubt werden. Die Blüten der *Warscewiczia* sind darüber hinaus klein und ziemlich einfach gebaut, typische Merkmale der Blüten zahlreicher Bäume und niedrigerer Pflanzen des tropischen Regenwalds, die regelmäßig von den verschiedensten Insekten bestäubt werden. Meine jahrelangen Beobachtungen im Kronenraum lassen den Schluß zu, daß die Blüten dieses Baums höchstwahrscheinlich von Schmetterlingen, Käfern und Wespen bestäubt werden, die diese Blüten ebenfalls besuchen, und nicht von Kolibris.

In etwa 15 Meter Höhe hatte ich viele Unannehmlichkeiten der bodennahen Regenwaldstockwerke hinter mir gelassen. Dafür wuchs jedoch die Angst vor der Höhe in mir. Wir Menschen unterscheiden uns von Affen und Halbaffen, die auf Bäumen leben, unter anderem darin, daß uns im Lauf der Evolution erst vor verhältnismäßig kurzer Zeit eine ausgeprägte Höhenangst befallen hat. Daß die Urahnen des Menschen tatsächlich auf Bäumen gelebt haben, kann man an verschiedenen Teilen des menschlichen Körpers erkennen. Die Finger dienten zum Beispiel ursprünglich dazu, nach Ästen zu greifen, und der abspreizbare Daumen machte den Griff sogar noch fester. Obwohl die menschliche Hand sich im Lauf der Jahrtausende

Orang-Utans sind die größten baumbewohnenden Säugetiere (sie kommen in Südostasien vor); hier eine Orang-Utan-Mutter mit ihrem Baby in einem Baumnest auf der Insel Borneo

etwas verändert hat, bleibt sie für den praktischen Gebrauch ein »Werkzeug« zum Greifen und Klettern.

Unsere Füße erzählen jedoch eine andere Geschichte. Die Urahnen des Menschen besaßen nämlich Füße, die wie unsere heutigen Hände aussahen. Von dieser ehemaligen Anpassungsform sind unsere geschrumpften Zehen übriggeblieben, und die »Handflächen« haben sich unter der Last verformt, die sie tragen müssen, seitdem der Mensch aufrecht geht. Wir sind nichts anderes als klumpfüßige Affen, denen äußerst wichtige Organe zum Klettern in hohen Bäumen fehlen. Ist es dann so erstaunlich, daß wir einen gesunden Respekt vor der Höhe haben?

Wenn man außer unserem verkrüppelten Körperbau noch die Tatsache berücksichtigt, daß wir sehr groß und schwer sind, dann wird Klettern zu einer gefährlichen Beschäftigung. Größere baumbewohnende Säugetiere wie Faultiere und Orang-Utans ausgenommen, bringen die Bewohner des Kronenraums nicht mehr als ein paar Pfund auf die Waage. Die meisten wiegen sogar noch viel weniger. Die Vorherrschaft

Ganz gleich, wie feucht ein Regenwald auch sein mag, die Äste der Bäume vermögen das Wasser nicht aufzufangen, und schon Stunden nach einem tropischen Regen sind sie wieder trocken. So hat die Evolution wüstentaugliche Pflanzen entstehen lassen, die das Wasser speichern und rationieren können

kleinerer Klettertiere hängt zum Teil mit einem physikalischen Gesetz zusammen, das man am besten an einem Beispiel erläutern kann.

Was passiert, wenn eine Maus und ein Mensch von einem hohen Baum fallen? Wenn die Maus auf dem Erdboden aufschlägt, wird sie wahrscheinlich verwirrt fortlaufen, aber keine ernsthaften Verletzungen erleiden. Für den Menschen mit seinem schweren Körper könnte der Sturz dagegen fatale Folgen haben. Im Verhältnis zu ihrem Gewicht hat die Maus eine größere Körperoberfläche als der Mensch, die über die Reibung an den Luftteilchen den Sturz abbremst. Man könnte nun annehmen, daß es größeren Tieren nicht schlimmer ergeht, denn mit der Körpergröße wächst gleichzeitig auch die Oberfläche. Der Haken liegt allerdings darin, daß das Körpergewicht unverhältnismäßig schneller als die Körperoberfläche zunimmt. Für Tiere, die mehr als ca. fünf Kilo wiegen, wird das Leben auf Bäumen zu einem Glücksspiel, bei dem ein Sturz den Tod bedeutet.

Ein weiterer Nachteil eines großen Körpergewichts muß in diesem Zusammenhang ebenfalls erwähnt werden. In unserem Beispiel wird die Maus beim Sturz wahrscheinlich einen tieferen Ast erwischen, sich an ihm festklammern und so in Sicherheit bringen können. Die Situation für einen Menschen mit – sagen wir – einem Gewicht von 80 Kilo (in der korrekten physikalischen Einheit: 80 Kilopond) ist wesentlich schwieriger. In 30 Meter Höhe über dem Erdboden beträgt seine potentielle Energie 2400 Meterkilopond. Seine kinetische Energie würde sein Körpergewicht nach einem Sturz von bloß 1,50 Meter verfünffachen. Die Kraft, die erforderlich wäre, den Sturz abzufangen, ist mit den verzweifelten Anstrengungen eines Mannes zu vergleichen, an den sich vier gleich schwere Männer klammern und der sich mit seiner Last an einem großen Ast festhalten will.

Was geschieht, wenn ein 80 Kilo schwerer Mensch fünf Meter abstürzt und »zum Glück« mit seiner Körpermitte quer auf einen Ast schlägt. Die Kraft, die beim Aufprall auf den Ast wirkt, beträgt 400 Meterkilopond. Sofern der Ast die richtige Größe hat, wird er sich biegen, damit den Aufprall mildern und die Verletzungsgefahr verringern. Die weitaus meisten Äste werden sich jedoch zu weit biegen oder brechen, und der Mensch wird weiter hinunterstürzen. Um unversehrt auf dem Erdboden anzukommen, müßte er beim Sturz nacheinander auf eine Serie von Ästen mit der richtigen Größe fallen, was jedoch höchst unwahrscheinlich ist. – Aus den gleichen Gründen sind auch die Überlebenschancen beim Sprung aus einem brennenden Hochhaus nur gering; das Sprungtuch der Feuerwehr hilft bloß beim Sturz aus geringen bis mittleren Höhen.

Zu den Besonderheiten der Fauna des Kronenraums gehört die Tatsache, daß viele seiner Bewohner Tiergruppen angehören, die in anderen Teilen der Erde unter Steinen und umgestürzten Bäumen, auf Feldern, im Sand und Schlamm leben, so z. B. seltene und seltsame Arten von Spinnen, Skorpionen, Hundertfüßern, Eidechsen und Fröschen, also von Tiergruppen, die man allgemein mit dem Erdboden in Verbindung bringt. Es sind auch größtenteils Arten, die auf oder im Erdboden leben, einige ihrer Vertreter kamen jedoch irgendwann im Lauf der Erdgeschichte auf den Gedanken, auf Bäume zu klettern; dort haben sie sich zu mehr oder weniger unterschiedlichen Tiergemeinschaften entwickelt.

Ein Blick auf die vertikale Verbreitung der Schaben (aus meiner Sammlung von 40000 Exemplaren aus 200 verschiedenen Insektenfamilien) gibt Aufschluß über einige Kräfte der Evolution, die – neben der Schwerkraft – die Organismen des Kronenraums geformt haben. Am Erdboden kommt eine Vielzahl von großen, dunkelgefärbten Arten vor. Sie ernähren sich von den organischen Stoffen, die aus dem Kronenraum herunterfallen. Die dunkle Färbung ist eine Tarntracht, die zu ihrer Umwelt aus verwesendem und vermoderndem Abfall paßt. In der Abfallschicht gibt es auch viele Schlupfwinkel unterschiedlichster Form und Größe, in denen sich die Bodenbewohner verbergen können.

Im Kronenraum finden die Tiere reichlich Nahrung, dafür sind auf den dünnen Ästen, auf denen sich die Laubstreu nicht anhäufen kann, Schlupfwinkel verhältnismäßig rar. Anstelle der großen Schaben des Waldbodens kommen hier kleinere Arten vor, die im Gegensatz zu ihren unansehnlichen Vettern in den bodennahen Urwaldzonen überraschend schön sind. Durchscheinende, grün oder gelblichbraun gefärbte Deckflügel tarnen die Schaben des Kronenraums, wenn sie ungeschützt auf Blättern sitzen, und mit ihrer geringeren Körpergröße können sie sich in den Falten eines Blattes oder unter einem kleinen Moospolster verbergen. So werden sie leichter von den Vögeln der oberen Waldetagen übersehen, die Schaben als Lekkerbissen schätzen. Große, dunkle Schaben, ähnlich denen, die man am Waldboden findet, kommen am ehesten noch auf dickeren Ästen vor, die von Epiphyten und Humus überzogen sind.

Eine andere, nicht weniger interessante Gruppe von Schaben des Kronenraums fliegt tagsüber; ein unerfahrener Beobachter kann sie leicht mit Käfern verwechseln. *Paratropes bilunata,* eine jener Schaben, trägt ein sehr auffälliges Farbmuster aus gelben, schwarzen und braunen Farbtönen, das die Färbung eines Schnabelkäfers nachahmt. Das Täuschungsmanöver geht noch über das Farbenkleid hinaus, denn die Schabe verhält sich außerdem wie ein Käfer und fliegt auch so. Nach meinen Beobachtungen sucht *Paratropes* Blüten auf und bestäubt dabei vermutlich bestimmte Epiphyten, so zum Beispiel die strauchige Epiphyte *Oreopanax.* Keine andere Schabe hat, aus dem Blickwinkel des Menschen gesehen, einen höheren Rang erworben.

Nicht alle Organismen im Kronenraum haben ihre Gestalt auf ähnlich aufsehenerregende Weise verändert. Die Baumkronen gleichen einer großen Schatzkiste des Lebens. In ihren unerforschten Höhen, auf Ästen, die vom Erdboden aus unsichtbar und zu schwach sind, als daß man auf ihnen klettern könnte, warten noch ungezählte Juwelen darauf, entdeckt und erforscht zu werden. Zweifellos könnten viele von ihnen für die Menschheit von größtem Nutzen sein.

In gut 20 Meter Höhe überquerte ich die gedachte Grenzlinie zwischen dem unteren und dem oberen Kronenraum. Ich lehnte mich in meinem Klettergurt zurück, um das Treiben der Tiere in aller Ruhe zu beobachten, bemerkte aber nichts außer tiefer Stille. Die Vögel waren verstummt, und die kleinen, schwarzweißen Manakins aus dem Urwaldkeller hatten es aufgegeben, ihre Angebetete mit schnurrenden Flügelschlägen zu verführen. Die Brüllaffen hörte man auch nicht mehr; ihr allmorgendliches Geschrei bei Sonnenaufgang, mit dem die verschiedenen Trupps auf ihr Territorium aufmerksam machen, lag schon lange zurück. Glücklicherweise war auch das nervtötende Zirpen der Zikaden vorbei. Im Urwald herrscht erstaunlich oft Stille.

Ein unheimlicher Laut zerriß die Ruhe: das Geräusch von überlasteten Ästen, Epiphytenbüscheln, großen Früchten und Samen, die in unregelmäßigen Abständen auf dem Waldboden aufschlugen und zerbrachen. Die Pflanzen des Waldes streben immer nach der Sonne und wachsen ihr – manchmal auf selbstmörderische Weise – entgegen. Ungezählte schwache Bäume und schnellwachsende Epiphyten streben wie Ikarus zur Sonne und müssen wie der legendäre Flugkünstler schließlich abstürzen. Die Äste werden durch das schnelle Wachstum brüchig, was zu Pilzbefall führt, während die Epiphyten zu schwer werden und/oder den Halt verlieren. Der Lärm im Hintergrund war beunruhigend, und ich fragte mich, ob der Ast, an dem ich

Neben meinem Feldbett sitzt ein Baumfrosch auf den Blättern einer Orchidee

schwebte, meine zusätzlichen 82 Kilogramm noch tragen konnte.

Bei heftigen Stürmen kann man sicher sein, das polternde Krachen entwurzelter Bäume zu hören oder sie sogar umstürzen zu sehen. Dendrologen (Fachleute für Gehölze) haben ermittelt, daß die Umschlagraten des tropischen Regenwalds in La Selva ungefähr 110 Jahre betragen. Als Umschlagraten werden die durchschnittlichen Zeiträume bezeichnet, in denen sämtliche Bäume in einem bestimmten Waldareal umstürzen und durch neue ersetzt werden. Viele Bäume leben viel länger als der genannte Zeitraum, vielleicht mehrere 100 Jahre, während andere weniger als ein Dutzend Jahre alt werden.

Diese spezielle Form von »Fallout« stellt ein gewisses Risiko bei Wanderungen durch den Urwald dar. An windigen Tagen sollte man um Bäume mit schweren Samenkapseln einen großen Bogen machen. Urwaldbäume haben nicht selten aus verschiedenen Gründen sehr schwere Samen und Früchte; einer dieser Gründe ist die mangelhafte Versorgung der unteren Waldstockwerke mit Licht und Sonnenenergie; Sämlinge, die unter diesen Bedingungen überleben und sich auf Dauer ansiedeln wollen, brauchen ausreichende Nährstoffreserven.

Der Paranußbaum, *Bertholletia excelsa,* der die Paranüsse liefert, ist ein Musterbeispiel für Bäume, die mit ihren herabstürzenden Samenkapseln einen Menschen schwer verletzen oder gar töten können. Er wächst praktisch nur im Urwald und erreicht zum Teil Höhen von 45 Metern. In seinen steinharten Samenkapseln, die einen Durchmesser von 10–15, manchmal sogar bis 30 Zentimeter erreichen, sind 15–30 Nüsse eingeschlossen. Nüsse und Samenkapsel können zusammen bis zu drei Kilogramm wiegen. Da sich die Kapseln 30 und mehr Meter über dem Erdboden in der Krone des Baums entwickeln, schlagen sie beim Sturz mit verheerender Gewalt auf dem Boden auf. In seinem Buch *Edible Nuts of the World* (Eßbare Nüsse der Welt) berichtet Edwin A. Menninger, daß die Samenkapseln »äußerst gefährliche Geschosse [seien]. Jahr für Jahr hört man von Castanhieros [die Indianer oder Wanderarbeiter, die diese Nüsse im brasilianischen Urwald sammeln], die durch die herabfallenden Früchte [besser: Samenkapseln] erschlagen oder schwer verletzt wurden. Die Nüssesammler halten sich meist von den Bäumen fern, wenn es windig oder regnerisch ist, machmal tragen sie jedoch bei der Arbeit einen runden Holzschild über dem Kopf, um herabfallende Kapseln abzuwehren. Insgesamt gesehen ist die Paranuß-Sammelwirtschaft, die im schwülen tropischen Regenwald Amazoniens betrieben wird, mit ihren umherziehenden Sammlern, die die Nüsse an Händler auf schnaufenden Dampfbooten oder in winzigen Urwaldfaktoreien verkaufen, ein interessanter und erfreulicher Kontrast zu der mechanisierten, nach wissenschaftlichen Regeln betriebenen Landwirtschaft bei uns.«

In La Selva gibt es keine Paranußbäume, dafür aber den Topffruchtbaum *(Lecythis ampla).* Beide Baumarten gehören zur gleichen Familie, den Lecythidaceen, die wegen ihrer großen Samenkapseln und schmackhaften Nüsse bekannt sind. Nur Paranüsse werden bislang in genügend großen Mengen geerntet, um wirtschaftlich interessant zu sein. Nach Menninger hat jedoch der Topffruchtbaum Nüsse »von delikatem Geschmack, nach Ansicht mancher sogar die besten Nüsse, die man kennt«.

Anders als die Paranüsse werden die Sapucaianüsse, die auf dem Topffruchtbaum wachsen, meist von den Tieren des Kronenraums geerntet. Topffruchtbäume sind in La Selva selten, trotzdem bilden sie mit den Dutzenden am Fuß des Baums verstreuten Samenkapseln, die an Urnen einer alten Kultur erinnern, auffällige Orientierungspunkte im Wald. Sie stehen den Paranußbäumen in der Größe nicht nach; ihre Kapseln sind zum Teil größer als Bowlingkugeln und wiegen bis zu fünf Kilogramm. Wenn die Kapseln herabstürzen, dröhnt und bebt der Erdboden; selbst unerschütterlichen Menschen kann es dabei angst und bange werden.

Zuerst war mit das Schaukeln und Schwingen beim Klettern unangenehm, denn ich war noch immer in erster Linie ein auf dem Erdboden lebendes Herrentier. Mein Leben einem Kletterseil anzuvertrauen, das nicht dicker als mein kleiner Finger war, schien mir sehr unvernünftig. Obwohl das Seil eine Tragfähigkeit von 1000 Kilogramm besaß, würde seine Festigkeit mit jeder unvorhergesehenen Belastung schnell abnehmen. Schreckliche Gedanken begannen mich zu quälen; sie kommen mir heute lächerlich vor. Ich wurde beispielsweise von der Vorstellung erschreckt, eine Reihe von Tieren könnte von dem Salz, das meine schweißnassen Hände an dem Seil hinterließen, angelockt werden und das Seil zernagen. Vielleicht könnte ein Affe in einem Geistesblitz erkennen, was das Seil bedeutete, und es zerreißen, um Störenfrieden den Weg in sein Heim im Kronenraum zu versperren. Vielleicht würde sich aber auch nur ein Knoten lösen ... Da ich all diese Möglichkeiten nicht überprüfen konnte, nahmen sie in meinen Überlegungen allmählich einen immer größeren Raum ein.

Nach einer Stunde tauchte der erste Ast des Almendrobaums über mir in greifbarer Nähe auf, und ich sah mich mit zunehmendem Tempo auf diesen »festen Boden« zusteuern. Keuchend und schweißtriefend erreichte ich den Ast, der einen Durchmesser von etwa einem Meter besaß. Es war eine Wohltat, dort angelangt zu sein, und nach einer nur kurzen Inspektion ließ ich mich in dem phantastischen Garten aus großblättrigen Pflanzen, Orchideen, Anthurien und Bromelien bequem nieder. Die Anordnung der Pflanzen in ihm schien mir so wohl »durchdacht« wie die in einem Zen-Garten.

Trotzdem war hier etwas nicht in Ordnung. Von den Blättern in der Nähe meines Hosenbodens war ein sonderbares Geräusch zu hören, das wie das Getrippel zahlloser winziger Füße klang. Ameisen liefen dort umher, so wie Ameisen es tun, wenn sie wütend sind, denn ich zerdrückte ihr Nest. Sie schnappten energisch mit ihren einzigartigen, durch Federn gespannten Kiefern nach den Blättern. Ihre einfachen Laute waren nicht so hoch entwickelt wie die der *Paraponera,* aber die Botschaft war dieselbe. Ich sprang deshalb auf und setzte meinen Weg am Ast entlang fort, der von einer dicken Moosschicht bedeckt war – ein schöner, natürlicher Flauschteppich. Er endete an einem aufwärts gerichteten Ast, der den gleichen Umfang wie meine Taille hatte. Ich rutschte auf dem Teppich zu diesem Ast hin, vorbei an vielen Pflanzenarten, die ich nicht kannte, ließ mich auf einem einladenden Moospolster nieder und lehnte den Rücken gegen den aufrecht stehenden Ast. Mein Platz war so bequem wie ein Lehnstuhl; endlich hatte ich den oberen Kronenraum erreicht und konnte diesen freudigen Augenblick genießen.

Niemand hatte diese Wildnis zuvor gesehen; sie war bisher vom menschlichen Fortschritt, von seinen Zigarettenkippen, Flaschenkorken und anderem Abfall verschont geblieben. Auf unserem ganzen Planeten, von den Ozeanen bis zu den höchsten Gebirgen, gab es keine ursprünglichere Szenerie. Kein Foto kann die Schönheit dieses berauschenden Ortes wiedergeben: die flüchtigen Bilder und Düfte, die Abgründe mit Blätterkaskaden, die im Luftmeer treibenden Inseln schöner Pflanzen. Die luftigen Gärten erinnerten mich ein wenig an die Klippen und Felswände in der kalifornischen Sierra Nevada, an denen bestimmte Varietäten von Wildblumen, Sträuchern und Nadelhölzern wuchsen. Im Laufe von Jahrtausenden sammelt sich an nackten Felswänden an bestimmten Stellen genügend Feinerde, in der Pflanzen wurzeln können. Gemessen am Alter dieser Felswände sind die Bäume der Tropen kurzlebige Gebilde, und es erscheint uns unwahrscheinlich, daß sich auf den gewölbten Oberflächen der Äste besondere Lebensgemeinschaften entwickeln können – gerade, wenn man selber in den gemäßigten Klimazonen der Nordhalbkugel lebt. Auf unseren Bäumen wachsen nur Moose, Flechten, Pilze, Algen und Farne, im allgemeinen auch nur wenige dieser Pflanzen, wenn man einmal von einzelnen Regionen wie der Halbinsel Olympic im US-Bundesstaat Washington absieht. Die Bartflechten-Tillandsie ist eine Epiphyte, die den Weg in den Süden der USA gefunden hat. Sie wird dort auch Spanisches Moos genannt, ist jedoch in Wirklichkeit kein Moos, sondern eine Kolonie winziger Ananasgewächse, die miteinander zu langen, herabhängenden Ketten verknüpft sind.

Den frühen Entdeckern waren Epiphyten so fremd, daß sie sie überhaupt nicht als selbständige Pflanzen erkannten. Christoph Kolumbus mag zwar der erste gewesen sein, der über den merkwürdigen Anblick epiphytengeschmückter Äste berichtete, er hielt sie jedoch irrtümlich für Teile des tragenden Baumes. Eugene Murray-Aaron schreibt in *The Butterfly Hunters* (Die Schmetterlingsjäger): »... viele von ihnen hatten ganz unterschiedliche Äste, obwohl sie aus demselben Stamm wuchsen; ein Ast ist von dieser Art, der andere wiederum von einer ganz anderen. Die Äste sind so unterschiedlich, daß die Mannigfaltigkeit der Arten das größte Wunder auf Erden ist; ein Ast hatte zum Beispiel Blätter wie jene des Zuckerrohrs und ein anderer wie jene des Mastixstrauchs; auf diese Weise gab es in einem einzigen Baum fünf oder sechs verschiedene Arten.«

Man sollte mit Kolumbus nicht zu hart ins Gericht gehen, denn zu jener Zeit gab es über die Pflanzen- und Tierwelt noch viele kuriose Vorstellungen: Gänse wurden aus Entenmuscheln ausgebrütet, Frösche entstanden aus Schlamm, Mist verwandelte sich in Fliegen, und ferne Länder wurden von Monstern bevölkert.

Die Annahme, der Baum bestünde aus mehreren verschiedenen Arten, gehört noch zu den glaubhafteren Thesen jener Zeit. Übrigens läßt man sich auch heute von den Epiphyten gelegentlich noch in die Irre führen, denn sie sitzen manchmal so dicht auf den Bäumen, daß man nur mit Mühe erkennen kann, welche Blätter eigentlich zum Wirtsbaum gehören.

William Beebe, ein berühmter Naturforscher (1877–1962), war der erste, der zu Beginn unseres Jahrhunderts die Bedeutung der Baumkronen des tropischen Regenwalds als Brennpunkte des irdischen Lebens beschrieb:

»Der Urwaldkern war das Herz der tropischen Tier- und Pflanzenwelt. Mit den Höhenmaßstäben des Urwalds gemessen, konnte ich mich hier nicht mehr länger ebenbürtig fühlen. Ich mußte die Bewohner dieses schwebenden Kosmos mit dem Fernglas oder dem Gewehr studieren und mir dabei den Hals schmerzhaft verrenken. Hier fand ich die großen Tauben, die Sägeracken, die Glanzvögel, Trogons ..., die sangen, balzten, Nester bauten und ihre Jungen fütterten ..., die großen Baumfrösche, die in die Höhe kletterten, und die Faultiere, die von ihrer Geburt bis zu dem Augenblick, an dem sie die Harpyie [ein großer Greifvogel] schlug, träge dahinvegetierten. Orchideen, Epiphyten und Lianen tobten sich förmlich aus, und unbekannte Gewächse warfen eine Myriade von Lotfäden aus, eine Seilerei von Luftwurzeln; bevor sie den Erdboden erreichten, waren sie Fäden, wandelten sich dann in Schnüre, Seile, Leinen und schließlich Taue um. Es war das große Lebenszentrum der südamerikanischen Urwälder, eine vibrierende Zone mit Myriaden von Lebewesen, die auf halbem Weg zwischen Himmel und Erde schwebten ...«

Beim Anblick eines Urwalds fragt man sich vielleicht, woran es liegen mag, daß in den Tropen bestimmte Regionen so dicht bewaldet sind, und weshalb es dort in den Baumkronen ein so reges Leben gibt. Wenn man die Ursachen genauer untersucht, dann stößt man auf zwei Erscheinungen, die dafür ausschlaggebend sind. Alle üppig gedeihenden Lebensgemeinschaften des Kronenraums sind an ein warmes Klima gebunden, und alle haben hohe, gleichmäßig über das Jahr verteilte Niederschläge und/oder liegen in der Wolkenzone tropischer Gebirge. Wie wichtig die gleichmäßig hohe Feuchtigkeit ist, erkennt man daran, daß in einigen tropischen Waldgebieten, die im Jahresdurchschnitt rund 3500 mm Niederschlag erhalten, aber eine ausgeprägte Trockenzeit aufweisen, artenreichere Kronenraum-Lebensgemeinschaften fehlen. In La Selva gibt es keine ausgeprägte Trockenzeit; unter dem gleichmäßigen, feuchtwarmen Klima hat sich dort im Kronenraum eine der schönsten Lebensgemeinschaften der Erde entwickelt. Neben den Regenwäldern im Tiefland haben auch die tropischen Wolkenwälder an den Luvseiten der Gebirge hervorragend entwickelte Kronenraum-Lebensgemeinschaften. Die feuchten Luftmassen, die an den Gebirgsflanken aufsteigen und Wolken bilden, geben hier ihren Wassergehalt als Sprühregen und nässenden Nebel an die Pflanzen- und Tierwelt ab.

Die klimatischen Folgen der Entwaldung weiter Landstriche in den feuchten Tropen bilden vermutlich die größte Gefahr für bestimmte Lebensgemeinschaften im Kronenraum des Urwalds. Im Amazonastiefland stammen zum Beispiel bis zu Dreiviertel des jährlichen Niederschlags von dem Wasser, das die Pflanzen verdunsten – und Bäume haben als besonders durstige Pflanzen daran den größten Anteil. Falls immer noch mehr Bäume gefällt werden, wird der natürliche Wasserkreislauf, der den inneren Tropen die reichen Niederschläge beschert, irgendwann einmal unterbrochen sein. Das wird dazu führen, daß durch längere Dürrezeiten die empfindlichen Lebensgemeinschaften des Kronenraums und alle Pflanzen, die viel Feuchtigkeit brauchen, vernichtet werden.

Die meisten Epiphyten unterscheiden sich deutlich von den Pflanzen, die im Erdboden wurzeln. Sie können anscheinend ohne erkennbare Nährstoff- und Wasservorräte auf den Ästen überleben. Die anspruchslosesten Epiphyten sind die sogenannten atmosphärischen Epiphyten oder Luftpflanzen: Ihnen genügen die winzigen Staub- und Salzmengen, die im Regenwasser gelöst sind, als Nährstoffe. Dazu kommen noch die geringen Nährstoffe, die vom Regenwasser von den Oberflächen der Baumrinde gewaschen werden. Von den Luftpflanzen sind zum Beispiel die Flechten, die Orchideen und die Ananasgewächse weit verbreitet. Luftpflanzen siedeln sich als erste auf nackten Ästen an; die Hartgesottensten aus dieser Pflanzengruppe

Eine Sägeracke mit einer erbeuteten Laubheuschrecke

dringen bis in die höchsten Baumwipfel vor, wo das Klima des Kronenraums am trockensten und heißesten ist. Für die Existenz der Luftpflanzen ist entscheidend, daß sie Wasser aus der feuchten Luft aufnehmen können.

Die in luftiger Höhe auf den Urwaldriesen angesiedelten Pflanzen – wie zum Beispiel bestimmte Ananasgewächse – sind bei ihrer Suche nach Wasser und Nährstoffen auf einen ungewöhnlichen Ausweg gestoßen: Ihre Blätter überschneiden sich im unteren Teil und bilden so wasserdichte Trichter. Die langen, nach außen gewölbten Blätter breiten sich in weitem Umkreis um die Pflanze aus und dienen als Regenrinnen, mit denen die Pflanze den Regen auffängt und in ihrer eigenen »Zisterne« speichert.

Gleich neben mir auf dem Ast des Almendrobaums wuchs eine der größten Bromelien des Urwalds. Ihre mit scharfen Dornen besetzten Blätter bedeckten einen Kreis, der fast zwei Meter Durchmesser hatte. Ich zog vorsichtig an einem der Blätter, um die »Zisterne« zu untersuchen, und schreckte damit einige ihrer Bewohner auf. Eine braune, über sieben Zentimeter lange Laubheuschrecke hüpfte ziellos zwischen den Blättern hin und her; ihre kräftigen hinteren Sprungbeine rutschten auf den glasigen Blattoberflächen immer wieder ab. Der Laubheuschrecke folgten mehrere ihrer Verwandten, und in einem heillosen Chaos versuchten alle zu fliehen. Nach einer Minute waren sie alle in Freiheit – bis auf eine, die ich in einen Probenbeutel sperrte.

Die Deckflügel der Laubheuschrecke hatten die Farbe von verwelkten Blättern – eine häufige Tarntracht – mit einigen auffällig schwarzen Flecken, die vermoderte Teile des Blatts nachahmten. Es war eine stämmige, oder wie die Insektenkundler sagen, eine robuste Kreatur. Nach meiner Rückkehr aus dem Urwald verlegte ich die Probe im *Los Angeles County Museum of Natural History* und fand sie nicht wieder. In der Hoffnung, die Laubheuschrecke doch noch zu finden, durchsuchte ich die umfangreiche Sammlung, entdeckte aber nur, daß sie keiner der dort versammelten Heuschrecken ähnelte. Bis zum heutigen Tag frage ich mich, ob die Laubheuschrecke mit dem Gemälde auf den Flügeln vielleicht eine unbekannte Art war.

In den »Zisternen« der Bromelien findet man nicht nur Laubheuschrecken. Ihre größten Bewohner sind Frösche, die zusammen mit ihren Kaulquappen in den Wasserspeichern hausen und sich von kleineren Lebewesen wie Mücken-, Fliegen- und Käferlarven sowie Algen und Mikroorganismen ernähren. Libellen legen ihre Eier in den Bromelienteichen ab. In trockeneren Regionen enthalten die Trichter eine Vielzahl von Käferlarven, Spinnen, Wanzen, Schabeneiern und erwachsenen Schaben, Afterskorpionen und sogar Regenwürmern. Für die Bromelie sind diese Untermieter nützlich, denn sie bringen mit ihren Exkrementen und – wenn sie sterben –

ihren Körpern Nährstoffe in die Zisterne. Bromelien haben spezielle Blattporen, mit denen sie die Nährstoffe aufnehmen können. Bei anderen Pflanzen fehlen derartige Poren.

Es erscheint vielleicht paradox, daß sich die Bromelie mit spitzen Dornen schützen mußte; möglicherweise waren die Dornen jedoch zur Abwehr von hungrigen Wickelbären entstanden, oder es hatte sich als notwendig erwiesen, die Lebensgemeinschaften in den Zisternen vor einer Reihe von Insektenfressern zu schützen; schließlich würde es einer Bromelie nur schaden, wenn Tiere über ihre Blätter herfallen und in ihrer Zisterne herumwühlen würden, um an die delikaten Bewohner zu gelangen.

Es gibt noch einen weiteren möglichen Grund für die Entwicklung der Dornen: Große Bromelien enthalten bis zu vier oder fünf Liter Wasser, kostbares Wasser, das sie brauchen, um Dürrezeiten zu überstehen, und die Dornen sollen wahrscheinlich durstige Vögel und auf Bäumen lebende Säugetiere abschrecken.

Wasserspeichernde Ananasgewächse gehören zu den erfolgreichsten Epiphyten der Neuen Welt. Sie können auf den Bäumen dichte, undurchdringliche Dickichte bilden, die mit ihren gespeicherten Wassermassen gewissermaßen »Baumkronensümpfe« darstellen. Das gespeicherte Wasser lastet schwer auf den Bäumen, und es kann vorkommen, daß Äste unter der Last einer Bromelienkolonie brechen. Meiner Ansicht nach ist es jedoch äußerst unwahrscheinlich, daß Bromelien bei der großen Zahl von Bäumen, die alljährlich in La Selva umstürzen, eine wichtige Rolle spielen.

Auf den ersten Blick erinnerten mich die Bromelien, die die Äste des Almendrobaums schmückten, an Wüstenpflanzen. Sie hatten kräftige, sukkulente (fleischige) Stengel und Blätter – nicht ohne Grund, denn ein dickes Pflanzengewebe ist ideal, um Wasser zu horten. Auch Kakteen ist es deshalb gelungen, sich im Kronenraum niederzulassen, denn sie sind ebenfalls ausgezeichnet an Dürrezeiten angepaßt.

Die Ähnlichkeit zwischen Wüstenpflanzen und den Gewächsen im Kronenraum ist nur äußerlich. Die Äste im Urwald können zwischen zwei Regengüssen so trocken wie ein ausgedörrter Wüstenboden sein; im Gegensatz zur trockenen Wüstenluft ist die Luft im Kronenraum indes ein wahrer Ozean aus Wasserdampf, den die Pflanzen der oberen Urwaldstockwerke zur Wasserversorgung direkt anzapfen können. An kühlen Morgenden ziehen überall Dunst- und Nebelschwaden durch den Wald. Epiphyten nehmen die Feuchtigkeit schnell durch die Spaltöffnungen in der Blatthaut auf. Außerdem fallen Tautropfen in das Wurzelgeflecht und die Humusschicht, die einen großen Teil der Astoberflächen bedecken. Epiphyten sind exotische Schwächlinge, Treibhauspflanzen, die nur im feuchtesten Klima der Erde überleben können. Wenn man sie von ihren warmen, feuchten Standorten in die trockene Luft einer echten Wüste bringt, gehen sie schnell ein.

Der Gedanke, wieder ans Seil zurückzukehren und den Schritt ins Leere zu wagen, verunsicherte mich etwas, und ich ließ mir noch einmal alle möglichen Gefahren durch den Kopf gehen – das sollte ich noch des öfteren in den ersten Jahren meiner Arbeit im Kronenraum tun. Als ich endlich den Schritt vom Ast des Almendrobaums wagte, begann ich sofort zu fallen und fürchtete schon, das Seil wäre gerissen. Ich griff nach dem Ast, riß beim Fallen mit den Fingern tiefe Rillen in das Moospolster, stürzte ein oder zwei Meter hinunter – und wurde dann mit einem Ruck vom Seil aufgefangen. Es hatte sich unter meinem Gewicht nur gedehnt und nachgegeben, bis es wieder straff war.

Die Baumkrone, die sich vollständig im oberen Kronenraum befand, hatte ihre eigenen Schichten von Tier- und Pflanzengemeinschaften: Auf den unteren, recht dicken Ästen wuchsen große Epiphyten in umfangreichen Kolonien, während es auf den höheren, dünneren Ästen nur verhältnismäßig wenige Epiphyten anderer Arten gab. Die Humusdecken auf den dünneren Ästen enthielten weniger Feuchtigkeit, und die Äste ragten im allgemeinen näher an den oberen Grenzsaum des Waldes heran. Die Zonen des Mikroklimas innerhalb einer großen Baumkrone sind also im Prinzip ganz ähnlich angeordnet wie die Klimazonen vom Kern des Urwalds zu seine Rändern hin.

Viele Epiphyten verlassen sich bei der Verbreitung ihrer Samen in erster Linie auf den Wind und auf Vögel. Wenn sie auf die Verbreitung durch den Wind setzen, dann müssen sie zahllose kleine Samen erzeugen, wie Farne und Moose, deren winzige Sporen selbst von den schwächsten Luftströmungen an neue Standorte geweht werden. Orchideen, als Epiphyten sehr häufig, haben ebenfalls mikroskopisch kleine Samen. Bei manchen Orchideenarten produziert eine einzelne Pflanze bis zu 3,5 Millionen Samen. Verschiedene Bromelien und andere Pflanzen statten ihre größeren Samenkörnern dagegen – wie unser Löwenzahn – mit Fallschirmen aus, die in der Luft schweben und die Samen zu weit entfernten Ästen tragen. Mikroskopisch kleine Samen enthalten nur wenige Nährstoffe, von denen ein Keimling im Konkurrenzkampf mit anderen Pflanzen zehren könnte. Sie müssen daher auf einer glatten Oberfläche ohne dichten Pflanzenwuchs landen, um sich überhaupt entwickeln zu können.

Dieser kleine Frosch lebt in den Baumkronen

Die Waldluft ist mit diesem »lebenden Staub« buchstäblich gefüllt, und alle Oberflächen sind davon gesprenkelt. Ausrüstungsgegenstände und Seile, die man der Witterung aussetzt, sind nach wenigen Monaten von einer dünnen Schicht winziger Lebewesen überzogen, so wie sich Algen und Muscheln an einem Boot festsetzen, das im Meer vertäut liegt.

Die Samenverbreitung durch Vögel kann vielleicht die beträchtlichen Unterschiede in der Größe der Epiphytenkolonien in den Kronen verschiedener Baumarten erklären. Einige Bäume, wie der Topffruchtbaum oder der Kapokbaum, waren förmlich mit Epiphyten übersät, während ich auf anderen keine einzige Epiphyte fand. Anders als die Verbreitung der Samen durch den Wind ist die Verbreitung durch Vögel

links: *Orchideenblüte im Kronendach*
unten: *Von Moos überzogenes Blatt einer Epiphyte; wie im Meer siedeln sich im Urwald auf allen festen Oberflächen Lebewesen an*

kein Vorgang, der vom Zufall bestimmt wird. Die Vögel der oberen Urwaldstockwerke folgen bei ihrer Suche nach Nahrung mehr oder weniger festgelegten Flugrouten, die Bäume mit ausgewachsenen Epiphyten samt ihren Früchten und schmackhaften Bewohnern berühren. Bäume, die für Vögel weniger anziehend sind, werden viel langsamer besiedelt, es sei denn, sie liegen unmittelbar an den Flugrouten.

Indem die Epiphyten in beträchtlichem Umfang die für einen Wald lebensnotwendigen Vorräte an organischen Stoffen ergänzen, sind sie für das Ökosystem Wald von unschätzbarem Wert. Die von ihnen gespeicherten Nährstoffe finden schließlich ihren Weg zu allen Urwaldbäumen. Man könnte annehmen, daß, bevor ein Baum von diesen Nährstoffen profitieren könnte, diese erst vom Regen in den Erdboden gewaschen werden müßten. Das wäre aber nur richtig, wenn ein Baum bloß im Erdboden wurzeln würde. Auf diesem Gebiet machen die Wissenschaftler zur Zeit allerdings gerade wahrhaft aufsehenerregende Entdeckungen. Nalini Nadkarni von der University of California in Santa Barbara fand heraus, daß verschiedene Bäume nicht in das übliche Schema passen: Sie haben zwar – wie alle Bäume – Wurzeln im Erdboden, zusätzlich aber noch »Kronenwurzeln«, die aus ihren Ästen wachsen. Diese Wurzeln streben nicht – wie die Luftwurzeln vieler tropischer Baumarten – auf kürzestem Weg zum Erdboden, sondern winden sich auf der Suche nach Humusflecken an den Ästen entlang. Die Humuserde entsteht aus dem organischen Abfall, der sich in den zum Teil dezimeterdicken Wurzelgeflechten der Epiphyten ansammelt und dort vermodert. So zahlen die Epiphyten in Form von Nährstoffen gewissermaßen Miete für ihren Platz auf den Ästen – und Nährstoffe sind überall im Wald sehr knapp und wertvoll.

In etwa 30 Meter Höhe, was der Größe eines zehnstöckigen Gebäudes entspricht, fiel plötzlich heller Sonnenschein durch das Kronendach, und ich konnte weit entfernte Baumwipfel und gaukelnde Schmetterlinge erkennen. Jetzt hatte ich den oberen Kronenraum hinter mir gelassen und war in die höchste Etage des Waldes gestiegen. Sie bestand fast ausschließlich aus den gewaltigen Kronen von Riesenbäumen, die aus dem geschlossenen Kronendach herausragten. Aus der luftigen Krone meines Almendrobaums erkannte ich Vögel, die mehrere 100 Meter entfernt waren. Die Sonne, die mir unten am Urwaldboden nur wie ein ferner Stern vorgekommen war, verbrannte das Kronendach mit ihren sengenden Strahlen. Tropische Vögel »bemalten« den Wald mit flüchtigen Tupfern der Regenbogenfarben. In dieser abgeschlossenen Welt lebte eine Schar von Tieren, die sich geschickt an den luftigen Lebensraum angepaßt hatte.

Die spärlich von Epiphyten besiedelte Krone des Almendrobaums wurde von den zartorangefarbenen

Blüten einer widerstandsfähigen Orchideen-Epiphyte und Zehntausenden seiner eigenen Blüten geschmückt. Ein betäubender Duft erfüllte die Luft. Unterhalb der Krone drängten sich die Baumwipfel wie unterschiedlich große Kohlköpfe in einem verwilderten Gemüsegarten aneinander. Das wellige, grüne Kronendach war bis hinüber zur Cordillera Central, dem gebirgigen Rückgrat Mittelamerikas, mit dem prächtigen Rosa der Almendroblüten übersät. Aus den grünen Urwaldbergen ragten in der Ferne die Vulkane Barba und Poas majestätisch empor.

Mein Ziel lag in etwa 42 Meter Höhe. Je näher ich dieser Marke kam, um so stärker wurde ein sonderbares Gefühl in mir. Obwohl ich ein Fremder im Kronenraum war, kam es mir doch so vor, als ob ich schon einmal dort oben gewesen wäre, was mich sehr verwirrte. Für dieses Gefühl gibt es gewiß viele einleuchtende Erklärungen, dennoch frage ich mich, ob unser Gehirn nicht als Relikt bestimmte Nervenstränge enthält, die mit den verschiedenen Sinneszentren verbunden sind und die besondere Aufgabe haben, Informationen über Lebensräume in Bäumen zu verarbeiten. Vielleicht waren diese Nervenrelikte durch den Aufstieg angeregt worden und bescherten mir nun dieses Déjà-vu-Erlebnis. Ich habe schon erwähnt, daß sich unsere Herkunft von baumbewohnenden Säugetieren bei vielen Organen des Menschen sowohl in der Funktion als auch in den äußeren Merkmalen zeigt: Hände und Daumen sind so konstruiert, daß man mit ihnen klettern, nach Ästen greifen, Insekten erbeuten und Nahrung suchen kann; die verlängerten Körperglieder dienen ebenso dem Leben und der Fortbewegung in einem dreidimensionalen Raum, in dem es feste Punkte, auf die man treten und an denen man sich festhalten kann, nicht nur unter den Füßen, sondern auch über dem Kopf und seitwärts gibt; das dreidimensionale Farbensehen bildet zudem ein präzises System, um genießbare Pflanzen und Tiere zu erkennen und den Weg über schwache Äste zu begutachten; schließlich liefert das vergrößerte Gehirn den »Computer« samt der notwendigen Software, die man für das Leben in dieser komplizierten Umwelt in luftiger Höhe braucht. Dies war die Grundlage der menschlichen Existenz. Wieso sollte unser Gehirn dazu nicht noch einige funktionierende Elemente aus grauer Vorzeit enthalten?

Ich kletterte auf einen kräftigen, schmalen Ast, auf dem ich viele Stunden verbringen wollte. Auf einem kleinen Ast zu hocken ist ungefähr so bequem, wie rittlings auf einem Balken zu sitzen. Ich war deshalb froh, daß ich meine Hängematte an dem Ast befestigen konnte. Sie bestand aus leichtem, reißfestem Nylongewebe, war zum Schutz vor rauhem Wetter wie ein Zelt konstruiert und alles andere als einfach zu befestigen; man konnte bei dieser Arbeit das Fürchten lernen. Als ich auf den Ast kroch, begann er zu schwingen und hätte mich beinahe abgeworfen. Ich wäre zwar von meiner Sicherheitsleine aufgefangen, dafür aber anschließend mit roher Gewalt gegen den Stamm geschleudert worden. Es dauerte eine Stunde, bis die Halteseile des Hängemattenzeltes befestigt waren. Weil es in der Nähe nicht genügend Äste gab, an denen das Regendach einen ordentlichen Halt finden konnte, bastelte ich dafür einen Rahmen aus Bambusrohr. Unabhängig davon sicherte ich das Regendach durch Spannschnüre an benachbarten Ästen. Wenn alles gutging, würden die Schnüre das Regendach über der Hängematte halten, und ich blieb trocken. Gegen 9 Uhr morgens hatte ich diese Arbeit erledigt. Die Befestigung war sowohl physisch wie psychisch anstrengend gewesen. Ich legte mich daher erleichtert, gleichzeitig aber auch beunruhigt in meine Hängematte; der Gedanke an die 42 Meter Luft unter mir ließ mich nicht los.

Während der Vorbereitungsphase hatte ich die Baumkrone beobachtet und auf das Summen von Bienen gelauscht. In der Hängematte hielt ich weiter nach Bienen Ausschau, allerdings mit wenig Erfolg, denn es waren nur wenige zu sehen. Nachdem ich so stundenlang in der Hängematte gelegen, meine Umgebung mit Augen und Ohren beobachtet und in den Tag hinein geträumt hatte, wurde ich schließlich mit einem eigenartigen Anblick belohnt. Es sah wie ein kleines, gelbes ferngesteuertes Flugzeug aus, das in einer Linkskurve um die Baumkrone steuerte und direkt auf mich zuflog. Das Flugzeug war in Wirklichkeit ein Käfer mit einem Paar leuchtendgelber Deckflügel, die sich nicht bewegten, sondern nur der Aerodynamik dienten, und blitzschnell schlagenden Hinterflügeln, die den Käfer wie Propeller vorantrieben. Später fand ich heraus, daß dieses bemerkenswerte Tier ein *Euchroma gigantea,* der größte in Holz bohrende Prachtkäfer der Neuen Welt war.

Gegen Mittag begann sich das Wetter zu ändern. Von der Karibikküste her zogen gewaltige Amboßwolken übers Land. Ich dachte daran, zum Erdboden hinunterzusteigen, blieb dann aber doch, weil ich die Tiere sehen wollte, die die Blüten im Kronenraum bestäuben. Sie würden wahrscheinlich am Nachmittag oder gar erst am Abend auftauchen. Damals wußte ich noch nicht, daß ab Mitte Juli Bienen im Kronenraum selten sind, selbst wenn es dort in

Blick auf die Beobachtungsplattform; darunter ein Forscher, der sich zum Waldboden hinunterläßt

Hülle und Fülle Blüten gibt, die die fleißigen Insekten anlocken. (Wäre ich in den ersten Monaten des Jahres aufgestiegen, hätte das Summen von mehreren Dutzend, zum Teil sehr seltenen und unbekannten Bienenarten die Baumkrone erfüllt.) Ich überprüfte also das Regendach, in der Hoffnung, daß die Hängematte meine Erwartungen erfüllen würde. Dann lehnte ich mich entspannt zurück und stärkte mich mit Fruchtsaft und einem Sandwich aus dem Rucksack.

Als das Gewitter näher kam, begann ich daran zu zweifeln, ob es richtig gewesen war, auf dem Baum zu bleiben. Die heranziehende Wolke beeindruckte mich sehr. Sie bedeckte ein Areal von rund 250 Quadratkilometern und zog langsam über das Tiefland hinweg. Dabei saugte sie begierig die heiße Luft auf, die durch den feuchten Atem des Urwalds mit Wasserdampf gesättigt war, ließ die feuchten Luftmassen in ihrem Innern Tausende von Metern bis in Höhen aufsteigen, in denen sich die Luft abkühlte und der Wasserdampf zu Wolkentröpfchen kondensierte.

Das drohende Gewitter störte die friedliche Stille des Kronenreichs. Es verhüllte bereits die Wälder im Osten mit einer grauen Regenwand. Der Sturm, der das Gewitter begleitete, hörte sich wie ein riesiger Wasserfall an. Luftwirbel zerrten am Kronendach und peitschten die Bäume auf einem benachbarten Bergrücken. Ich machte mir Mut, während die Gewitterfront in Windeseile näherkam, um den Almendrobaum zu verschlingen.

Als die Sturmböen den Baum trafen, flatterte die Hängematte wie eine Fahne bei einer steifen Brise. Ich lag angespannt und ohne Bewegung in ihr, nur meine Augen musterten eifrig die Umgebung. Der Baum erbebte unter dem Ansturm der Böen. Sein monolithischer Stamm, der mir soeben noch unerschütterlich und unbeugsam vorgekommen war, neigte sich im Sturm. Jetzt interessierte ich mich brennend für ein Phänomen, das ich bis dahin zu ignorieren versucht hatte: Der Baumstamm war nicht senkrecht zum Kronendach hinaufgewachsen, sondern folgte mehr oder weniger einem Kurs, der abgesteckt worden war, als sich der junge Baum eine Lücke im Dach gesucht hatte. Er wirkte wie ein Betrunkener, der sich weit nach vorn lehnte und fast das Gleichgewicht verlor. Jedesmal, wenn sich die massive Säule stärker neigte, dachte ich, gleich würde sie entwurzelt. Schwächere Äste, etwa bis zur Stärke meiner Oberschenkel, peitschten trotzig in den brandenden Luftströmungen. Zwischen den Sturmböen gab es kurze Pausen, in denen der Wind abflaute und ich – dankbar, daß der Baum noch stand – meine Sinne sammeln konnte. Das wilde Gerüttel, bei dem schwächliche Baumbewohner herabgeschüttelt wurden, war indes nur das »trockene« Vorspiel des Gewittersturms.

Die ersten Böen erschienen mir endlos; sie konnten jedoch nur ein paar Minuten gedauert haben, dann fing es an wie aus Kübeln zu regnen, und die Luft war mit Gischt erfüllt.

Ich hatte schon lange jede Hoffnung aufgegeben, trocken zu bleiben, und ließ die Regenschauer, die in meine Hängematte prasselten, resignierend über mich ergehen. Die Lage spitzte sich allerdings merklich zu, als eine Reihe schwerer Sturmböen einige Spannschnüre losrissen. Das Regendach zerrte und flatterte wie ein Papierdrachen nach oben, und das Regenwasser stürzte wie ein Wildbach direkt in die Hängematte. Innerhalb von wenigen Sekunden hatte sich in ihr mehr Wasser als in einer ganzen Bromelienkolonie angesammelt. Der Wasserspiegel stieg rasch bis über meinen Bauch.

Tropische Regengüsse sind im Gegensatz zur landläufigen Meinung nicht warm; ich fühlte mich in meinem im Kronenraum schwebenden Teich wie in einem Eisbad. Aus Angst, daß der Ast unter dem Gewicht der Wassermassen, die sich in der Hängematte ansammelten, abbrechen würde, stach ich Abflußlöcher in das wasserdichte Nylongewebe. Sie reichten allerdings nicht aus, um das zuströmende Wasser abzuleiten; ich wagte auch nicht, die Löcher zu vergrößern, denn dadurch wäre vielleicht die Hängematte zerrissen. Ich kletterte deshalb auf den Ast, kippte das Wasser aus und zurrte die Schnüre des Regendachs wieder fest. Dabei stand ich direkt im Wind, und mir wurde in meinen triefend nassen Kleidern noch kälter. Ich zitterte am ganzen Leib; meine Finger wurden bleich und steif, und es war äußerst schwierig, mit ihnen zu arbeiten. Selbst mein Verstand erstarrte in der Kälte.

Mit den ersten Unterkühlungssymptomen stieg ich wieder in die Hängematte und schaute zu, wie der Wasserspiegel in ihr langsam stieg. Ich mußte mich damit abfinden, daß ich den Zustrom nicht bremsen konnte. Unter diesen Umständen würde meine Kleidung keinesfalls vor Einbruch der Nacht trocknen. Da ich die einfachsten Arbeiten kaum noch bewältigen konnte und die Gefahr wuchs, daß mir irgendwann ein dummer Fehler unterlief, gab ich meinen Plan, die Nacht auf dem Baum zu verbringen, widerstrebend auf und bereitete mich auf den Abstieg vor.

Mir blieben bis zur Rückkehr nach Kalifornien nur noch zwei Tage. Das war zu kurz, um eine Methode zu entwickeln, wie man mit trockener Haut im Kronenraum Camping machen kann. Die weiteren Untersuchungen über die Bestäubung der Blüten im Almendrobaum mußte ich deshalb notgedrungen um ein Jahr verschieben. Ich konnte trotzdem zufrieden nach Kalifornien zurückkehren, denn die Erfahrungen mit meiner Klettertechnik waren für andere Wissenschaftler, die das Leben im Kronenraum untersuchen wollten, zweifellos sehr nützlich.

Der Untergang der Dinosaurier

Die Meere, Küsten, Flüsse, Seen, der Erdboden und der Himmel gehören zu den herausragendsten Lebensräumen unseres Planeten. In ihnen hat die unbelebte Umwelt die Evolution der Lebewesen gelenkt. So ist die tropfenförmige Gestalt eines Fisches von dem Medium bestimmt, in dem es lebt, genauso wie der Boden die Körperform der Maulwürfe geprägt hat, die sich durch die Erde wühlen; offene, flachwellige Prärien haben wiederum Gazellen, Wildpferde und andere Lauftiere mit langen Beinen entstehen lassen. Affen sind dagegen durch das Leben im Kronendach geformt worden, einem Lebensraum, der größtenteils von lebendigen Komponenten bestimmt wird: Baumstämmen, Ästen, Schlingpflanzen und Epiphyten. Dieser besondere Lebensraum unterscheidet sich von allen anderen, denn er ist – genauso wie die Affen, Fische, Gazellen und Wildpferde – selbst das Ergebnis der Evolution.

Die Geschichte dieser »Artenfabrik« ist in mancher Hinsicht mit der Entwicklung der Industrie während der industriellen Revolution zu vergleichen. Die ersten Fabriken waren primitive Fertigungsstätten, die mit der Zeit und dem wachsenden Wissensstand verfeinert wurden und dadurch immer verfeinerte Produkte lieferten. In entsprechender Weise wurde der Kronenraum im Lauf der Evolution immer komplexer, was wiederum die Entwicklung seiner Bewohner zu immer neuen Lebensformen beschleunigt hat.

Eine Fabrik enthält zur Fertigung von – sagen wir – Autos oder Elektronenmikroskopen ein verwirrendes Arsenal von Werkzeugen. Ohne ausreichende Erfahrungen im Umgang mit ihnen wird der Betrieb einer Fabrik völlig unberechenbar. So ist jedoch die Situation im Kronenraum. Seine sämtlichen Produkte sind quasi Endmodelle, deren Vorfahren in der frühen Geschichte des Kronenraumes meist ein Geheimnis bleiben.

Im Sommer 1979 stieß ich auf etwas, das ein Schlüssel zu diesen Geheimnissen sein könnte: Auf einem schlammigen Pfad fand ich ein paar Samen, etwa so groß wie Pekannüsse. Ich hielt sie für die Samen einer altertümlichen Gattung der nacktsamigen Pflanzen (Gymnospermen), die als *Gnetum* bekannt ist und als »Dinosaurier der Pflanzenwelt« auf irgendeine Weise eine der großen Revolutionen der Erdgeschichte überstanden hat. Die Ereignisse dieser unruhigen Epoche, der späten Kreidezeit, sind bei den Biologen seit mehr als einem Jahrhundert ein Streitpunkt. In jener Epoche gingen in großem Maßstab ganze Gruppen von Organismen zugrunde: Die Dinosaurier, die Pterosaurier (Flugsaurier) und die alten Gymnospermen-Wälder verschwanden von der Erde und wurden durch die »fortschrittlicheren« Säugetiere, Vögel und Blütenpflanzen ersetzt.

Ich bat Mike Grayum, einen Experten der *Missouri Botanical Gardens,* den Standort genauer zu untersuchen und die Samen eindeutig zu bestimmen. Informationen über die Geschichte des *Gnetum* könnten Aufschluß über die ökologischen Katastrophen liefern, denen die Dinosaurier zum Opfer fielen (im Kapitel »Die Ökologie einer neuen Welt« werde ich verschiedene Theorien über den Untergang der Dinosaurier erläutern). Nach einem 20minütigen Marsch fanden wir die Samen, und Mike bestätigte mir sofort, daß sie

Wie bei den meisten großen Bäumen des tropischen Regenwalds breiten sich die Äste des Erbsenbaums (Hymenolobium pulcherimum) *erst hoch über dem Erdboden zur Krone aus*

von Gnetum-Pflanzen stammten. Die Gattung *Gnetum* hat große gestreifte Samenkörner und ist vom geschulten Auge eines Tropenbotanikers leicht zu erkennen.

Etliche *Gnetum*-Lianen baumelten seitlich von einem Erbsenbaum *(Hymenolobium pulcherimum)* herab, der mit seinem etwa zwei Meter dikken Stamm weit über das Kronendach hinausragte. Mike schaute sich die Sprosse an und wählte einen aus, der ungefähr den Durchmesser meines Oberschenkels hatte. Er wuchs unten in großen, unregelmäßigen Schlingen, die sich zur Höhe hin streckten und schließlich zwischen den Blättern eines 30 Meter hohen *Pentaclethra*-Baums verschwanden, der rund sieben Stockwerke unter dem Wipfel des Erbsenbaums endete. Eiben und Koniferen waren nacktsamige Pflanzen, die ich kannte; hier gab es nun eine einzigartige Gymnosperme: Sie wuchs als Liane, so groß wie die anderen Lianen im Urwald.

Die untersten Äste des *Hymenolobium* befanden sich etwa 35 bis 40 Meter über dem Erdboden. Das Kletterseil mußte noch weiter oben befestigt werden, fast außerhalb der Reichweite meiner Armbrust. Beim Aufstieg verlief alles ganz normal, bis ich an der oberen Grenze des Kronenraums über der Krone des *Pentaclethra*-Baums auftauchte. Im allgemeinen besitzen die Urwaldriesen Äste, die die niedrigeren Bäume berühren, in diesem Fall sahen die anderen Bäume des Kronenraums an den Flanken des *Hymenolobiums* jedoch bloß wie Büsche aus. Seine Äste ragten anscheinend endlos in den Himmel. Als ich an dem turmhohen Urwaldriesen schwebte, fühlte ich die Gefahr und das Abenteuer so deutlich wie auf keinem anderen Baum.

In 40 Meter Höhe stellte ich fest, daß der noch etwa sechs Meter über mir befindliche Ast, der mein Seil trug, zum Teil verfault war. Ich entschloß mich trotzdem, weiter hinaufzuklettern, denn das konnte kaum gefährlicher sein als der Abstieg. Auf den nächsten sechs Höhenmetern kletterte ich mit äußerster Konzentration und lauschte gespannt auf das fürchterliche Geräusch von splitterndem Holz – doch es blieb aus. Als ich den verfaulten Trageast erreicht hatte, spannte ich das Kletterseil über einen höheren, gesunden Ast und beseitigte damit diese Gefahr.

Für eine Weile nahm ich auf dem verfaulten Ast Platz und ließ das Panorama in einer Mischung aus Freude und Abscheu auf mich wirken. In der einen Richtung war der Urwald anscheinend noch dicht und verhältnismäßig unberührt, in der entgegengesetzten Richtung, nach Puerto Viejo zu, gab es keinen Urwald mehr. La Selva war bis auf eine Seite ringsum von gerodeten Flächen umgeben; es war nur noch eine Frage der Zeit, bis das Weideland auch diese Urwaldinsel verschlingen würde.

Die obersten Äste des *Hymenolobiums* waren von prächtigen *Gnetum*-Lianen umschlungen; ich musterte sie, so wie ein Arzt einen vornehmen, aber unheilbar kranken Patienten anschauen mag. Der Pflanze drohte Gefahr, und ich war ein Teil dieser Gefahr. So wie der Missionar zurückgezogen lebenden Naturvölkern Krankheiten und Elend brachte, brachten die Menschen Abfälle, Flugzeuge, Autos, Häuser, Straßen, Pipelines, Stromleitungen, Abwässer und heimtückische Giftstoffe in diese Welt. Ich war einer der Menschen, die Hamburger verspeisten, deren Hackfleisch von Rindern stammte,

Braunschnabel-Tukan

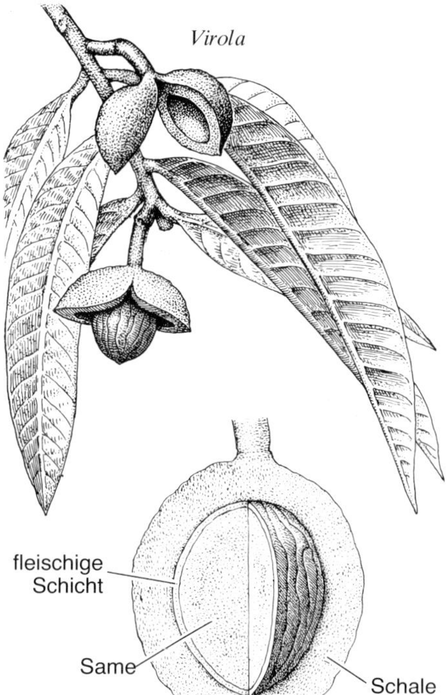

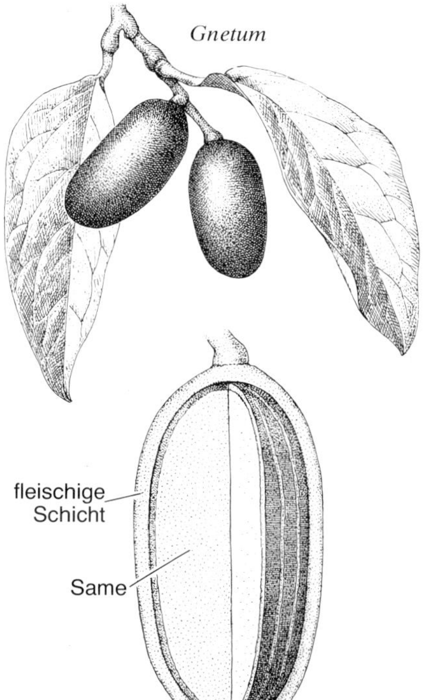

Die Liane Gnetum leyboldii, *eine Vertreterin der Nacktsamer, imitiert bedecktsamige Pflanzen, wie ein Vergleich mit einem Muskatnußgewächs der Gattung* Virola *zeigt. Anders als bei Nacktsamern üblich bildet* Gnetum *um seine Samen eine süße, saftige Fleischschicht aus. Diese Pseudofrucht lockt den Braunschnabel-Tukan an, der auch die* Virola-*Früchte frißt. In seinem muskulösen Kropf trennt er das Fruchtfleisch von den Samen und würgt sie – oft weit von dem nahrungsspendenden Baum entfernt – wieder aus*

die auf Weiden im tropischen Regenwaldgürtel gemästet werden. – Es war unwahrscheinlich, daß die *Gnetum*-Lianen ihrem Schicksal entgingen.

Die Blätter der Liane bewegten sich sanft im lauen Wind, und Sonnenstrahlen tanzten über ihre roten und burgunderfarbenen »Früchte« Pflanzenorgane, die eine erstaunliche Geschichte von einer biologischen Revolution, vom Überleben in einer Periode der Erdgeschichte erzählen, in der zahllose Organismen ausstarben. *Gnetum* ist ein botanisches Rätsel, das abseits der Hauptentwicklungslinien seiner nacktsamigen Vorfahren liegt. Die rätselhafte Pflanze hat ihre Entwicklungsgeschichte über Hunderte von Millionen Jahren im Geheimen durchlaufen, ohne dabei Spuren ihrer Herkunft zu hinterlassen. Ihre Geschichte ist um so mysteriöser, als sich die Gattung *Gnetum* in einer bemerkenswerten Eigenschaft von fast allen anderen Gymnospermen unterscheidet: Ihre Samen sind in einem Fruchtknoten eingeschlossen, was bei einer *nackt*samigen Pflanze eigentlich nicht der Fall sein dürfte.

In verschiedenen botanischen Lehrbüchern wird behauptet, die Früchte des *Gnetum* seien schmackhaft. Ich pflückte mir also eine dunkle, reife Frucht und preßte sie, bis Saft – zu vergleichen mit dem von Trauben – aus dem Fruchtfleisch tropfte. Nach dem Geruch des Saftes zu urteilen, war die Frucht tatsächlich genießbar. Tropische Früchte sind indes vielfach giftig, und ich kostete den Saft deshalb nur vorsichtig. Er schmeckte süß, was mich sogleich davon überzeugte, daß das sonderbare Gewächs – wenn auch nicht botanisch, so aber doch ökologisch gesehen – *Früchte* hatte. Nach Menninger sind die *Gnetum*-Nüsse mit ihrem hohen Stärke- und Energiegehalt »ein äußerst wichtiges Nahrungsmittel der Urwaldstämme« und werden von ihnen gekocht oder geröstet.

Die Früchte des *Gnetum* und ihre rätselhafte Entstehung besitzen eine faszinierende Geschichte, die dazu beitragen kann, das Schicksal der Dinosaurier und das heutige Bild der Urwälder zu erklären. Die Theorie, die Philip Regal im Jahrgang 1978 der Zeitschrift *Science* publiziert hat, handelt weniger vom Untergang der Dinosaurier als vielmehr von der Evolution und explosionsartigen Ausbreitung der Angiospermen oder bedecktsamigen Blütenpflanzen und davon, wie sich durch diese Entwicklung die Hauptnahrungsquelle der Dinosaurier von Grund auf änderte.

Die Blütenpflanzen tauchen als Fossilien etwa in der Epoche auf, in der die Dinosaurier von unserem Planeten verschwanden. Für Charles Darwin, dessen Theorie über die Evolution der Arten zum Teil auf den Funden fossiler Tiere und Pflanzen beruht, war dies ein »abscheuliches Geheimnis«. Die Angiospermen traten in so zahlreichen und bereits weit entwickelten Gruppen auf, daß christliche Fundamentalisten sie als Beweise für die biblische Schöpfungsgeschichte anführten – einem Mythos, der sich bis zu den Keilschriften der ältesten Bewohner Mesopotamiens zurückverfolgen läßt.

Philip Regal erklärte den rätselhaften Erfolg der Angiospermen mit der Entwicklung verschiedener Formen der Zusammenarbeit zwischen Pflanzen auf der einen und Tieren, die Blüten bestäuben und Samen verbreiten, auf der anderen Seite. Mit Hilfe dieser Tiere konnten die Blütenpflanzen in den Tropen gegen die Gymnospermen, Palmfarne, Baumfarne, Samenfarne und Fächerblattpflanzen Boden gewinnen. Diese ökologische Revolution hatte ebenso weitreichende Folgen wie die Idee, Schießpulver mit Gewehrkugeln zu verbinden. Sie spielte sich in einem Milieu ab, das uns zu einem Exkurs in jene Zeit der Erdgeschichte anregt, in der das Leben gerade den ersten Schritt vom Meer auf das feste Land gewagt hatte.

Auf dem endlos langen Weg der Evolution wurde die Tierwelt unseres Planeten durch revolutionäre Neuerungen immer wieder auf neue Bewährungsproben gestellt, bei denen sie sich an ganz unterschiedliche Lebensweisen anpassen mußte. Eine dieser revolutionären Neuerungen war die Entwicklung von Kiefern, die mit Zähnen besetzt waren und dazu dienten, große Beutetiere zu fassen und zu töten. Andere bahnbrechende Erfindungen der Natur waren Beine, Augen, Haut (die den Wasserverlust vermindert) sowie die gesamte Bandbreite von Anpassungsformen, die Meeresorganismen brauchen, um das feste Land zu besiedeln. Nachdem sie das Land erobert hatten, stießen die Wirbeltiere bei ihrer Ausbreitung auf neue Lebensräume und hatten sich ihnen wiederum anzupassen, zuerst die Reptilien, dann als Vögel und Säugetiere, bis sie die Herrscher des Bodens, der Erdschichten, der Luft und des Meeres wurden.

Diese zahllosen Neuerungen wären wohl ohne die Pflanzen nicht notwendig gewesen. Abgesehen davon, daß die Pflanzen die Nahrung erzeugen, von denen die Landtiere leben, bestimmen sie die Bedingungen der Tierevolution und prägen die Gestalt der Tiere, am stärksten natürlich bei Pflanzenfressern. Der Rüssel eines Rüsselkäfers zum Beispiel ist so konstruiert, daß er damit den dicken Mantel durchdringen und an den Samenkern im Innern gelangen kann. Entsprechend reicht der lange Schnabel eines Kolibris tief in eine Blüte hinein, um vom süßen Nektar zu naschen, und die Giraffe hat ihre Körpergestalt ganz an Bäume angepaßt; mit ihrem stammähnlichen langen Hals erreicht sie das Laub von hohen Ästen.

Das Ausmaß, in dem die Evolution der Tiere von den Pflanzen abhängt, wird nur selten einmal richtig eingeschätzt. Loren Eiseley, ein Musterbeispiel eines Naturforschers, ging in seinem Buch *The Immense Journey* (Die unvergleichliche Reise) auf dieses Thema ein:

»... Die Hand, die vor langer Zeit nach dem Stein am Ufer griff, wird irgendwann eine Handvoll Grassamen pflücken und sie eine Weile nachdenklich halten. In diesem Augenblick werden in dem Urahnen des Weizens, in den wenigen Samenkörnern in der schmutzigen Hand, die goldenen Türme des Menschen, seine schwärmenden Millionen und rotierenden Räder, das ungeheure Wissen seiner vollgepfropften Bibliotheken matt aufleuchten. Ohne das Geschenk der Blüten und die unendliche Vielfalt ihrer Früchte wären Menschen und Vögel – wenn sie überhaupt noch existieren sollten – nicht wiederzuerkennen. *Archaeopteryx,* der Echsenvogel, würde noch immer auf den Ästen eines Mammutbaums nach Käfern schnappen; der Mensch wäre noch immer ein nächtlicher Insektenjäger, der im Finstern eine Schabe verschlingt. Das Gewicht eines Blütenblatts hat das Gesicht der Erde verändert und sie zu unserem Planeten gemacht.«

Das Leben auf dem festen Land läßt sich bis zu den ersten primitiven Landpflanzen der ausgehenden Silurzeit vor etwa 425 Millionen Jahren zurückverfolgen. Damals siedelten sich winzige, mit den Algen eng verwandte Pflanzen als Pioniere in den feuchtesten Gebieten an; das ganze übrige Land blieb jedoch kahl. Die Pflanzen waren mit letzter Kraft an Land »gekrochen«. Ihre elastischen Skelette, die an das Leben im Wasser angepaßt waren, sackten an Land unter der Schwerkraft zusammen. Sie blieben stets in der Nähe ihrer feuchten Lebensräume – Meeren, Sümpfen, Flüssen und Strömen –, konnten sich von ihnen auch gar nicht weit entfernen, denn ihre beweglichen Samenzellen brauchten viel Wasser, um zu den reifen Eizellen zu gelangen.

Im frühen Devon (vor rund 400 Millionen Jahren) begannen sich die primitiven Pflanzen mit kräftigen Stengeln und Leitbahnen für Wasser und Nährstoffe gegen die Schwerkraft zur Wehr zu setzen. Jetzt konnten sie auch entgegen der Schwerkraft nach oben wachsen und im hellen Sonnenlicht besser gedeihen. Pflanzen, die nicht so erfinderisch waren und am Erdboden blieben, gerieten in den Schatten und starben möglicherweise an Unterernährung. So begann ein erbitterter Wettkampf um das Sonnenlicht, der unter den grünen Pflanzen immer noch ausgetragen wird. Die primitiven Pflanzen erreichten, gemessen an den langen Zeiträumen der Evolution, rasch Höhen von mehreren Dezimetern. Das bestimmte das Entwicklungstempo für umherrennende Pflanzenfresser und Räuber, die den Pflanzen vom Meer gefolgt waren. Dazu gehörten vor allem landlebende Gliederfüßer wie Skorpione, Spinnen und Hundertfüßer sowie Vorläufer der Insekten.

Der allererste Ansatz zu einem Kronenraum im Devon – gewiß noch ein ziemlich einfach gebauter und nicht sehr hoher Kronenraum – war eine evolutionäre Kraft, die sich sofort auf die Pflanzenfresser auswirkte: Die flügellosen Urinsekten konnten jetzt nicht mehr vom Geruchssinn auf geraden Pfaden zu ihrer Nahrung geführt werden. Um von der Spitze einer Pflanze auf die einer anderen Pflanze zu gelangen, mußten die hungrigen Pflanzenfresser die Zweige bis zum Erdboden hinunterklettern und dann am Stengel der benachbarten Pflanze hochsteigen. War es die falsche, hatten sie unter Umständen große Irrwege in Kauf zu nehmen, bis sie endlich an die richtige Stelle kamen. Diese Arten waren vermutlich die intelligentesten Insekten, denn sie mußten ein Gehirn entwickeln, das sie durch das Labyrinth von Pfaden schnell und sicher zu ihrer Nahrung führte.

Die Pflanzen wuchsen immer mehr in die Höhe und entwickelten sich dabei in verschiedene Richtungen – zu den Bärlappgewächsen, Schachtelhalmen und Farnen. Ihre nahrhaften Sprosse, Blätter und Fortpflanzungsorgane wurden immer höher über den Erdboden verlagert und konnten schließlich von Tieren, die am Boden lebten, nicht mehr erreicht werden. Die Futterstellen an den Enden der Sprosse wuchsen immer weiter auseinander, so wie sich Punkte auf einem Luftballon voneinander entfernen, wenn der Ballon aufgeblasen wird. Im Lauf einer Entwicklung, die zigmillionen Jahre dauerte, lernten die Insekten die Zwischenräume zu überbrücken. Zuerst hüpften sie von einer Futterstelle zur anderen, bald wagten sie aber auch kurze Gleitflüge und verbesserten allmählich ihre Flugkünste. Der damals nur in Ansätzen vorhandene Kronenraum bildete die treibende Kraft bei der Eroberung der unteren Luftschichten durch primitive Fluginsekten.

Am Anfang der Karbonzeit (vor etwa 350 Millionen Jahren) hatten sich die niedrigen strauchigen Gewächse des Devons in Riesen verwandelt; Bärlappgewächse und Progymnospermen (Vorläufer der Samenpflanzen) erreichten inzwischen 30 Meter Höhe, während die Schachtelhalme jener Zeit (Sphenopsiden) 15 Meter übertrafen. Dichte Wälder aus diesen Pflanzen bedeckten im Karbon Sümpfe und Niederungen von der Größe ganzer Kontinente.

Mit dem Karbon begann für die Pflanzen ein etwa 80 Millionen Jahre langer Zeitraum, in dem sie zahlreiche neue Anpassungsformen entwickelten, sich in verschiedene Gruppen aufspalteten und neue Höhenrekorde erreichten. Diese Entwicklung war wiederum der Motor bei der Evolution der Tiere.

Die Abbildungen in den meisten Lehrbüchern geben nur ein undeutliches Bild von der Struktur und Atmosphäre der frühen Wälder. Sie zeigen oft Schachtelhalmbäume, Samenfarne, Baumfarne, Bärlappgewächse und Progymnospermen, die isoliert nebeneinanderstehen. Damit sollen zweifellos die Wuchsformen der einzelnen Pflanzen betont werden; für den unbefangenen Leser entsteht durch diese Anordnung indes ein völlig falscher Eindruck. Nach den Zeichnungen zu urteilen, stehen die frühen Bäume eher in Steppen, Savannen oder Wüsten als in den dichten Waldgürteln, in denen sie nachweislich wuchsen. Die Steinkohlenlagerstätten, die zu unseren wichtigsten Rohstoffreserven gehören, liefern den Beweis dafür, daß die damaligen Pflanzengesellschaften üppige, urwaldähnliche Bestände bildeten.

Es ist wunderbar, sich die Urwälder des mittleren Karbons vorzustellen, und hoffnungslos, über die Natur der ersten voll entwickelten

Lebensgemeinschaften des Kronenraums zu spekulieren. Um sich ein genaues Bild von einem dieser längst vergangenen Urwälder zu machen, stelle man sich die Moose, Bärlappe, Schachtelhalme und Farne heutiger Wälder und Sümpfe um ein Vielfaches vergrößert vor. Einige der Farne, die heute ausgestorben sind, waren 20–25 Meter hoch, mit zum Teil mehr als einem halben Meter dicken Stämmen; die Bärlappgewächse erreichten wenigstens in zwei Gattungen *(Lepidodendron* und *Sigillaria)* Höhen zwischen 40 und 50 Metern. Die Cordaïten-Bäume, die heute ebenfalls alle verschwunden sind, wuchsen 30 Meter hoch. Die genannten Bäume waren die größten Pflanzen in den Wäldern der Karbonzeit; dazu kamen viele kleinere Arten, die gemeinsam ein komplexes, uns praktisch noch unbekanntes Ökosystem bildeten. An der Höhe gemessen, entsprach der Kronenraum der Karbonwälder weitgehend dem Kronenraum der tropischen Regenwälder, die heute im Amazonastiefland, in Mittelamerika oder Afrika vorkommen.

Und doch war das Bild der alten Wälder recht eintönig. Bunte Früchte und Blüten, die für uns ganz selbstverständlich sind, hatten sich bis zu dieser Zeit noch nicht entwickelt. Düstere grüne, graue und braune Farbtöne beherrschten den Wald. Es gab auch noch keine Samen und keine Nüsse, keinen Blütenstaub und keinen Nektar. Dichte Büschel von Baumfarnen entfalteten sich auf den hohen Stämmen. Die Baumkronen wurden von weit ausgebreiteten, mit dornigen Blättern besetzten Zweigen gebildet; Äste und Stämme waren mit Schuppen überzogen; Lianen fehlten ganz. Es gab keinen Blütenduft, nur den sauren, moderigen Gestank, der von den im Wasser versunkenen und verfaulenden Pflanzenresten aufstieg. Dumpfes Poltern und Klatschen hallte durch den Wald, wenn Bäume auf den nassen Boden oder in die Wassertümpel stürzten. Der Wind strich raschelnd durch die mit nadelförmigen Blättern besetzten Zweige. Insektenchöre von Grillen und Zikaden sangen ihre Lieder. Wenn diese über die Wasseroberfläche schwebten und Eier ablegten, sprangen Fische nach ihnen und kräuselten die Tümpel mit Wellenringen. Vom Wind getriebene Wellen brachen sich am Ufer oder an schwimmenden Stämmen. An einem windstillen Tag hätte man hören können, wie die kräftigen Kiefer eines Lurchs zuschnappten und ein Insekt mit papierdünnen Flügeln flatternd entkam, wie Schaben über die Streuschicht am Erdboden krochen und den Abfall wendeten. Die Amphibien gaben damals kaum Laute von sich, abgesehen vielleicht von einem gelegentlichen leisen Quieken, wenn sie von einem Feind gefaßt wurden. Es war eine seltsame Welt, die von heute verschollenen Pflanzen und Tieren geprägt wurde.

Das Karbon wird Zeitalter der Amphibien genannt, es war aber auch eine Epoche, in der sich die Insekten rasch entwickelten. Am Beginn ihrer Geschichte gehörten die Insekten nur wenigen Ordnungen an, die heute meist erloschen sind; bis zum Ende des Karbons hatten sie sich auf mindestens 20 Ordnungen vermehrt, die unter anderen Netzflügler, Staubläuse, Käfer und Fliegen einschlossen. Viele dieser Gruppen erlebten damals ihre Blütezeit, und einige entwickelten Riesenformen, als sie in der Pflanzenwelt freie ökologische Nischen besetzten. Schaben wurden beispielsweise bis zu 15 Zentimeter lang. Die sonderbarsten Lebensformen entstanden allerdings in den oberen Stockwerken des Urwalds, wo riesige Libellen den Platz der damals noch nicht existierenden Vögel und Fledermäuse einnahmen. Sie hatten Flügelspannweiten bis zu 70 Zentimetern und waren damit die größten Insekten aller Zeiten. Da Libellen andere Insekten im Flug erbeuten, müssen wir uns fragen, welche größeren Arten sie verfolgten, als sie auf verschlungenen Bahnen durch den vorzeitlichen Kronenraum steuerten.

Die bemerkenswerteste Gruppe unter den Kerbtieren der Karbonzeit waren die Schaben. Mehr als 600 Arten sind als Fossilien gefunden worden, einige davon lebten zweifellos im Kronenraum. Wenn man die

Ein Hundertfüßer auf einem Baumstamm

links: *Die im Kronendach heimische Anolis-Echse verspeist eine Gottesanbeterin*
unten: *Der Kopf eines großen Rüsselkäfers*

Karbonzeit als Zeitalter der Amphibien bezeichnen will, dann kann man sie mit dem gleichen Recht auch Zeitalter der Schaben und Insekten nennen.

Die Frage, ob es in den Wäldern des Karbons Epiphyten gab, ist dagegen ungeklärt. Auf den heutigen Bäumen der Tropen wachsen zahlreiche Vertreter alter Pflanzensippen als Epiphyten, beispielsweise Farne, Lebermoose, Flechten, Laubmoose und Bärlappgewächse. Man kann daher mit einiger Berechtigung annehmen, daß die Zweige im damaligen Kronenraum ebenfalls mit Epiphyten besetzt waren. Das Erscheinen von Pflanzen, die auf Baumästen wachsen konnten, bedeutete einen Riesenschritt auf dem Weg zu einem komplexeren Kronenraum, denn Epiphyten könnten sowohl als Nahrungsquelle wie als Unterschlupf die ökologische Basis für eine große Zahl von Insekten gewesen sein.

Skorpione, Hundertfüßer und Spinnen müssen gleichfalls zur ersten Fauna des Kronenraums gehört haben. Diese Räuber suchten wahrscheinlich ihre Beute, wo auch immer sie sie finden konnten; es ist nicht anzunehmen, daß sie sich mit den Beutetieren auf dem Waldboden begnügten.

Über die Frage, ob die Amphibien auch vom sumpfigen Boden in den von Insekten bevölkerten Kronenraum kletterten, kann man nur Vermutungen anstellen. Es ist durchaus möglich, daß im späten Karbon, als die Amphibien den Zenit ihrer Entwicklung erreicht hatten, einer oder mehrere der kleinen salamanderähnlichen Kleinsaurier entdeckte(n), daß die rauhe, schuppige Rinde bestimmter vorzeitlicher Bäume eine ideale Leiter zum Aufstieg in den Kronenraum bildete. Die Stammesgeschichte der Tiere und Pflanzen läßt einen glauben, daß fast alles möglich ist. Dafür liefern die in Australien beheimateten Beuteltiere, primitive Säuger, eindrucksvolle Beispiele. Sobald die Beuteltiere auf dem driftenden Kontinent, auf dem es keine höheren Säuger gibt, isoliert waren, eroberten sie nahezu jede vorstellbare ökologische Nische auf dem Erdboden und in den Bäumen. Es gab und gibt Beutelbären, Beuteldachse, Beutelflughörnchen, Beutelmarder, Beutelmaulwürfe, Beutelmäuse, Beutelwölfe und vieles mehr.

Die Frösche erschienen erst rund 100 Millionen Jahre später, in der Trias, auf unserem Planeten. Sie entwickelten sich am schlammigen Grund von Wassertümpeln, wo Hüpfen die schnellste Bewegungsart war, räuberischen Tieren zu entgehen. Mit dieser Bewegungsart waren die Frösche auch für die Besiedlung des Kronenraums bestens gerüstet. Wann sie sich zum ersten Mal auf die Bäume wagten, ist nicht bekannt, heute sind die Frösche jedoch wichtige Bewohner der Kronenregion.

In der letzten Periode des Erdaltertums, dem Perm (vor 225 bis 280 Millionen Jahren), wurde das Klima in weiten Teilen der Erde kälter, und es kam zu ausgedehnten Vergletscherungen. Das rauhe Klima muß die an ein Treibhausklima gewöhnten Baumarten des Karbons ausgerottet haben, denn in den Schichten des Perms tauchen neue Pflanzengesellschaften als Fossilien auf. Was sich im Perm auf unserem Planeten abspielte, ist im einzelnen noch unklar. In dieser Periode erschienen nämlich auch die ersten höher entwickelten Reptilien, und weder Reptilien noch die im Perm weitverbreiteten Amphibien können kaltes Wetter besonders gut vertragen. Die Tatsache, daß sie überlebten und sich in dieser Periode rasch vermehrten, deutet darauf hin, daß die tropischen und subtropischen Klimazonen nicht ganz von der Erde verschwanden; wahrscheinlich blieben in bestimmten Gebieten mit feuchtwarmen Tiefländern Urwälder erhalten.

Im Perm wagten die Reptilien vermutlich zum ersten Mal den Aufstieg in den Kronenraum. Die Pioniere gehörten zu einer heute erloschenen Tierordnung, den eidechsenähnlichen *Eosuchia*. Ähnlich wie die Amphibien, die neue Lebensräume in den oberen Stockwerken der Wälder erobert hatten, konnten diese Kriechtiere vielleicht an der rauhen, schuppigen Rinde der Bäume des späten Erdaltertums emporklettern. Wenngleich sich die Eosuchier nicht für das Leben im Kronenraum entschieden, so war dies doch das Ziel ihrer Nachkommen. Von den Eosuchiern stammen die Archosaurier ab, zu denen die großen, zweifüßigen Dinosaurier (wie der Tyrannosaurus), die Flugsaurier, Krokodile und das *Hypsilophodon* (ein zweifüßiger Dinosaurier) gehörten. Das zuletzt genannte Reptil war anscheinend an das Leben im Kronenraum gut angepaßt.

Das frühe Perm war eine Zeit des Umbruchs. Platten der festen Erdrinde drifteten über den Erdball, stießen zusammen und hoben die Gesteinsschichten unter den erdteilgroßen Sümpfen und Marschen an. Durch die Hebung schnitten sich die Flüsse tiefer ein, und auch in den feuchten Niederungen, wo die Steinkohlenwälder wuchsen, fiel der Grundwasserspiegel, und der Boden trocknete aus. Die großen Schachtelhalme, die Bärlappgewächse und viele Farne konnten den ausgetrockneten Boden nicht besiedeln, denn sie brauchten einen nassen Standort, um ihre männlichen Keimzellen (Spermatozoiden) mit Erfolg auf benachbarte Artgenossen zu übertragen.

So wie es den Reptilien gelungen war, den Sumpfboden zu verlassen und sich in den Bäumen einen neuen Lebensraum zu suchen, waren die Pteridospermen (ausgestorbene Samenfarnpflanzen) und die Gymnospermen dafür gerüstet, den trockenen Boden zu besiedeln. Die Erfindung der Samen und Pollen machte diese »fortschrittlichen« Gewächse von nassen Standorten unabhängig. Im Lauf des Perms muß die Zahl der Samenpflanzen rasch gewachsen sein. Der Kronenraum verwandelte sich dadurch in eine weite, luftige

Zone, in der Samenenergie gespeichert war. Und das war wiederum ein gewaltiger Schritt auf dem Weg zu einem komplexeren Kronenraum. Mit dem größeren Nahrungsangebot wuchs auch die Zahl der Insekten, sowohl die der einzelnen Arten wie die Zahl der Insekten insgesamt; sie alle lockte der verschwenderische Überfluß des Lebens im Kronenraum.

Um den äußerst erfolgreichen Lebenszyklus der Gymnospermen zu verstehen und zu erkennen, woher sie stammen, schaut man sich am besten einen Farn an. Am Lebenszyklus der Farne sind zwei Pflanzen beteiligt, die auf den ersten Blick anscheinend nichts miteinander zu tun haben: Die eine ist ein daumennagelgroßer Gametophyt, der am feuchten Erdboden bleibt; die andere ist ein Sporophyt, das Gewächs, das wir alle als Farn erkennen. Der Gametophyt besteht aus einem ganz zarten Gewebe, das sowohl schwimmende Spermatozoiden (die außerhalb des Wassers schrumpfen und absterben) wie unbewegliche Eizellen erzeugt. Gametophyten können leicht austrocknen; sie brauchen Wasser, um kräftig zu bleiben, und prasselnden Regen, der die Spermatozoiden verbreitet. Nach der Befruchtung beginnt der Sporophyt innerhalb des Gametophytengewebes zu wachsen. Er wird größer und größer und treibt schließlich Wurzeln in den Erdboden, worauf der Gametophyt abstirbt. Farne findet man deshalb nur an oder in unmittelbarer Nähe von Standorten, die günstige Bedingungen für die wasserliebenden Gametophyten bieten. Die Gymnospermen verzichteten zum Beispiel bei den Nadelhölzern auf die Gametophyten-Phase, indem sie die männlichen Gametophyten in winzige schwebende Pollenkörner und die weiblichen Gametophyten in Zapfen packten. Die Erfindung des Gymnospermenpollens hatte eine ähnliche Bedeutung wie die der inneren Befruchtung bei den Reptilien, wobei die Samen das Gegenstück zu den Reptilieneiern darstellen. Mit diesen Anpassungsformen konnten schließlich die Barrieren überwunden werden, die Pflanzen bis dahin davon abgehalten hatten, alle Landoberflächen der Erde zu besiedeln.

Die »Idee«, männliche Keimzellen in den vom Wind verbreiteten Pollenkörpern unterzubringen, hatte für die Gymnospermen noch einen weiteren Vorteil: Sie vergrößerte die Zahl der Geschlechtspartner. Die immergrünen Nadelwälder der kühlgemäßigten Klimazonen sind ein gutes Beispiel für das, was sich in den Wäldern des späten Erdaltertums abspielte. Im Frühling und Sommer, wenn die Nadelbäume Pollen erzeugen, kann man oft beobachten, wie dichte Wolken aus Blütenstaub über den Wäldern aufsteigen. Dieser Blütenstaub wird zum Teil über Hunderte von Kilometern hinweg verdriftet. Die primitiveren Pflanzen des Erdaltertums mußten sich dagegen mit der Pflanze nebenan paaren. Dies konnte zur Inzucht mit schädlichen Folgen führen.

Während des Perms und der Trias verschwanden riesige Flächen der

Steinkohlenwälder von der Erde; die Lebensgemeinschaften des Kronenraums müssen diese ungünstigen Perioden jedoch in Gebieten, in denen es tropische Wälder gab, überstanden und sich weiterentwickelt haben. Im Erdmittelalter wurden die Baumkronen als Nahrungsquellen sogar noch wichtiger, denn die Pflanzenarten mit Samen und Pollen vermehrten sich immer weiter. Die Zeit war reif für die Besiedlung des Kronenraums durch die Reptilien.

Edwin H. Colbert berichtet in seinem Buch *The Age of Reptiles* (Das Zeitalter der Reptilien), wo die Kriechtiere zu finden waren: »Es gab große Reptilien und kleine, solche, die sich von Pflanzen ernährten, und andere, die als Fleischfresser die Pflanzenfresser verspeisten. Einige lebten auf dem trockenen Boden, einige an Flüssen und einige in Bäumen.«

Wie bereits erwähnt, waren die Eosuchier bzw. eine kleinere Gattung ihrer Archosaurier-Nachkommen die ersten Reptilien, die auf Bäumen lebten. Diese Kriechtiere müssen ähnlich wie die Insekten, die vor ihnen auf die Bäume gestiegen waren, irgendwann damit angefangen haben, bei der Jagd auf Insekten oder andere Reptilien von einem Ast zum anderen zu springen. Wie bei den Insekten prägte damit der Kronenraum das Verhalten und den Körperbau der Reptilien.

Auf welche Weise der Kronenraum die Evolution der frühen Reptilien beeinflußt haben könnte, führte mir die Natur 1978 vor Augen, als ich 40 Meter über dem Erdboden in einem *Hymenolobium*-Baum (nicht in dem mit den *Gnetum*-Lianen) ein ziemlich beeindruckendes Luftakrobatenstück einer Anolis-Echse miterlebte. Ein Anolis erklomm einen Ast in der Nähe und schickte sich an, auf einen anderen, weiter entfernten Ast zu springen (diese Echsen springen sehr häufig). Da ein spürbarer Seitenwind berücksichtigt werden mußte, schaute ich dem Sprung des Anolis aufmerksam zu. Er startete seine Reise durch die Luft, flachte den Unterleib ab, offenbar um besser durch die Luft zu gleiten, korrigierte die Ablenkung durch den Seitenwind und traf genau sein Ziel. Innerhalb von einigen Minuten machten zwei weitere Anolis dem ersten dieses Kunststück nach. Etwas später beobachtete ich einen Anolis, wie er sich senkrecht fallen ließ, um meinem Fangnetz zu entgehen; außerhalb meiner Reichweite ging er in einen eleganten Gleitflug über, der ihn bogenförmig auf einem mehr oder weniger waagrechten Kurs zu dem Baumstamm führte, von dessen Ästen er gestartet war.

Wenn die Anolis als Fossilien in Gesteinsschichten erhalten blieben, würden zukünftige Wissenschaftler niemals erkennen, daß diese Tiere auf Bäumen gelebt haben; auch der Körperbau der Anolis würde darüber keinen Aufschluß geben. Ein solches Beispiel macht deutlich, wie wenig gesichert unser Wissen über die Lebensweise vorzeitlicher Tiere doch ist. Unsere Kenntnisse über ausgestorbene fossile Tier- und Pflanzenarten sind mehr als lückenhaft. Wir müssen daher unvoreingenommen an die Fragen herangehen, wo die fossilen Arten lebten und wie sie sich verhielten. Man kann erwarten, daß viele Tierarten in den Baumkronen der vorzeitlichen Wälder ähnlich wie die Anolis an der Schwelle zum Gleitflug standen, schließlich gibt es heute eine große Zahl von Arten, unter anderem Schlangen, Eidechsen, Frösche, Hörnchen und Beuteltiere, die mehr oder weniger gut entwickelte Organe für den Gleitflug haben.

Es sind Änderungen der Verhaltensweise, die der Evolution den Weg ebnen, charakteristische Änderungen, wie das Verhalten des Anolis anschaulich zeigt. Wenn bei dem Versuch, den Leib abzuflachen, auch seine Rippen mitmachen, könnte diese Echsenart irgendwann einmal Flügel ausbilden. Ein lebendes Beispiel einer solchen Entwicklung findet man in den Baumkronen der Urwälder Hinterindiens und Indonesiens: Es ist der Gewöhnliche Flugdrache *(Draco volans)*, eine Echse aus der Familie der Agamen. Die kleinen Echsen entfalten ihre Flügel seitwärts vom Rumpf und lassen dabei die Vorder- und Hinterbeine völlig frei; der Anblick erinnert an einen Engel. Ihre Flügel haben keine kräftige Muskulatur, um damit wie ein Vogel fliegen zu können, sie werden aber von den verlängerten Rippen gestützt und sind in dieser Beziehung einzigartig. Flugdrachen gelten als Flugkünstler. Sie können zig Meter durch die Luft gleiten und, wie es heißt, sogar einen akrobatischen Looping drehen. Die Entwicklung dieser fliegenden Echsen begann vor langer Zeit auf ganz ähnliche Weise wie die der Anolis im Kronenraum von La Selva.

Everet Olson, ein Wirbeltierpaläontologe an der UCLA, zeigte mir einmal eine Abbildung in einer wissenschaftlichen Zeitschrift. Sie stellte einen kleinen Saurier dar, der den heutigen Flugdrachen geradezu unheimlich ähnelte. Die seit Jahrmillionen ausgestorbene Art, ein frühes Dokument eines Wirbeltiers, das sich im Gleitflug durch die Luft bewegte, war mit den Flugdrachen der Gegenwart keineswegs eng verwandt. Daran erkennt man, mit welch unglaublicher Beharrlichkeit und Konsequenz die Kräfte des Kronenraums die Evolution der Arten beeinflussen. Zwei Tierarten, die nicht miteinander verwandt und durch eine riesige Zeitspanne getrennt waren, hatten sich unter dem Einfluß dieser Kräfte zu beinahe identischen Lebensformen entwickelt.

Während die Reptilien die Eroberung des Luftreichs probten, besiedelte ein Teil ihrer Stammesverwandtschaft andere Lebensräume. Riesige, walähnliche Ichthyosaurier, kleinere Notho- und Plesiosaurier jagten in den seichten Meeren Fische; zur gleichen Zeit streiften Dinosaurier aller Größenordnungen und säugetierähnliche Reptilien durch die Kontinente.

In der Trias begannen die Bennettiteen, eine Klasse der Nacktsamer, ein weiteres wichtiges Bauelement der Pflanzen zu entwickeln: die Blüte. Wir wissen zwar nicht, wo und unter welchen exakten Bedingungen dies geschah, ein hypothetisches Beispiel kann uns aber zeigen, wie die Blüte, einer der größten Fortschritte innerhalb der Evolution der Pflanzen, möglicherweise entstanden ist.

Die Bennettiteen waren keine hohen Pflanzen, was darauf hindeutet, daß sie vermutlich in den unteren Stockwerken urtümlicher Tropenwälder wuchsen. Ein lebender Vertreter dieser Pflanzenklasse ist der Palmfarn *(Zamia)*, der auch im ewigen Schatten des Waldbodens recht gut gedeiht. Wie in den heutigen Urwäldern müssen die Winde auch in den bodennahen Luftschichten der vorzeitlichen Wälder sehr schwach gewesen sein. Für die erfolgreiche Vermehrung von windbestäubten Pflanzen war es deshalb am besten, wenn sie unmittelbar neben Artgenossen wuchsen, denn dann konnten sie den leisesten Windhauch nutzen.

In den unteren Stockwerken der damaligen Wälder wird es auch Insekten gegeben haben, die Pollen von einer Pflanze zur anderen trugen, lange bevor sich die Blüten entwickelt hatten. Sie bestäubten die Pflanzen aber zweifellos zufällig. Dieser Kontakt war dennoch die wichtigste evolutionäre Kraft, die zur Entstehung der Blüten führte. Die Insekten flogen wahrscheinlich zwischen den Pflanzen, die am meisten Pollen erzeugten, mehr oder weniger regelmäßig hin und her, um ihren Hunger zu stillen. Dabei wurde der Pollen abgerieben und blieb an den Insekten haften. Die Pflanzen »plazierten« ihre weiblichen Fortpflanzungsorgane in der Nähe ihrer männlichen, wo die Insekten mit großer Wahrscheinlichkeit gegen die mit Pollen bedeckten männlichen Organe (Antheren) stießen. Immer wenn dann eines dieser mit Pollen bepuderten Insekten die weiblichen Fortpflanzungsorgane einer anderen Pflanze berührte, kam es zur Fremdbestäubung. Im Lauf der Zeit entstand so die Blüte mit ihren bunten Blütenblättern als »Einladungskarte« zum Pollenschmaus. In dieser Allianz mit Insekten bescherte die Evolution den Pflanzen eine neue Waffe, die sie im Wettkampf der Arten wirkungsvoll einsetzen konnten. Sie gab den Pflanzen die Möglichkeit, sich auch an Standorten fortzupflanzen, an denen die Winde zu schwach waren. Die Blüten allein reichten allerdings noch nicht aus, um die Gymnospermen zu entthronen. Regal betont in seiner Theorie, daß dazu noch wirksame Wege zur Verbreitung der Samen über größere Distanzen, etwa über eine breite Lichtung, nötig waren. Außerdem mußte ein Mittel gefunden werden, den zahlreichen Samenfressern in der Nähe der Mutterpflanze zu entgehen. Die Blütenpflanzen hatten noch zigmillionen Jahre auf ein neues, schnelleres Verfahren der Samenverbreitung zu warten. Wieder einmal sollte dabei der Kronenraum seine »Zauberkräfte« demonstrieren.

Während die Blüten ihr historisches Bündnis mit den Insekten schlossen, krochen die Reptilien noch immer auf den Ästen umher und sprangen nach Insekten. Der den heutigen Flugdrachen ähnliche Saurier war nur eines von vielen Kriechtieren, die damals wahrscheinlich bis in den Kronenraum vordrangen. Von einer dieser anderen Arten stammt das erste höher entwickelte Wirbeltier ab, das sich wie ein Vogel in die Luft erheben konnte: der bis zu einem Meter lange Pterosaurier oder Flugsaurier, dessen Reste in den Tonschiefern des unteren Jura in Europa gefunden wurden. Edwin H. Colbert schreibt in seinem Buch *The Age of Reptiles* (Das Zeitalter der Reptilien):

»Dimorphodon [ein Pterosaurier] gehörte zu den ersten Tieren, die einen richtigen Flug versuchten. Er war trotz seiner ziemlich plumpen Gestalt ein hochspezialisiertes Tier, das ein faszinierendes Kapitel der Evolution erzählt: die Entwicklung von den boden- und baumbewohnenden Reptilien zu flugtüchtigen Lebensformen, ein Kapitel der Stammesgeschichte, das in den Gesteinsschichten nicht die geringsten Spuren hinterlassen hat.«

Man kann deshalb nur darüber spekulieren, wie Dimorphodon und die anderen Pterosaurier flügge wurden. Ihre fossilen Überreste werden häufig zusammen mit Resten von Meerestieren wie Plesiosauriern und Ichthyosauriern gefunden. Die meisten Wissenschaftler nehmen daher an, daß die Pterosaurier an Steilküsten lebten, wo sie – anders als ihre Verwandten in den Wäldern – die beständigen Luftströmungen und kräftigen Aufwinde nutzen konnten. Sie ließen sich dort von den Küstenwinden tragen und fingen mit ihren langen, mit spitzen Zähnen besetzten Kiefern vor der Küste Fische.

Über den Ursprung ihrer Flügel kann man ebenfalls nur Vermutungen anstellen. Die Vorfahren der Pterosaurier stammen selbst von einer artenreichen Gruppe der Archosaurier ab. Wenn man davon ausgeht, daß sie etwa die gleiche Größe wie ein *Dimorphodon* hatten, als er sich zum Flugtier entwickelte, dann bleiben für die Entwicklung der Flügel nur wenige Wege offen. Das Beispiel von der Maus und dem Menschen, die von einem Baum fallen, zeigt, daß sich ein großes Tier ohne sehr große Flügel nicht aus eigener Kraft durch die Luft bewegen und sicher landen kann. Die Drachenflieger sind dafür ein Beweis. Nur wenn der Landeplatz verhältnismäßig weich war, konnten Tiere mit unvollständig entwickelten Flügeln Flugexperimente unversehrt überstehen. Möglicherweise haben die frühen Pterosaurier das Fliegen an Steilküsten gelernt, wo sie sich bei der Jagd auf Fische von den Klippen ins Wasser stürzten und nach der Beute tauchten. Ihre Flügel hätten dabei zunächst nur die Aufgabe gehabt, die Beutetiere besser anzuzielen, sich dann aber im Lauf der Jahrmillionen zu Bewegungsorganen weiterentwickelt. Für die Hypothese, daß die Urahnen der Pterosaurier Taucher gewesen sein könnten, sprechen zum Beispiel die Leguane der Neuen Welt, die sich von hohen Ästen in Flüsse stürzen oder von den Steilküsten der Galapagos-Inseln nach Algen tauchen. Dies wäre ein neuer Weg, wie die Tiere das Fliegen gelernt haben könnten.

In seinem Buch *Dragons of the Air* (Drachen der Lüfte) weist H. G. Seeley auf einen ihm wahrscheinlicher scheinenden Weg hin, wie sich Dimorphodon zum Flugtier entwickelt haben könnte:

»Funde von Dimorphodon ... sind verknüpft mit Spuren von bodenbewohnenden Landtieren. Das bekannteste ist Scelidosaurus, ein gepanzerter Dinosaurier, dessen Glieder an die Fortbewegung auf dem festen Land angepaßt waren. Den fossilen Flugsaurier Campylognathus ... findet man in den Gesteinsschichten zusammen mit Nadelholzstämmen und den sterblichen Überresten von Insekten. Das Vorkommen von fossilen Flugsauriern in einer Meeresablagerung schließt nicht aus, daß Flüsse sie von den alten Festländern der Lias-Zeit (unterer Jura), auf denen Nadelbäume wuchsen und Dinosaurier lebten, ins Meer geschwemmt haben.«

Ich persönlich halte die Entwicklung von Flugtieren aus baumbewohnenden Reptilien für am wahrscheinlichsten. Zu der gleichen Ansicht kommt J. Marvin Weller in seinem Buch *The Course of Evolution* (Der Lauf der Evolution): »Diese Geschöpfe entwickelten sich vermutlich aus einer Linie kleiner unbekannter Thecodonten [eine Ordnung der Archosaurier], die an das Leben auf Bäumen angepaßt waren. Die Flugtiere sind wahrscheinlich aus Klettertieren entstanden, die im Lauf der Evolution Organe erworben haben, mit denen sie von Baum zu Baum gleiten konnten.«

Man kann mit Sicherheit annehmen, daß sich die großen Pterosaurier an der Küste aus kleineren Flugsauriern entwickelt haben. Die geringere Körpergröße paßt besser zu Tieren, die diese gefährliche Entwicklungsphase überstehen mußten, in der sie sich im Gleitflug durch den Kronenraum bewegten. Jüngere Fossilien belegen diese These, so zum Beispiel ein *Pterodactylus*, der nicht größer als ein Sperling war. Die Tatsache, daß diese kleineren Arten nicht bereits in den älteren Gesteinsschichten der Trias, also schon vor dem *Dimorphodon*, gefunden wurden, hängt lediglich mit der geringeren Wahrscheinlichkeit zusammen, daß sich solche Arten als Fossilien erhalten und gefunden haben. Sie kamen aber sicher in den die Küsten säumenden Urwäldern vor.

Als der Gleitflug »erfunden« war, eroberten die Pterosaurier neue Lebensräume, wo sie allmählich größer wurden. Im Kronenraum wäre eine Flügelspannweite von mehr als einem Meter ein Nachteil gewesen. Dennoch mag es damals Pterosaurier mit großen Flügeln gegeben haben, die sich von Aas ernährten, genauso wie es heute Geier in den Wäldern gibt. Wahrscheinlich lebten die kleineren Arten, die besser zwischen den Ästen und Baumwipfeln manövrieren konnten, im Kronenraum der

Ein Helmleguan in Drohstellung

Wälder, während die größeren, unbeweglicheren Arten mit zum Teil mehr als zehn Metern Flügelspannweite an den Küsten und in offenem Gelände vorkamen. Dort bestand praktisch keine Gefahr, daß die großen Flugsaurier einen Ast streiften und sich die Flügel verletzten, außerdem wehten beständigere Winde, die den schwerfälligen Arten den Flug erleichterten.

Der Pterosaurier konnte wahrscheinlich, ähnlich wie das erste Flugzeug der Brüder Wright, hervorragend im Gleitflug durch die Luft schweben, aber nicht besonders gut aus eigener Kraft fliegen. Ihm fehlte das gekielte Brustbein, an dem die kräftige Flügelmuskulatur der Vögel befestigt ist; ohne diese konnten sich die Reptilien nur recht unbeholfen bewegen. Den Pterosauriern fehlte offenkundig auch eine wärmedämmende Schicht aus Federn oder Fell; sie waren aller Wahrscheinlichkeit nach Kaltblüter. Trotz ihrer imposanten Größe spielten die Flugsaurier nur eine bescheidene ökologische Rolle; sie ernährten sich vermutlich von Insekten, Fischen und verwesenden Dinosauriern. Faseriges Pflanzenmaterial enthält nicht die Energiereserven, die diese flinken und aktiven Reptilien brauchten. Mit den Samen und Pollen bildet der Kronenraum zwar einen großen Energiespeicher, die gespeicherte Energie reichte indes nicht aus, um eine größere Gemeinschaft warmblütiger Flugtiere zu ernähren. Die Samen waren außerdem vielfach in den Zapfen der Gymnospermen eingeschlossen und daher nur für besonders angepaßte Insekten und bodenbewohnende Dinosaurier verfügbar.

Obwohl die Pterosaurier im Gleitflug unübertroffen waren, wurde ihnen im Konkurrenzkampf eine andere Tiergruppe zum Verhängnis, die sich gleichfalls im Fliegen versuchte. Loren Eiseley hat, wie bereits zitiert, darauf hingewiesen, daß »das Gewicht eines Blütenblatts das Gesicht der Erde verändert und sie zu unserem Planeten gemacht (hat)«. Es gibt allerdings eine noch grundlegendere Erfindung der Natur, die einen Eckstein der heutigen Ökologie bildet: Federn.

Federn dienten zunächst nur zum Gleitflug und zum freien Flug; später übernahmen sie dann die Aufgabe der Wärmedämmung, die eine wichtige Voraussetzung für die Entwicklung warmblütiger Tiere war. Die Warmblütigkeit schuf wiederum die Voraussetzungen für ein neues biologisches Wirtschaftsgefüge zwischen Pflanzen und Reptilien. Sobald sich dieses neue Gefüge durchgesetzt hatte, bedeutete es den Tod aller Pterosaurier, Dinosaurier und der Pflanzen, von denen sich diese Tiere ernährten.

Die erste fossile Feder wurde 1860 gefunden; sie stammte von dem berühmten »Urvogel« *Archaeopteryx*, dem Bindeglied zwischen den Reptilien und Vögeln. Die fossile Feder aus den Plattenkalken des oberen Jura wurde zunächst für eine Fälschung gehalten. Als ihre Echtheit nachgewiesen war, machte sich unter dem konservativen Teil der Wissenschaftler Verwirrung breit. War es nun ein

»reptilienähnlicher Vogel« oder ein »gefiedertes Reptil«? Die Verwirrung mag denjenigen unter uns, die von der Richtigkeit der Evolutionstheorie überzeugt sind, seltsam erscheinen, damals hatten Wallace und Darwin ihre Theorie jedoch gerade erst veröffentlicht, und es gab noch viele, die ihre Gültigkeit in Zweifel zogen. Es ist allerdings ohne Bedeutung, welcher Tiergruppe man *Archaeopteryx* zuordnet, denn wir wissen heute, daß er ein Lehrbuchbeispiel einer »missing link«, einer Übergangsform innerhalb der Stammesgeschichte der Tiere darstellt. Im Fall des *Archaeopteryx* handelt es sich um das Bindeglied zwischen Tieren, die den Gleitflug, und solchen, die den freien Flug beherrschen. Bei den Insekten wurde eine derartige fossile Lebensform niemals gefunden.

Mit dem *Archaeopteryx* verbindet sich ein unlösbares Rätsel der Evolution. Seine Federn sind mit denen moderner Vögel identisch, geben aber keinerlei Aufschluß darüber, wie sie sich aus den Schuppen der Reptilien entwickelt haben könnten. Verschiedene Biologen vertreten die Ansicht, die Federn seien zunächst als Kälteschutz entstanden, um die Reptilien warm zu halten; andere Wissenschaftler nehmen an, die Federn hätten landlebenden Kriechtieren ursprünglich als Netze zum Insektenfang gedient und wären erst später zum Fliegen verwendet worden. John Ostrom versuchte in einem Artikel in der *New York Times* diese beiden Theorien zu kombinieren. Ein Aufsatz von Alan Feduccia und Harrison B. Tordorff, 1979 im Wissenschaftsmagazin *Science* publiziert, hat jedoch dazu beigetragen, beide Theorien ad acta zu legen. Die Autoren kommen zu dem Schluß, die Federn des *Archaeopteryx* hätten sich durch Selektion »im Zusammenhang mit dem Fliegen gebildet«. Weder die Aufgabe der Federn als Kälteschutz noch der vermutete Gebrauch als Insektenfangnetz vermag die aerodynamische Struktur der Federn einleuchtend zu erklären. Erneut ist damit die Auffassung weithin akzeptiert, daß *Archaeopteryx* sich in den Kronen tropischer oder subtropischer Bäume als Gleitflieger mit nur geringen Fähigkeiten zum freien Flug entwickelt hat.

Man weiß, daß die Federn aus den Schuppen der Reptilien entstanden sind; der Evolutionsprozeß, der sie in Flugorgane verwandelte, ist indes noch immer ungeklärt. Die Entwicklung der Federn begann vermutlich mit vergrößerten Schuppen oder aerodynamisch geformten Hautlappen, die bei springenden Baumechsen die Auftriebsfläche vergrößerten. Flughäute sind bei den heutigen Gleitern weit verbreitet. Sie bestehen manchmal aus Haaren, häufiger aber – wie bei den Gleithörnchen – aus gewöhnlicher Haut. Daß die Federn auf diese Weise entstanden sein könnten, zeigen auch die Segelechsen der asiatischen Tropen. Sie haben vergrößerte Schuppen, die den Körper als Saum umgeben, damit die Fallgeschwindigkeit verringern und wahrscheinlich die Manövrierfähigkeit beim Gleitflug verbessern.

Der vorzeitliche Schuppensaum des *Archaeopteryx* war ein ganz besonderer: Die Schuppen waren nämlich sowohl sehr kräftig als auch unglaublich leicht, was sie zu perfekten Flugorganen werden ließ. Sie entwickelten sich wohl ziemlich schnell zu Flughäuten weiter, die dem Reptil einen wesentlich größeren Auftrieb als allen anderen Gleitern verliehen. Als der *Archaeopteryx* erschien, hatten sich die Federn bereits soweit verbessert, daß sie nahezu identisch mit den asymmetrischen Flugfedern der heutigen Vögel waren. Sie funktionierten wie ein Rückschlagventil, indem sie sich öffneten, um den Flügel mühelos anheben zu lassen, und sich dann beim Flügelschlag wieder schlossen und so die Muskelkraft wirksam werden ließen. Mit Hilfe der Federn konnten sich die primitiven Flugtiere viel schneller und leichter im Kronenraum der vorzeitlichen Wälder bewegen. In dieser Entwicklungsphase dienten die Federn wahrscheinlich nicht als wärmedämmende Körperhülle, denn *Archaeopteryx* war – wie die Pterosaurier, mit denen er den Lebensraum teilte – vermutlich kaum weiter entwickelt als ein kaltblütiger Gleiter. Das Konstruktionsprinzip dieses vorzeitlichen Prototyps bot jedoch noch genügend Raum für spektakuläre Verbesserungen.

Bevor die Vögel zum Untergang der Dinosaurier und zum Aufstieg der Säugetiere beitragen konnten, mußten sie erst ein Hindernis im Stoffwechsel der Reptilien überwinden, das dem freien Flug über längere Strecken im Wege stand: Die Muskulatur der Reptilien ermüdet schnell, denn bei starker Beanspruchung wird als Abfallprodukt mehr Milchsäure produziert, als abgebaut werden kann. Das ist der Grund, weshalb eine Eidechse schon nach einer kurzen Laufstrecke träge und unbeweglich wird. Das Tier kann schlicht und einfach nicht mehr laufen und braucht eine längere Ruhepause, um sich von den Anstrengungen zu erholen. Es gibt keinen Anhaltspunkt dafür, daß *Archaeopteryx* sich in diesem Punkt von den Reptilien unterschieden hat.

Für eine erfolgreiche Umgestaltung des *Archaeopteryx* zu einem Flieger war es erforderlich, die »Antriebsaggregate« weiterzuentwikkeln. Die Federn verliehen den Tieren nicht nur den notwendigen Auftrieb, sie waren gleichzeitig das beste bekannte wärmedämmende Material, das nur noch vom Vakuum übertroffen wird. Durch das Wachstum neuer Federschichten und die Entwicklung der Flugmuskulatur begann sich die gleitende Echse in eine Höchstleistungsmaschine zu verwandeln. Stark vereinfacht, kann man diese Maschine mit einer Dampflokomotive vergleichen: Je größer das Feuer unter dem Dampfkessel ist, um so schneller fährt der Zug. Die Federn verringerten wie eine Thermoskanne den Wärmeverlust und erhöhten dadurch die Körpertemperatur. Mit Hilfe dieser ausgezeichneten

Wärmedämmung konnte der Energiestoffwechsel die Körpertemperatur auf gleichmäßig hohem Niveau halten (die Biologen bezeichnen dies als endotherme Homoiothermie). Der Erwerb der Warmblütigkeit hängt bei den Vögeln wahrscheinlich nur mit der besseren Energieausbeute und dem größeren Kraftaufwand beim freien Flug zusammen.

Es gab eine Reihe wichtiger Gründe, weshalb der freie, andauernde Flug aus eigener Kraft ständig weiter verbessert werden mußte. *Archaeopteryx* verlegte sich vielleicht besonders darauf, im Gleitflug von Ästen zum Boden zu fliegen und dort Beute zu schlagen. Anschließend mußte er wieder zu seinem Ausgangspunkt im Kronenraum zurücklaufen, -fliegen oder -klettern. Möglicherweise bewegte er sich aber auch im Gleit- und im freien Flug zwischen den Baumkronen, wo es viele Insekten gab, hin und her. Die Erfindung der Homoiothermie beschleunigte den Abbau der Milchsäure innerhalb der Muskulatur und ließ die Tiere sich schneller von den Mühen des Flugs erholen. Dadurch wurden immer längere Flüge in andere Lebensräume mit neuen Nahrungsquellen möglich. Außerdem konnten die Flugtiere auf diese Weise Räubern besser entkommen. Vor allem in der Nähe des Erdbodens, wo sich die Tiere nicht durch Gleitflug in Sicherheit bringen konnten, war der freie Flug besonders wichtig.

Jeder Mieter oder Hausbesitzer, der in unseren nördlichen Breiten die Raumtemperaturen das ganze Jahr über bei 20°C hält, weiß, wie groß der Energieverbrauch bei gleichmäßig hohen Temperaturen ist. Das gilt auch für Tiere, selbst für jene, die nur teilweise homoiotherm sind. Anscheinend konnten die energiearmen Wälder der Jura- und der frühen Kreidezeit nur eine bestimmte Zahl von warmblütigen Urvögeln ernähren. Sie blieben deshalb verhältnismäßig selten; nur an der Küste, wo sie auf die in den Fischen gespeicherte Nahrungsenergie zurückgreifen konnten, waren sie vermutlich häufiger. Die kaltblütigen Pterosaurier hatten – selbst im Vergleich mit nur zum Teil warmblütigen Arten – wesentlich geringere Stoffwechselraten und brauchten viel weniger Nahrung, um am Leben zu bleiben. Man kann deshalb annehmen, daß sie sogar in den Wäldern häufiger vertreten waren als die warmblütigen Urvögel.

Vor rund 120 Millionen Jahren, in der frühen Kreidezeit, waren bereits fast alle wichtigen Akteure der kommenden Revolution auf der Bühne des Lebens erschienen. Flora und Fauna waren eine merkwürdige Mischung alter und neuer Lebensformen. Hungrige Urvögel flatterten kraftlos durch die Luft; Pterosaurier schwebten hoch über Berge, Hügel und Steilküsten dahin; große und kleine Dinosaurier streiften durch das Land, und kleine gefräßige Säugetiere jagten nachts Insekten. Im Kronenraum und in den bodennahen Stockwerken der Urwälder gab es ein paar Arten primitiver Blütenpflanzen und Insekten, die diese Blüten bestäubten; sonst herrschten Baumfarne und Gymnospermen wie Cycadeen, Ginkgogewächse und Koniferen vor. Nach Regals Theorie hat sich diese Tier- und Pflanzenwelt gegen Ende der Kreidezeit grundlegend geändert, als die Blütenpflanzen ihre neue ökologische Allianz mit den Vögeln ausbauten. Durch diese Allianz sollten sich die verfügbaren Nahrungsreserven unseres Planeten vervielfachen.

Mit der gemeinsamen Evolution von Tieren und Pflanzen entstand praktisch aus dem Nichts heraus eine neue Form von Energie. Die gefiederten Gleiter unter den Reptilien entwickelten sich zu Vögeln weiter, die immer mehr energiereiche Nahrung benötigten, um mit dieser Energie ihre immer kräftigere Flugmuskulatur zu versorgen. Ihr Heißhunger, der auf den erhöhten Stoffwechselumsatz zurückging, ließ die Urvögel zu regelmäßigen Besuchern von Blütenpflanzen werden. Hier fanden sie genügend Insekten, die um die Blüten und Samen schwärmten. Der genaue Zeitpunkt, an dem die Samen der Blütenpflanzen eine nahrhafte Hülle erhielten, ist nicht bekannt. Gegen Ende der ersten Hälfte der Kreidezeit standen die Wechselbeziehungen zwischen den Vögeln und den sich entwickelnden Früchten jedoch anscheinend schon auf einem soliden Fundament. Die Pflanzen lockten die Vögel mit Früchten an, die viel leichtverdaulichen und energiereichen Zucker enthielten. Wenn der Vogel erst einmal geködert war, konnten die Pflanzen ihn für ihre Zwecke nutzen: Die Samenkörner wurden von den Vögeln verschlungen oder blieben an ihren Federn, Schnäbeln oder Füßen kleben und wurden auf diese Weise an neue, günstige Standorte verfrachtet. Diese Beziehung zwischen Pflanzen und Tieren, von denen beide Seiten profitierten, hatte weitreichende ökologische Konsequenzen. Die bedecktsamigen Blütenpflanzen wurden dadurch zur wichtigsten irdischen Energiequelle für die Entwicklung von warmblütigen Tieren, die auf dem Erdboden, in den Bäumen und in der Luft lebten.

Genauso wie die Fähigkeit des Menschen, die freie Energie von Kohle, Öl und anderen fossilen Brennstoffen zu nutzen, einen raschen Wandel der Kultur bewirkt hat, wurde das alte ökologische Gefüge durch die Entdeckung einer neuen Energieform bis in die Grundfesten erschüttert. Die primitiven Pflanzenarten der Urwälder im Tiefland, die auf die Verbreitung durch den Wind angewiesen waren, verloren ihre vorherrschende Stellung und traten den Rückzug an. Ihren Platz nahmen bedecktsamige Blütenpflanzen ein, deren Samen schnell zu jedem Ort im Urwald transportiert werden konnten. Dort, wo nacktsamige Baumarten umstürzten und Lücken im Urwald hinterließen, siedelten sich als erste bedecktsamige Blütenpflanzen an. Mit Hilfe der Samenverbreitung durch Vögel konnten die Angiospermen (bedecktsamige Blütenpflanzen) außerdem samenfressenden Insekten und anderen gefräßigen Tieren entgehen, die sich unter dem Kronendach versammelten. Die vom Wind verbreiteten und verhältnismäßig schwer beweglichen Samen der Gymnospermen fielen dagegen Samenräubern leicht zum Opfer. Die Bestäubung der bedecktsamigen Blütenpflanzen durch Insekten hatte darüber hinaus den Vorteil, daß sich auch weit voneinander entfernte Geschlechtspartner fortpflanzen konnten. Vögel, Blütenpflanzen und Insekten zogen gewissermaßen an einem Strang und verstärkten dadurch gegenseitig ihre Leistungskraft. Gemeinsam lösten sie einen dynamischen Entwicklungsprozeß aus, der die Landökosysteme unseres Planeten von Grund auf veränderte.

In der zweiten Hälfte der Kreidezeit, vor etwa 65 bis 100 Millionen Jahren, nahm die Zahl der Angiospermenarten explosionsartig zu, und die bedecktsamigen Blütenpflanzen breiteten sich in alle verfügbaren ökologischen Nischen aus. Dadurch, daß die Angiospermen immer neue Standorte eroberten, mußten die Gymnospermen zwangsläufig immer weiter auseinanderrücken. Das wiederum bedeutete letztlich, daß die Erfolgsaussichten der Windbestäubung, die auf dichte Bestände gleicher Pflanzenarten angewiesen ist, geringer wurden. Primitive Pflanzen, die das Fundament der Nahrungspyramide bildeten, starben auf diese Weise aus und nahmen die Pflanzenfresser unter den Reptilien samt den monströsen Raubtieren, die sich von diesen ernährten, mit ins Grab. Binnen einiger zehn Millionen Jahre wurden Dinosaurier und Gymnospermen ausgerottet; das Zeitalter der Vögel, Angiospermen und Säugetiere hatte begonnen. (Entgegen einer weitverbreiteten Meinung gibt es keine Anhaltspunkte dafür, daß die Dinosaurier *plötzlich* ausstarben. Die verfügbaren Indizien sprechen vielmehr dafür, daß die Dinosaurier in einem viele Millionen Jahre langen Zeitraum von der Erde verschwanden.)

Das Zeitalter der Säugetiere selbst gehörte zu den größten Rätseln der Biologie. Viele Wissenschaftler außerhalb der Ökologie waren nicht bereit, die Tatsache zu akzeptieren, daß der Konkurrenzkampf zwischen den Arten die Pflanzen- und Tierwelt der Erde verändern kann und sie im Laufe der Erdgeschichte auch ständig verändert hat. Wenn die Säugetiere den Reptilien überlegen gewesen wären, so behaupten sie, dann hätten die Säuger die Dinosaurier schon in der frühen Kreide- oder in der Jurazeit verdrängt. Statt dessen lebten die frühen Säuger zigmillionen Jahre lang als kleine Insektenfresser mit den riesigen Sauriern zusammen. Reptilien mit Säugetieren zu vergleichen ist indes wie der Vergleich von Äpfeln und Birnen; sie sind keine ökologischen Äquivalente. Es gibt keinen Grund für die Annahme, die Säugetiere seien den Reptilien überlegen gewesen; es ist eher anzunehmen, daß die Kriechtiere an die belebte Umwelt ihrer Zeit sehr viel besser angepaßt waren. Man muß deshalb nicht die Frage stellen, wieso die Säugetiere mit den Reptilien zusammenlebten, ohne die Herrschaft über sie zu gewinnen, sondern welcher Umweltfaktor die Ausbreitung der Säugetiere zu jener Zeit verhinderte.

Die Säugetiere warteten gewissermaßen auf eine passende Gelegenheit, um sich weiterzuentwickeln. Wie die Vögel waren die Säuger bereits vor dem Erscheinen der bedecktsamigen Blütenpflanzen warmblütig geworden. Sie wurden in eine energiearme Umwelt hineingeboren, deren Nahrungsreserven für die wechselwarmen (heterothermen) Reptilien gerade ausreichten. Die faserreiche Blattnahrung in jener Zeit hatte nicht den Nährwert, den die kleinen und großen Pflanzenfresser unter den heutigen Säugetieren brauchen, und es besteht kein Anlaß anzunehmen, daß sich die vorzeitlichen Säuger in diesem Punkt von den heutigen unterschieden. Die Blätterkost der Huftiere, wie der Hirsche, Rinder, Schafe, Schweine und Pferde, wird beispielsweise durch nährstoffreiche Körnerfrüchte ergänzt. Ohne diese und andere Erzeugnisse der Angiospermen gäbe es für die großen warmblütigen Pflanzenfresser keine Überlebenschance.

Faultiere und Koalabären sind gute Beispiele dafür, wie eine strikte Blätterkost den Stoffwechsel der Säugetiere beeinflußt. Der Stoffwechsel eines Faultiers erreicht nur 42% des Umsatzes, den man bei einem Säugetier seiner Größe erwarten kann. Faultiere können ihre Nahrung nicht schnell genug verdauen, um die Körpertemperatur immer auf gleicher Höhe zu halten; an kalten Tagen sinkt ihre Körpertemperatur um mehrere Grad. Den Koalas ergeht es ähnlich. Um ausschließlich von Blättern leben zu können, sind diese warmblütigen Beuteltiere in der Evolution wieder einen Schritt zurückgegangen und haben die Homoiothermie teilweise aufgegeben. Der Hoatzin, ein Vogel des Amazonastieflandes, der von Blättern lebt, hat die Fähigkeit zum freien Flug beinahe verloren. Diese Beispiele zeigen, daß Ernährungsweise und Energieausbeute der vorzeitlichen Nahrungsquellen zu einem erheblichen Teil darüber entschieden haben, welche Lebewesen die Erde bevölkern sollten. Vor der jüngeren Kreidezeit enthielt das Pflanzenmaterial der Gymnospermen und der anderen damals häufigen Gewächse einen wesentlich höheren Anteil von Fasern und war dadurch weniger genießbar als Gräser oder das Laub von Sträuchern und Bäumen. Das stärkt die Auffassung, daß die Vegetation der vorzeitlichen Wälder eine zu dürftige Grundlage für eine weitverbreitete Warmblütigkeit war, selbst bei den Vögeln. Die warmblütigen Tiere mußten sich damals vor allem von tierischer Kost (Insekten, Aas und am Meer und an Seen von den reichlich vorhandenen Fischen) ernähren. Folglich konnten sich die Säuger innerhalb der Gemeinschaft vorzeitlicher Landwirbeltiere nicht zu großen Tieren entwickeln.

Warum entstanden dann aber in der Jurazeit unter den Säugetieren nicht Fleischfresser, die sich von den Dinosauriern ernährten? Einige neue Erkenntnisse über die Fleischfresser des tropischen Amerika können darauf vielleicht eine Antwort geben. Daniel Janzen stellt in seinem Buch *Costa Rican Natural History* (Die Biogeografie Costa Ricas) fest, daß sich die Fleischfresser der Tropen zum großen Teil auch von Früchten ernähren: »Die ... Karnivoren [von Costa Rica] umfassen sechs Katzen, zwei Hundeartige, sechs Arten von Kleinbären und sechs Marderarten. Alle bis auf den Mittelamerikanischen Fischotter *(Lutra longicaudus)* und den Puma *(Felis concolor)* verzehren angeblich oder nachweislich Früchte in größeren Mengen.« Diese Tiere sind exzellente Samenverbreiter, denn die Samen werden in ihren Verdauungsorganen kaum beschädigt. Früchte haben in der Nahrung der Fleischfresser wahrscheinlich schon immer eine wichtige Rolle gespielt; die Raubtiere konnten sich möglicherweise nur deshalb seit der oberen Kreidezeit weiterentwickeln, weil sich die Angiospermen seither in zahllosen Arten entfalteten und den Tieren immer mehr Früchte und nährstoffreiche Blätter anboten. Umgekehrt hat das geringe Angebot von leichtverdaulichen, energiereichen Pflanzenfetten in den vorhergehenden Perioden der Erdgeschichte höchstwahrscheinlich dafür gesorgt, daß mit Ausnahme der Insektenfresser sämtliche Formen von Säugetieren und Vögeln selten und unbedeutend blieben.

Die Vermutung, die vorzeitlichen Wälder seien ausgesprochen arm an hochwertigen Nahrungsreserven gewesen, erklärt auch eine andere biologische Eigenart der Dinosaurier. Wenn man die Beziehungen zwischen der Körpergröße der verschiedenen Säugetierarten und der Qualität ihrer Nahrung betrachtet und die

***links außen:** Ein Zweifingerfaultier*
***links:** Ein Soldatenara*
(Ara militaris)

Gesetzmäßigkeiten auf die Dinosaurier überträgt, dann kommt man zu einer einleuchtenden Erklärung, warum die Dinosaurier so groß waren. Es ist seit langem bekannt, daß Tiere, je größer sie sind, aus thermodynamischen und physikalischen Gründen auch um so größere Mengen von Nahrung geringerer Qualität verarbeiten müssen, um zu überleben. Die größten pflanzenfressenden Säuger verschmähen daher in der Regel auch das dürftigste Futter nicht. Kein Wunder, daß die größten pflanzenfressenden Landtiere aller Zeiten sich von Pflanzenmaterial ernährten, das wesentlich mehr Fasern enthielt und damit von geringerer Qualität als das Material der heutigen Angiospermen war (Gräser gehören zu den Angiospermen).

Mit dem Erscheinen der bedecktsamigen Blütenpflanzen und der Vögel gegen Ende der Kreidezeit hatte für die Säugetiere ein neues Zeitalter begonnen. Der Kronenraum wurde sofort von einem kleinen spitzmausähnlichen Insektenfresser besiedelt, von dem die Primaten (oder Herrentiere) und Fledermäuse abstammen. Die Evolution der Primaten führte zum Menschen, die der Fledermäuse die ausgetretenen Pfade der stammesgeschichtlichen Entwicklung hin zu einem Tier, das fliegen kann. In beiden Fällen hatten wiederum die prägenden Kräfte des Kronenraumes die Richtung der Evolution bestimmt. Fledermäuse waren die dritte Gruppe von Tieren des Kronenraumes, die den freien Flug erlernten. Heute findet man in jedem Urwald der Neuen Welt mehr Fledermausarten als alle anderen Säugetierarten zusammen. Viele dieser Fledermausarten ernähren sich von Früchten.

Die von Regal entwickelte Theorie kann nach geringfügigen Änderungen besser als alle anderen Theorien die komplexen ökologischen Umwälzungen erklären, die seit der späten Kreidezeit stattgefunden haben. Seine Annahme gründet im Gegensatz zu anderen Theorien auf den umfangreichen Erkenntnissen, die in den vergangenen 20 Jahren bei biologischen Forschungen in den Tropen gewonnen wurden. Um glaubwürdig zu sein, muß eine Theorie jedoch systematisch Rechenschaft über Änderungen der Pflanzen- und Tierwelt in der Vergangenheit und Zukunft ablegen.

Regal wußte, daß im Laufe der Angiospermen-Vögel-Revolution nicht alle Gymnospermen aus den tropischen Wäldern verdrängt wurden. In der Neuen Welt konnten sich neben wenigen anderen Arten zum Beispiel *Gnetum* und *Zamia* behaupten. Als Regal seine Theorie niederlegte, war die Biologie dieser Überbleibsel aus grauer Vorzeit noch weitgehend unbekannt. Wenn nachgewiesen werden könnte, daß die genannten Pflanzen mit beiden Anpassungsmerkmalen der primitiven Gymnospermen – Verbreitung der Pollen und Samen durch den Wind – das große Pflanzen- und Tiersterben am Ende der Kreidezeit überlebt hatten, dann würde seine Theorie an Überzeugungskraft verlieren.

Meine ersten Untersuchungen der *Gnetum*-Lianen in der Krone des riesigen *Hymenolobiums* hatten im Hinblick auf die Fortpflanzung der Pflanze noch zu keinen schlüssigen Ergebnissen geführt. Ein paar Jahre später, als ich wieder nach La Selva kam, ergab sich nochmals die Gelegenheit, die Pflanze eingehend zu untersuchen. David Clark, der Direktor der Forschungsstation, erzählte mir damals, daß *Zamia* von Insekten bestäubt und wahrscheinlich von bodenlebenden Säugetieren verbreitet würde. Diese Beobachtung paßte hervorragend zu Regals Theorie, denn *Zamia* hatte mit typischen Merkmalen der bedecktsamigen Blütenpflanzen im Urwald überlebt. Ich wurde sofort hellhörig und wollte unbedingt sehen, ob es sich mit den *Gnetum*-Pflanzen möglicherweise ähnlich verhielt.

Zu jener Zeit gab es erst einen Hinweis darauf, welches Tier die *Gnetum*-Samen verbreiten könnte: Affen. Dieser Hinweis schien allerdings unglaubwürdig, weil sich Affen wahrscheinlich die eßbare Nuß schmekken ließen und die Pflanze eher beschädigten, als für ihre Verbreitung zu sorgen.

Ich kletterte deshalb noch einmal auf den *Hymenolobium*-Baum, um mehr Information zu sammeln. Am späten Nachmittag tauchten in den benachbarten Bäumen weißgesichtige Kapuzineraffen auf. Da sie jedoch scheue und flinke Tiere sind, konnte ich nicht herausfinden, ob *Gnetum*-Samen nach ihrem Geschmack waren. Die Affen entdeckten mich sofort, bellten laut zur Warnung ihrer Artgenossen und verschwanden auf weit entfernte Baumkronen.

Es gab eine Menge Vögel auf und in der Umgebung des *Hymenolobiums,* was meine hochgesteckten Erwartungen nährte. Schneeweiße Kotingas und Maskentityras, beides Arten des Kronenraums, flogen auf der Suche nach Insekten zwischen den Ästen des *Hymenolobiums* hin und her. Drei große grüne Aras landeten rund 60, 70 Meter von mir entfernt in einer Baumkrone und fraßen Früchte. Die Aras waren früher an der karibischen Seite der mittelamerikanischen Landbrücke weit verbreitet, jetzt sind sie aber durch Eingriffe des Menschen in den Naturhaushalt von der Ausrottung bedroht. Ein Halsband-Faulvogel hockte auf einer der *Gnetum*-Lianen und flog gelegentlich auf, um ein großes Insekt in der Luft zu fangen. Die Halsband-Faulvögel können erstaunlich große Beutetiere verschlingen. Ich war einmal 1,50 Meter von einem Faulvogel entfernt, der eine Zikade von der Größe seines Kopfes verschlang. Schwärme von Papageien flogen unter mir durch den Wald, und ich hatte die seltene Gelegenheit, ihr buntes Rückengefieder zu bewundern. Ein Schwarm von Rostbauch-Schakuhühnern, etwa truthahngroßen Hühnervögeln, landete auf den Ästen eines benachbarten Baums. Sie ruhten nur einen Augenblick lang aus, bevor sie zu einem unbekannten Sammelpunkt weiterflogen. Der imposanteste Besucher war ein Prachthaubenadler, der sich sechs Meter über mir im Geäst niederließ. Wie der große grüne Ara ist dieser Greifvogel sehr selten geworden, und ich war glücklich, ihn aus nächster Nähe gesehen zu haben. Keiner der Vögel zeigte jedoch Interesse an den zuckersüßen Früchten der *Gnetum*-Lianen. Ich glaubte allmählich, daß am Ende vielleicht doch die Affen die Samen verbreiteten.

Der Tag war heiß gewesen; ich begrüßte deshalb eine hohe Wolke mit schwarzem Grund, die herantrieb und kühlen Regen brachte. Der Gewittersturm packte die Krone des *Hymenolobiums* und schüttelte sie so wütend, daß mir angst und bange wurde. Bei den ersten Regentropfen erstrahlte über dem benachbarten Wald ein Regenbogen, der – im Gegensatz zu anderen Regenbogen – allerdings nicht den Boden berührte. Da ich ihn aus luftiger Höhe beobachtete, schloß sich der normale Halbkreis des Regenbogens zu einem vollen Kreis. Er verschwand, als sich ein schwerer Regenschauer über die Baumkrone ergoß und eine wahre Sintflut im Kronenraum an den Ästen entlang Sturzbäche zum Boden schickte. Sie machten jeden Quadratzentimeter der Rinde triefendnaß und füllten die Zisterne einer wunderschönen Bromelie.

Nach dem Regen flog ein Pärchen blauer Pitpits in die Krone. Sie huschten im Geäst über mir umher, und ich fragte mich, was ihr Interesse erregt hatte. Das Weibchen verschwand in einer Asthöhlung, aus der kurz darauf Wasser spritzte. Nach ein paar Sekunden flog es auf einen anderen Ast, und das Männchen hüpfte in das Loch: Die beiden Vögel badeten in einer »Baumbadewanne«, einer kleinen Vertiefung, in der sich Wasser angesammelt hatte. So ungewöhnlich, wie ich geglaubt hatte, war das Verhalten allerdings nicht, denn am nächsten Tag besuchte Roberta Halsey, eine Kollegin, den Baum und sah, wie zwei Halsband-Arassaris in einem größeren Loch im unteren Teil des Baums badeten. Der *Hymenolobium* war das Vogelbad des Kronenraums.

Der Tag ging langsam zur Neige, und ich bereitete mich auf den Abmarsch vor, als zwei Halsband-Arassaris in den *Gnetum*-Lianen landeten, wo sie sofort nach Früchten suchten. Einer der beiden Vögel pflückte eine reife Frucht, kaute eine Weile auf ihr herum, sprang dann auf einen anderen Ast und ließ das Samenkorn zu Boden fallen. Das war nicht gerade die Art der Samenverbreitung, die ich mir vorgestellt hatte: Ein Samenkorn, das vom Baum fiel und dabei von einem Ast abprallte, hätte den gleichen Weg zurückgelegt. Der andere Arassari ging genauso mit der Frucht um, und nach einigen Minuten flog das Paar mit leeren Schnäbeln wieder davon.

Ich wollte gerade absteigen, als ein anderer, viel größerer Vogel die Baumkrone ansteuerte. Es war ein Braunrücken-Tukan, der größte Tukan in den Urwäldern von La Selva. Der Vogel hüpfte nach ein paar Sekunden seitwärts auf einen Ast mit einem Büschel von *Gnetum*-Blättern und -Früchten. Mein Herz schlug vor Aufregung bis zum Halse, ich wartete aber regungslos, um den Vogel nicht zu verscheuchen. Er saß wenige Meter über mir auf dem Ast und begutachtete die Früchte genau. Dann pflückte er eine reife Frucht und machte mit seinem Schnabel viele tiefe Schnitte in das Fruchtfleisch. Anschließend schleuderte der majestätische Vogel zu meiner Verwunderung die Frucht in die Luft, fing sie mit weitgeöffnetem Schnabel wieder auf und verschluckte sie wie ein Stück Popcorn. Bevor er wegflog, wiederholte er dieses Kunststück noch einmal.

Tukane eignen sich hervorragend, um Samen der *Gnetum*-Lianen zu verbreiten: Bevor der Vogel die Frucht verschlingt, schneidet er die Schale mit dem Schnabel ein, damit der muskulöse Kropf innerhalb der Speiseröhre das süße Fruchtfleisch leichter abschälen kann. Nachher würgt er den unbeschädigten Samen an einem weit entfernten Standort im Wald wieder aus.

Der Braunrücken-Tukan hat sich anscheinend gemeinsam mit den Früchten des *Gnetum* entwickelt, eine Annahme, die im nachhinein offenkundig wurde. Vermutlich konnte *Gnetum* das Artensterben am Ende der Kreidezeit mit Hilfe der ökologischen Strategie der bedecktsamigen Blütenpflanzen überleben; die Pflanze bot den Vögeln als Lohn für die Verbreitung ihrer Samen wie die Angiospermen energiereiche Nahrung.

Eine Frage mußte noch geklärt werden: Wie wird *Gnetum* bestäubt? Da die Lianen ziemlich selten und viele 100 Meter voneinander entfernt sind, war eine Bestäubung durch den Wind wohl kaum erfolgversprechend. »Blüten«, die Tiere als Überträger von Pollen anlocken sollten, besaß die sonderbare Pflanze ebenfalls nicht. An den weiblichen Fortpflanzungsorganen war nichts zu entdecken, was Ähnlichkeit mit einer Blüte oder mit Nektar hatte und sonst für Tiere hätte anziehend sein können.

Trotzdem gab es eindeutige Beweise dafür, daß die Pflanze lebensfähige Samen produzierte: Der Waldboden unter den *Gnetum*-Lianen war mit keimenden Samen übersät, die um die Aufstiegswege zum Kronendach stritten. Bei genauerer Betrachtung einiger Sprosse, die Früchte trugen, entdeckte ich Hinweise darauf, wie sich *Gnetum* fortpflanzen könnte. An allen Stellen, an denen sich Früchte bilden konnten, fand ich einen winzigen Samen, der sich entwickelte. Ein Kennzeichen der tropischen Pflanzen ist es, daß sie Pollen von Artgenossen brauchen und daß nur aus einem sehr kleinen Teil der Eizellen Früchte entstehen – abgesehen von den Pflanzen, die sich selbst bestäuben können. Letztere erzeugen im Verhältnis zur Zahl der Eizellen häufig sehr viele Früchte. Der außergewöhnlich hohe Anteil keimender Samen brachte mich auf den Gedanken, daß *Gnetum* möglicherweise ohne Befruchtung Embryonen aus den Samen bildet, ein Vorgang, der bei den Pflanzen als Apomixis und bei den Tieren als Parthenogenese bezeichnet wird.

Obwohl die Fortpflanzung des *Gnetum* weiterhin ein Rätsel bleibt, wird Regals Theorie doch durch die Tatsache untermauert, daß die *Gnetum*-Samen durch den Braunrückentukan verbreitet werden. Klimaschwankungen als Folge von langfristigen Änderungen der Sonnenstrahlung sowie Änderungen der Erdumlaufbahn und der Drift der Kontinente mögen zum Artensterben in der Oberkreide beigetragen haben, im wesentlichen war es jedoch, wie Regal ausführlich beschreibt, der erbitterte Konkurrenzkampf der Arten, der das vorzeitliche Ökosystem auf den Kopf stellte und durch ein neues ersetzte, das heute noch funktioniert.

Das Baumhaus

Die tropischen Regenwälder der Erde wurden zwischen 1974 und 1978 in einem Tempo abgeholzt, das selbst die düsteren Prognosen des Tropenbotanikers Paul Richards übertraf. Nach seinen Schätzungen werden sie im Jahr 2000 praktisch von der Erdoberfläche verschwunden sein. Im selben Zeitraum sprengte ich mit meinen Kletterseiltechniken das Tor zum Kronenraum auf; es öffnete sich indes nur sehr langsam, und lediglich eine Handvoll Biologen begann weltweit die Baumkronen zu untersuchen. Mit jedem Jahr, das verging, häufte sich ein immer größerer Berg von Arbeit an, der nicht zu bezwingen war. Mir wurde klar, daß die Geschichte des Kronenraumes 100000 dicke Bände füllen könnte, und noch kein einziger davon war geschrieben. Jeden Tag wurde wieder ein Stück des Lebens im Kronenraum vernichtet, und es bestand die Gefahr, daß wir und zukünftige Generationen nichts mehr über die vielfältigsten Lebensgemeinschaften erfuhren, die es je auf unserem Planeten gab.

Die Mehrzahl der Biologen hatte Untersuchungen im Kronenraum wegen des hohen Risikos bisher gescheut; deshalb wollte ich eine »risikolose« Methode zur Untersuchung der oberen Urwaldstockwerke entwickeln, denn mit jedem Menschen, der sah und erkannte, welche wissenschaftlichen und wirtschaftlichen Reichtümer in den Wäldern verborgen waren, wuchs die Chance, daß man sie vor der völligen Vernichtung bewahren konnte. Ende Juni 1978 hatte ich eine Idee, wie man die Baumkronen auf einem interessanten, aber sicheren Weg erforschen kann, und hoffte, damit Wissenschaftler für Untersuchungen im Kronenraum zu gewinnen. Die Biologie des Kronenraums sollte als Forschungsgebiet endlich den Stellenwert erhalten, den sie verdient.

Ich hatte die Forschungsstation nach dem Frühstück mit genügend Ausrüstung, Bettzeug und Vorräten verlassen, um eine Nacht im Kronenraum zu verbringen. Mein Ziel war eine hölzerne Plattform in der Krone eines Topffruchtbaums (*Lecythis ampla*), die ich vor kurzem mit Hilfe von Mike Grayum und Phil de Vries, einem Schmetterlingsexperten, errichtet hatte. Der Tag begann vielversprechend, denn in 20 Meter Höhe über dem Erdboden beobachtete ich ein Dreifinger-Faultier (*Bradypus variegatus*), das sich in der Astgabel eines *Virola*-Baumes ausruhte. Ich beeilte mich, einen Elektronenblitz an der Kamera zu befestigen, als sich das Faultier gestört fühlte und anschickte, den Stamm hinaufzuklettern. Nach mehreren Aufnahmen war es hinter Blättern verschwunden. Sein Fell war mit grünen Algen besetzt, die das Tier wie einen Epiphytenstrauch oder eine große herabhängende Frucht aussehen ließen.

Ein verdorrter Ast schabte über sein Fell und scheuchte ein halbes Dutzend Zünsler (Sackmotten [kleine Falter]) auf, die sich auf Dauer in seinem Pelz eingenistet hatten. Sie schwärmten aufgeregt um die Schultern des Faultieres, in dessen Fell gewöhnlich auch Milben, bestimmte Käfer und verschiedene Arten anderer Gliederfüßer hausen. Es ist sonderbar, daß Faultiere so gründlich von Schmarotzern heimgesucht werden; auf einem Tier kann man mehr als 900 Käfer finden.

Das Bild des Urwalds verändert sich jeden Tag ein wenig. Einige Wochen zuvor hing hier noch eine große weiße Blüte von einem epiphytischen Kaktus herab, der sich an den Stamm eines *Pentaclethra*-Baumes klammerte und spiralenförmig um einen größeren Ast wuchs. Die Blüte hatte sich jetzt in eine glänzende rote Frucht verwandelt. Kleine Vögel, vor allem die allgegenwärtigen Organisten (*Euphonia*), wurden von dem auffälligen Farbton angelockt und trugen die klebrigen schwarzen Samen zu anderen Ästen, wo sie vielleicht keimten. Direkt hinter mir baumelten einige große fleischige Blüten wie Ornamente an dem Stengel einer *Bignonia*-Liane. Prachtbienen, glänzende Juwelen mit roten und grünen Körpern, schwebten vor den Blütenöffnungen und warteten darauf, eingelassen zu werden. Man nennt sie vielfach wegen des Metallglanzes einiger Arten Goldbienen; sie schillern allerdings in allen Farben des Spektrums.

Prachtbienen sind mehr als eine ästhetische Bereicherung der Urwaldfauna; sie spielen als die wichtigsten Bestäuber sowohl von Bäumen als auch von Epiphyten im finsteren Urwaldkeller eine wichtige Rolle.

Als ich über den *Virola*- und den benachbarten *Pentaclethra*-Baum höher hinaus kletterte, spürte ich wieder die bohrende Angst, die einen in dem verhältnismäßig leeren Raum zwischen den Wipfeln der kleineren Bäume und den Kronen der Urwaldriesen überfällt. Anfangs hatte ich diese Angst blindlings als eine logische und wohlbekannte Begleiterscheinung der Arbeit in größeren Höhen akzeptiert. Mit zunehmender Erfahrung stellte sich jedoch heraus, daß das, was einfach »Höhenangst« genannt wird, in Wirklichkeit eine komplexe Reaktion mit einigen angeborenen Elementen ist, deren Ursprung bis zu der Zeit zurückverfolgt werden kann, zu der unsere Urahnen im Kronenraum lebten. Vom festen Boden aus betrachtet, könnte man vielleicht annehmen, die Angst würde einfach mit zunehmender Höhe größer werden. Die Reaktionen, die ich beobachten konnte, sind indes komplizierter und schließen eine Vielzahl bekannter und vorher unbekannter Faktoren ein. Zu dieser Überzeugung bin ich erst allmählich durch die Beobachtung meiner eigenen Gefühle und der Reaktionen vieler Wissenschaftler, Vogelliebhaber und Touristen gelangt, die zusammen mit mir in den Kronenraum geklettert sind. Bei jedem einzelnen entwickelten sich die Angstgefühle nach einem mehr oder weniger identischen Muster: einem Pendeln zwischen unbegreiflicher Behaglichkeit und unvernünftiger Angst. Im folgenden möchte ich an einem Beispiel zeigen, wie die meisten Menschen bei der Klettertour zur Plattform in der Baumkrone reagierten.

Anfänger im Seilklettern zeigten erstmals in etwa 4,50 Meter Höhe deutliche Angstgefühle. Dort verließen sie durch eine Schicht von Palmenblättern hindurch die bodennahe Zone des Urwalds, außerdem schien dort die Höhe gefährlich zu werden. Das Seil verlief dann bis zu einer Höhe von rund 22 Meter an Baumkronen vorbei oder durch sie hindurch. Auf dieser Etappe wuchs, wie man erwarten konnte, in jedem die Angst; zur gleichen Zeit hielten aber alle unerschrocken an ihrem Entschluß fest, die Plattform zu erreichen. Drei Meter höher, also 25 Meter über dem Erdboden, veränderte sich die nähere Umgebung schlagartig, denn die Wipfel der benachbarten Bäume verschwanden unter dem Gesichtskreis, und der Kletterer kam in einen riesigen, mit Luft erfüllten Raum, in dem das einzig feste, greifbare Objekt das Seil war. Dies ist ein herrlicher Ort, um in den tieferen und höheren Stockwerken des Waldes ungewöhnliche Lebewesen zu beobachten – leider gab es nur sehr wenige, die den Ausblick genießen konnten. Der leere Raum schien bei den meisten an der Psyche zu nagen, und ängstlichere Naturen gerieten fast in Panik. Kaum einer wurde nicht von der Angst befallen. Immer wieder mußte ich den Kletterern versichern, daß die Angst nachlassen würde, sobald sie die Krone des Topffruchtbaums erreicht hatten. Diese Behauptung wurde stets mit sehr viel Skepsis aufgenommen; unser Verstand erliegt dem Trugschluß, daß es, je höher man

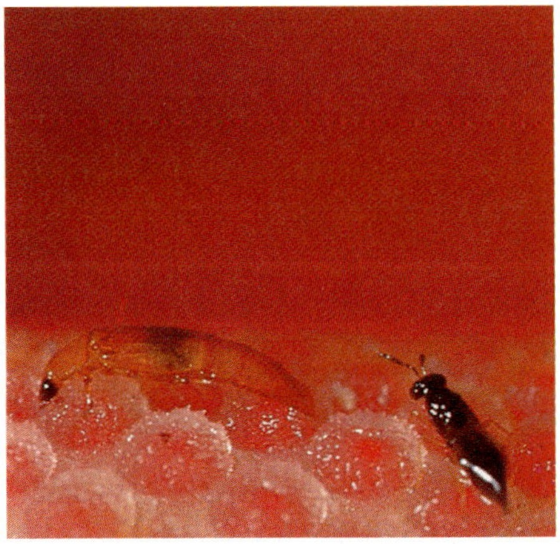

Käfer und Legewespen in der geheimnisvollen scharlachroten Kammer der Philodendron-Blüte
***außen:** Ein Dreifingerfaultier*

Meine 1,20 × 2,40 Meter große Beobachtungsplattform 33 Meter über dem Erdboden in den Ästen eines Topffruchtbaums

klettert, um so schlimmer werden müsse. Die Kletterer, die den Aufstieg bis zum Ende durchhielten, entdeckten jedoch, daß entgegen ihrer festen Überzeugung im Kronenraum die Angst von einem sehr angenehmen Gefühl abgelöst wird.

Auf dem Erdboden erscheint dies alles vielleicht nicht der Rede wert. Da Äste Lasten tragen, werden sie von unerfahrenen Kletterern ganz selbstverständlich als sichere Plätze angesehen. Die meisten Äste auf dem Weg zur Plattform waren allerdings zu klein, um den verängstigten Kletterern ein Gefühl von Sicherheit geben zu können. Ein anderer Grund, sich zwischen den Blättern geborgen zu fühlen, könnte der sein, daß die Blätter den Erdboden verbergen und daß der Abstand vom Boden, der uns normalerweise instinktiv vor den Gefahren der Höhe warnt, nicht mehr genau geschätzt werden kann. Von der Plattform aus konnte man aber den Erdboden immer erkennen, denn die Äste entlang der Aufstiegsroute waren gekappt, um einen unbehinderten Aufstieg zu ermöglichen; der Erdboden war ferner durch schmale Lücken in den darunterliegenden Vegetationsschichten zu erkennen. Blätter und kleine Äste, auch wenn sie schwach sind, müssen beim Betrachter ein angenehmes Gefühl der Sicherheit erzeugen; nach reiflicher Überlegung glaube ich, daß das die einzige einleuchtende Erklärung für die geringere Angst im Kronenraum ist. Anscheinend besänftigen die vielen Objekte, die sich dort in Höhe der Augenebene im Gesichtsfeld befinden, die angespannten Nerven.

Es gehört zu den Widersprüchen in der Psyche des Menschen, sich in der Höhe in einer Hülle aus Blättern, die nichts zu seiner Sicherheit beitragen kann, sicher zu fühlen, in einer tieferen, objektiv gesehen weniger gefährlichen, aber freien Position dagegen beinahe vor Angst zu sterben. Diese Widersprüche lösen sich auf, wenn man sie aus dem Blickwinkel der Evolution betrachtet. Unsere kleinwüchsigen Urahnen verbrachten zigmillionen Jahre ihrer Entwicklungsgeschichte in den Baumkronen tropischer Wälder. Die Angst vor exponierten Stellen – etwa beim Klettern an einzelstehenden Stämmen oder an Lianen, in deren Nähe es keine Pflanzen gibt, die als Sicherheitsnetz dienen könnten – ist eine ganz normale Reaktion. Ein dichtes Geflecht aus kleinen Ästen und Schlingpflanzen, an das man sich klammern könnte, gibt hingegen ein angenehmes Gefühl der Sicherheit; für kleine Primaten war ein solches Geflecht ein wichtiges Element der Sicherheit.

Beobachtungen aus der Höhe des Kronenraums vermitteln eine neue und schlüssigere Erklärung der Angstgefühle, die uns in der Nähe der Abbruchkante einer Steilküste befallen. Die herkömmliche Erklärung besagt, daß der Blick in die Tiefe des Abgrunds die Angst erzeugt. Das stimmt nur zum Teil. Das Klettern am Seil hat bewiesen, daß die stärkste Höhenangst nicht dadurch ausgelöst wird, daß wir die Tiefe wahrnehmen, sondern bei den Primaten das Ergebnis eines möglicherweise tiefverwurzelten Instinkts ist, der durch das Fehlen von Sicherheits- oder Fangnetzen ausgelöst wird. Es ist das Fehlen von »optischen Sicherheitsnetzen«, das uns beim Blick in einen Abgrund die meiste Angst einflößt. Das Interessanteste daran ist die Tatsache, daß diese »Sicherheitsnetze« das Risiko eines Sturzes praktisch überhaupt nicht verringern müssen, um ein angenehmes Gefühl der Sicherheit zu erzeugen.

Meine Vermutung, daß wir bezüglich der Höhe einen Angst-Sicherheitsgefühl-Instinkt besitzen, erklärt zum Beispiel, warum es vielen Leuten hinter großen Fenstern hoher Gebäude schwindlig wird und warum sie sich nicht überwinden können, näher an diese optische Abbruchkante heranzutreten, obwohl sie genau wissen, daß damit keinerlei Gefahr verbunden ist. Dieselben Leute werden wahrscheinlich durch eine dünne Gardine beruhigt, weil sie einen beachtlichen Teil des Gesichtsfeldes ausfüllt. Flugzeughersteller berücksichtigen diese primitiven Instinkte wohlweislich, wenn sie Flugzeuge konstruieren: Kleine Fenster geben den Passagieren ein Gefühl der Geborgenheit wie im Kronenraum, wo der Erdboden nur durch kleine Fenster im Blätterdach sichtbar ist.

Wenn ich in die Nähe der Plattform kam, wurde ich besonders wachsam, denn in dieser Zone war ich schon häufiger auf Tiere gestoßen, die ich noch nicht gesehen hatte. Eines Tages saßen zwei winzige Felsengebirgs-Sperlingskäuze am Rand des Daches und putzten einander zärtlich das Gefieder. Der Gedanke an dieses Bild verdrießt mich noch heute, denn ich hatte alle meine Kameras in der Forschungsstation gelassen. Als ich mit meiner Ausrüstung zurückkam, hatten sich die Sperlingskäuze auf einem entfernten Ast niedergelassen und waren nicht mehr zusammen. Daraus lernte ich, daß ich immer eine Kamera mitnehmen sollte, eine Gewohnheit, die sich schon nach wenigen Tagen auszahlte, als ein seltener Buntfalk auf einem benachbarten Ast landete. Über das Verhalten dieses kleinen Greifvogels ist, abgesehen von einzelnen Berichten, kaum etwas bekannt. Die interessantesten Informationen stammen von Gary Stiles, einem Ornithologen, der beobachten konnte, wie ein Buntfalk mit hoher Geschwindigkeit durch das Unterholz des Urwaldes flog, um einen Kolibri an seinem Ruheplatz zu schlagen. Der Falk hatte offenbar trotz der dichten Vegetation gewußt, wo sich der Kolibri ausruhte; außerdem mußte er eine fast unglaubliche Wendigkeit besitzen, um seine Beute in dem Pflanzendikkicht zielsicher anzusteuern.

Das auffälligste Kennzeichen der Krone des Topffruchtbaums waren die Epiphyten, die seine Äste umhüllten. Die reiche Epiphytenflora umfaßte fünf Arten von Ananasgewächsen, die in der Größe von einer handflächengroßen Pflanze bis zu einem Riesen mit knapp zwei Metern Durchmesser reichten; es gab ferner zwei Kaktusarten, verschiedene Anthurien, viele Orchideen, zwei Arten von Philodendron und eine Pflanze mit dem Namen *Cochliostemmae*, die einer Bromelie sehr ähnlich war. Insgesamt wuchsen fast 50 Arten von Blütenpflanzen auf den Ästen um die Plattform. Wenn man alle Ecken systematisch nach seltenen Arten durchforstet hätte, wäre die Zahl zweifellos doppelt so groß gewesen.

Interessanterweise waren die Äste des Topffruchtbaums dicht von Epiphyten bewachsen, während die Äste des *Hymenolobiums* nahezu kahl waren. Zwei Eigenarten machten die Rinde des Topffruchtbaums für Epiphyten zu einem idealen Standort: Seine Rinde blättert nicht schnell ab, außerdem wird sie von tiefen Furchen durchzogen, so daß sich darin das Regenwasser in der Baumkrone ansammeln kann. Die traditionelle Erklärung, daß sich die Bäume durch das Abschälen der Rinde von unerwünschtem Pflanzenbewuchs befreien, würde erklären, warum der *Hymenolobium* keine Epiphyten trug, und doch trifft diese Regel nicht immer zu. Einige *Hymenolobium*-Bäume hatten ein oder zwei Äste, die von Epiphyten geradezu erdrückt wurden. Diese Äste ragten aber unter die Krone eines anderen Baums, von dem ein ständiger Regen von Epiphytensamen und vielleicht auch weiterentwickelten Pflanzen niederging. Merkwürdigerweise trug ein Baumwollbaum (*Ceiba pentandra*), der über das Blätterdach ragte, die größte Epiphytenlast. Bei diesem Baum blättert die Rinde schnell ab; anscheinend ist das Abschälen der Rinde doch nicht das Allheilmittel gegen Pflanzenbewuchs, wie immer behauptet wird.

Weil die Plattform kein Geländer hatte, befestigte ich meinen Gurt sofort an einer Sicherheitsleine und löste mich dann vom Kletterseil. Die Luft war mit dem Ananasduft überreifer, süßer Früchte von vielen langblättrigen *Sphaeradenia*-Pflanzen erfüllt, die überall von den Ästen hingen. Nachdem ich das Feldbett aufgestellt und das Kamerazubehör ausgepackt hatte, setzte ich mich an den Rand der Plattform und ließ die Beine in der Luft baumeln. Mit dem Fernglas schaute ich Bienen und anderen Tieren zu, die Almendros und andere blühende Bäume der oberen Urwaldstockwerke besuchten und dabei die Blüten bestäubten. Ein Halsband-Faulvogel kam im Sturzflug von einem hohen Ast herab, schlug gegen die Blätter des Topffruchtbaums und flog mit einem zappelnden Anolis davon. Schopfkolibris und andere Arten von Kolibris schlürften Nektar aus den süßduftenden Blüten einer strauchigen *Souroubea*-Epiphyte; Glatzenkopfpapageien knabberten Samen und Früchte eines *Dendropanax*-Baums. Gelegentlich sah ich eine einheimische Plattschnabel-Sägeracke, die unter mir in der Nähe des Waldbodens Insekten verspeiste.

Wochenlang beobachtete ich Tiere, sammelte und nahm Proben von Nüssen und Früchten des Kronenraums, genoß die Düfte exotischer Blüten und löschte meinen Durst mit dem Regenwasser vom Dach der Plattform. Die Plattform war für mich ein idyllischer Zufluchtsort, auf dem Weg zu meinem Hauptziel war sie aber ein Rückschritt. Schließlich hatte ich mir vorgenommen, ein Verfahren zu entwickeln, mit dem man sich sicher durch die Baumkronen bewegen konnte.

Seit mindestens einem Jahrhundert werden Plattformen errichtet, um das Urwaldleben aus luftiger Höhe zu beobachten. Bei der Arbeit auf einer derartigen Plattform wird man unweigerlich von dem Gefühl ergriffen, eingesperrt zu sein. Marston Bates machte diese Erfahrungen schon vor langer Zeit. In seinem Buch *The Forest and the Sea* (Der Wald und das Meer) berichtet er darüber:

»In meinem Wald war ich [auf den Plattformen] immer an die Stämme der Bäume gefesselt. Ich besaß kein Mittel, mich hinaus in den »interarborealen Raum«, den Raum zwischen den Bäumen, zu bewegen. Ich konnte allenfalls noch eine armselige Affenart sein, aber es würde mir nie gelingen, mich wie ein Vogel durch den Wald zu bewegen. Im Meer hingegen war es anders: Hier wurde ich eins mit den Fischen; ich konnte schwimmen, tauchen oder mich in ihrer Mitte im Wasser schwebend ausruhen. Ich muß meinen Traum, zusammen mit den Vögeln durch den Wald zu schweben, auf andere Weise erleben.«

Dieser Traum quälte auch mich. Der Wunsch, mich den Schmetterlingen anzuschließen, die 30 Meter von mir entfernt die frischen roten Blätter einer *Cespedezia* umschwärmten, oder dem Trupp von Brüllaffen auf einem ihrer täglichen Ausflüge durch die Baumkronen zu folgen, wurde immer stärker. Rechts von der *Cespedezia* stand ein 20 Meter hoher Ameisenbaum (*Cecropia*). Für Kletterer war dieser Baum jedoch absolut tabu: Seine Äste waren schwach und brüchig; außerdem würden bei der geringsten Störung Tausende von beißlustigen Ameisen aus Löchern im Stamm und in den Ästen schwärmen und sich auf den Kletterer stürzen. Hinter dem Ameisenbaum ragte ein Baumstumpf auf,

links: *Ein Felsengebirgs-Sperlingskauz (meines Wissens das bisher einzige Foto, das den Vogel in der freien Natur zeigt)*
unten: *Es gibt keinen besseren Weg, die Kronenwelt des Regenwalds kennenzulernen, als dort Tag und Nacht zu verbringen. Dies ermöglichte mir meine Plattform in einem Topffruchtbaum, dessen Früchte zu dem Schmackhaftesten gehören, was ich je gegessen habe*

der von einem Philodendron gekrönt wurde. Wer aber würde es wagen, den hohen morschen Stamm hinaufzuklettern, um die Lebensgeschichte des Philodendrons zu erforschen?

Diese und zahllose andere Forschungsobjekte lagen weit außerhalb meiner Reichweite, weil sie sich auf Bäumen befanden, deren Äste unter meinem Gewicht brechen würden. Nach einer groben Schätzung muß man die Hälfte aller Bäume in Kronenraum in diese Gruppe einordnen. Auf ihren Ästen wurde jedoch ein Großteil der nahrhaften Pflanzenmasse des Urwaldes erzeugt, und das Leben der Vögel, Affen, Faultiere, Insekten und Schlangen spielte sich deshalb häufig um sie herum ab. Und es gab keine Methode, diese Zone genauer zu untersuchen.

Ein Trupp weißgesichtiger Kapuzineraffen bewegte sich aus Nordwesten auf mich zu. Sie hatten Streit miteinander, und ihre wütenden Schreie hallten durch den Wald. Bald darauf drehte der Trupp ab und beruhigte sich wieder. Dann hörte ich ein aufgeregtes Rascheln in mehreren Baumkronen; wie eine Welle lief es durch den Kronenraum. Ein einsamer Affenmann kam rasch auf mich zu. Nach den Sitten der Affen war er entweder ausgestoßen oder nicht in den Trupp aufgenommen worden. Normalerweise entdecken die Affen Menschen schnell, dieser Affenmann war aber so durcheinander, daß er mich nicht sah. Bei Primaten ist das Leben in Gruppen das oberste Gebot; viele Augen können die Gefahr weit besser erkennen als ein einzelnes Augenpaar.

Das war nicht immer so. Die frühen Primaten waren nachtaktive, spitzmausähnliche Tiere, die in niedrigen Sträuchern lebten und sich dort von Samen ernährten. Am Erdboden schoben sie ihre Schnauze auf der Suche nach Kleintieren durch die Streuschicht. Sie hatten – ganz ähnlich wie Ratten – die Augen seitlich am Kopf, wodurch ihr Gesichtsfeld größer wurde. Die ersten Primaten waren deshalb nicht auf Artgenossen angewiesen, die sie vor nahenden Gefahren warnten, und lebten eher als Einzelgänger.

Das Leben im Kronenraum begann diese frühen Primaten auf ungewöhnliche Weise zu verwandeln. In einem Zeitraum von vielen Millionen Jahren verlagerten sich ihre Augen an die Vorderseite des Kopfes und verliehen ihnen damit die Fähigkeit, binokular, also mit beiden Augen zugleich, zu sehen. Es wird oft behauptet, daß die Notwendigkeit, bei gefährlichen Sprüngen den Abstand zwischen Ästen genau zu beurteilen, die selektive Kraft bei der Entwicklung des binokularen Sehens gewesen sei. Eichhörnchen gehören zweifellos zu den erfolgreichsten Tieren des Kronenraums; ihre Augen sind aber zur Seite gerichtet! Man muß daher davon ausgehen, daß sich das binokulare Sehen aus einem anderen Grund entwickelt hat.

Nach vorn gerichtete Augen und binokulares Sehen sind für die Jagd auf Beutetiere notwendig. Katzen sehen zum Beispiel binokular, um kleine Beutetiere wie Mäuse und Vögel zielsicher zu fangen; kleine Beutetiere, einschließlich Eichhörnchen, haben dagegen seitwärts gerichtete Augen, um größtmögliche Sicherheit vor Raubtieren zu erzielen. Um den frühen Primaten die Jagd auf baumbewohnende Insekten zu erleichtern, verlagerte die Natur ihre Augen im Laufe der Evolution nach vorn und schränkte gleichzeitig ihr primitives 360°-Gesichtsfeld ein. Je mehr das Gesichtsfeld eingeengt wurde, desto größer wurde aber auch das Risiko, daß die Tiere Feinde übersahen. Um diesen Sicherheitsverlust auszugleichen, mußten die frühen Primaten ihr Einsiedlerdasein aufgeben und sich zu Trupps zusammenschließen. Im Schutz der Gruppe konnte sich das binokulare Sehen voll ausbilden. Gleichzeitig entwickelte sich die soziale Rangordnung der Primaten, die schließlich zur menschlichen Gesellschaft führte.

Ich schaute dem Affen zu, wie er wagemutig ein Stück eines *Laetia*-Stammes hinaufkletterte. Oben angelangt, lief er eine Stunde auf den oberen Ästen hin und her und ließ sich offenbar die Früchte des Baums schmecken. Als er schließlich sein Mahl beendet hatte, klammerte er sich an den untersten Ast der hohen Krone und zögerte. Anscheinend wurde ihm klar, daß der Weg nach unten wesentlich schwieriger sein würde als der Aufstieg.

Für einen Sprung war das Risiko zu groß. Er klammerte sich also mit den Armen und Beinen an den Stamm und rutschte kopfüber Meter für Meter nach unten, was sicherlich sehr anstrengend war. Von diesem Augenblick an gehörte ihm mein Herz! Wie oft hatte ich einen schwierigen Aufstieg hinter mich gebracht, um dann festzustellen, daß der Abstieg fast unmöglich war? Für das Leben im Kronenraum müssen die Affen einen hohen Preis bezahlen: Bei vielen der in Museen ausgestellten Affenskelette kann man an den längeren Knochen verheilte Brüche entdecken.

Zur Mittagszeit wird es im Urwald ungewöhnlich still. Es scheint, als ob sich alle Lebewesen für ein paar Stunden ausruhen. Die Siesta gefiel mir, ich streckte mich daher auf der Plattform aus und wartete darauf, daß die Tiere ihre täglichen Aktivitäten fortsetzten.

Die Plattform hatte ein durchsichtiges Plastikdach, das auf vier Holzpfosten und einem Rahmen aus Bambusrohr ruhte. Manchmal spannte ich eine rote Nylonplane darüber, um die Mittagshitze abzuhalten. Man konnte die Tiere oberhalb der Plattform durch das Plastikdach beobachten. Unter dem gewölbten Dach sammelten sich die Insekten viel besser als an einer Fensterscheibe. Sie blieben dort, bis sie erschöpft oder unbeabsichtigt auf den Boden stürzten und an den offenen Seiten der Plattform entkamen. Falter und Laubheuschrecken waren die größten, Kriebelmücken, stachellose Bienen (*Trigona*) und andere Bienen die häufigsten Besucher. Letztere waren zugleich auch die schlimmsten Plagegeister. Mit Insektenspray konnte man die Kriebelmücken mehr oder weniger gut vertreiben, gegen die Bienen half hingegen nur ein Mückennetz, das man sich über den Kopf zog. Glücklicherweise waren sie nur ein zeitweiliges Übel.

Das Sortiment von gefangenen Insekten zog Salticiden oder Springspinnen an, die von dem Gefängnis erfahren hatten. Ich verbrachte viele Stunden meiner Mittagsruhe damit zu beobachten, wie die eingepferchten Insekten von den Spinnen gejagt wurden. Obwohl die Springspinnen immer einen unsichtbaren Seidenfaden als Sicherheitsleine auslegen, spinnen sie niemals ein Netz. Dafür suchen die Tiere Äste und Streuschicht nach lebendigem Futter ab, das bis zu zehnmal schwerer als sie selber sein kann. Scharfe Augen, die weit voraus schauen, helfen bei der Jagd; im Gegensatz zu den Menschen können die Springspinnen aber die Augen und den Kopf nicht unabhängig vom Körper bewegen.

__rechts:__ Eine Brüllaffen-Mutter besucht mit ihrem Kind die Plattform
__unten:__ Eine prächtige Orchidee im Dach des Dschungels

links: *Dieser Falter ließ sich vom Licht meiner Kerze anlocken*
unten: *Springspinnen* (Salticidae) *streifen durch den ganzen Wald*

Der Kapuzineraffe ist ein ausgesprochener Baumbewohner

Die Natur hat diesen Nachteil mit einer einzigartigen Konstruktion ihrer Augen wettgemacht. Wenn man in die unbeweglichen, untertassenförmigen Augen einer Springspinne schaut, kann man erkennen, wie sie blitzen und pulsieren. Sie haben nicht die üblichen kalten Facettenaugen der Insekten: Das Pulsieren kommt von Lichtreflexen am Augenhintergrund, wo Muskeln die Netzhaut über die Bildebene verschieben.

Eine Springspinne saß regungslos über mir und tastete mit ihrer Netzhaut die Unterseite des Plastikdaches ab. Sie bewegte sich ein paar Zentimeter nach vorn, erstarrte dann wieder und hielt weiter Ausschau. Diese Prozedur setzte sich mit der Präzision einer Maschine fort, bis sie ein Opfer ausgemacht hatte. Die Spinne richtete dann ihren Körper in Richtung Beute aus und sprang zielsicher nach ihr. Innerhalb von Sekundenbruchteilen hatten sich tödliche Greifscheren fest um den Nacken einer Laubheuschrecke geschlossen. Derselbe Instinkt – nämlich Beutetiere am Hals zu packen – ist im Tierreich weit verbreitet. Wenn man einer Springspinne bei der Jagd zuschaut, fühlt man sich deutlich an eine Raubkatze der Insektenwelt erinnert.

Durch das Plastikdach hindurch erkannte ich leicht verzerrt die dunklen Umrisse einer großen Samenkapsel, die direkt über meinem Kopf hing. Die Samenkapseln von Topffruchtbäumen wiegen bis zu sieben Pfund und haben die Größe von Bowlingkugeln. Eine dieser Kapseln zerschlug einmal das Dach der Plattform, als ich nicht da war, und die Kapsel, die über mir hing, schien auch bald Schaden anrichten zu können. Ich erhob mich deshalb, steckte eine sechs Meter lange Stange mit einem Sammelnetz an der Spitze zusammen und holte die Samenkapsel vorsichtig auf die Plattform.

Die Oberfläche der Kapsel wies Kratzer und Zahnspuren eines sehr kleinen Säugetieres auf. Vielleicht hatte eine Maus versucht, sich bis zu den 20 oder 30 Nüssen im Innern durchzunagen. Jede Nuß ist in ein fleischiges Material eingebettet, das sehr viele Nährstoffe enthält, und die Nüsse und das Fleisch zusammen gehören zum nährstoffreichsten Futter, das es im Wald gibt. Die dicke holzähnliche Schale der Kapsel macht den größten Teil ihres Gewichtes aus. Sie ist notwendig, um die natürliche Schatzkammer vor Säugetieren zu sichern, die die Samen nicht verbreiten.

Affen, Hörnchen und Kinkajus fressen Sapucaia-Nüsse, die jedoch dazu bestimmt sind, von Flughunden verbreitet zu werden, die nachts kommen und die Nüsse holen, nachdem sich der Deckel der Kapsel geöffnet hat. Die Flughunde bringen die Samen dann an günstigere Standorte, weit weg vom Fuß des Baumes, wo Nagetiere, Hirsche, Kaninchen und andere Samenfresser nach Nahrung suchen. Da die Zähne der Flughunde zu schwach sind, um die Nußschalen zu zerbeißen, fressen sie nur das Fruchtfleisch und lassen die Nuß dann unbeschädigt fallen.

Der Fußboden am südlichen Ende der Plattform und die zwei anschließenden Seiten hatten einen etwa acht Zentimeter hohen Rand, der verhindern sollte, daß Filmdosen und andere Ausrüstungsgegenstände über die Kante rollten oder gestoßen wurden. Hinter diesem Rand sammelten sich Blätter, Blüten und Zweige an. Die vermodernden Pflanzenreste wurden innerhalb kurzer Zeit von Skorpionen, Hundertfüßern und Ameisen besiedelt. Als ich den Abfall zu einem Haufen zusammenscharrte, legte ich eine große Spinne frei, die einschließlich ihrer Beine zehn Zentimeter lang war. Über die Giftigkeit tropischer Spinnen ist nur wenig bekannt; man hat deshalb immer ein ungutes Gefühl, wenn man sie untersucht. Wie stark ihr Gift ist, stellt sich meist erst heraus, wenn jemand von ihnen gebissen worden ist. Ich schob den Abfall zusammen mit seinen Bewohnern über den Rand der Plattform. Die Spinne konnte jedoch mit einem langen Satz entkommen. Sie landete auf einem Ast und krabbelte zwischen den Epiphyten davon.

Auf demselben Ast verlief unter den Bodenbrettern meiner Plattform eine Straße der *Paraponera*-Ameisen. Es brauchte nur einen Stich, um mich davon zu überzeugen, wie wichtig es war, diesen Tieren aus dem Weg zu gehen. Er hinterließ einen scharfen, stechenden, brennenden Schmerz, der stundenlang anhielt. Die *Paraponera* machten gelegentlich einen Abstecher von ihrer Straße, um tote Insekten vom Boden der Plattform mitzunehmen. Obwohl ich ihnen für diesen Dienst dankbar war, schubste ich sie wegen meiner nackten Füße doch von der Plattform. Wenn ich daran denke, ärgere ich mich noch heute darüber, daß ich keine deutliche Markierungen auf einzelnen Ameisen angebracht habe, um die Zahl der Runden zu ermitteln, die sie täglich durch die Baumkrone drehten.

Nach dem Mittagessen zog ich meine Stiefel für einen Ausflug zum »Krähennest« an. Einer der Äste an der rechten Seite der Plattform stieg im Winkel von etwa 30° zum oberen Rand der Krone auf. Dort bildeten kleinere Äste einen natürlichen Ausguck, von dem man die Baumkronen überschauen konnte. Ich kletterte auf den Ast und stützte mich an dem Seil ab, das ich von der Plattform zum Krähennest gespannt hatte.

Der Ast war von feuchten Moospolstern überzogen; am Ende stieg er so steil auf, daß ich die letzten ein oder zwei Meter kriechen mußte. Wäre der Ast – wie viele andere Äste des Baumes – mit Epiphyten besetzt gewesen, wäre der Ausflug zum Krähennest noch viel schwieriger gewesen. An der Ast-Oberseite verlief auf voller Länge ein offener Korridor, der mir recht seltsam vorkam, bis ich entdeckte, daß es auf verschiedenen anderen Ästen ähnliche Pfade gab. Mir wurde klar, daß diese Laufgänge wahrscheinlich von Tieren herrührten, die sich auf ihnen durch die Baumkrone bewegten. »Baumstraßen« sind genauso natürliche Kennzeichen von Baumkronen wie die Tierpfade am Erdboden. Diese »Straßen« bleiben vermutlich durch den regelmäßigen Tierverkehr auf den Ästen erhalten. Nachdem ich am Krähennest angekommen war, entdeckte ich Hinweise darauf, daß die Pfade vielleicht offen bleiben, weil die Pflanzen an den Rändern regelmäßig gestutzt werden: Bei einer Bromelie waren Blätter, die den Pfad versperrt hatten, bis zum Grund gekappt.

Damals glaubte man allgemein, Epiphytengesellschaften würden von den Aktivitäten der Tiere nicht beeinflußt. Bei meinen Forschungen im Kronenraum fand ich jedoch Beispiele dafür, daß sich die Tierwelt sowohl günstig als auch ungünstig auf die Epiphyten auswirken kann. Beispielsweise wurde das üppige Pflanzenwachstum auf dem hohlen Baum offenbar durch den Regen von Fledermausguano gefördert, andererseits waren auf dem Topffruchtbaum die optimalen Standorte für Epiphyten durch die Pfade zerstört worden.

Vom Krähennest blickte man über ein flaches Tal, das in der Nähe des Topffruchtbaums entstanden war. Die Oberfläche des Kronenraums zeichnete die Landschaftsformen nach und fiel zum Tal hin ab. Über einer sumpfigen Stelle auf der Talsohle, an der keine Bäume wuchsen, formte der Wald eine tiefe Blätterschlucht. An den Talhängen stand ein hoher *Hymenolobium*, der von zwei riesigen Almendrobäumen flankiert wurde. Wie hoch der *Hymenolobium* tatsächlich war, konnte man schlecht beurteilen, weil das tiefere Tal die Größenverhältnisse erheblich verzerrte.

Der *Hymenolobium* war schwer mit reifenden Erbsen beladen, deren dünne grüne Schoten wie ein dichtes Blätterdach aussahen. Mehrere Äste waren mit roten und gelben Bändern markiert. Dort hatte ich Blüten künstlich selbst- und fremdbestäubt, um zu sehen, ob der Baum sich selbst befruchten konnte. Die Ergebnisse dieser Untersuchungen würden zeigen, ob es für die Bestäubung der Blüten wichtig war, daß die bestäubenden Tiere zwischen den weit voneinander entfernten *Hymenolobium*-Bäumen hin- und herflogen. Sorgfältige Arbeit war notwendig, um den Pollen auf die Narben von etwa 100 Blüten zu bringen. Während ich im Krähennest saß und Ausschau hielt,

Die täuschend echte Nachahmung der Kletternatter durch eine Raupe

landeten zwei Regenbogentukane auf dem Baum und fingen an, Erbsen zu verspeisen. Diese Tatsache an sich war nicht ärgerlich, bald darauf begannen die Vögel aber, Schoten von den Ästen zu reißen, an denen ich gearbeitet hatte. Die Situation wurde rasch schlimmer, als die Plünderer daran gingen, meine Markierungsbänder von den Ästen zu rupfen. Ich schrie sie an, hüpfte umher und schüttelte die Äste, brach einige ab und schleuderte sie nach den Tukanen – aber alles vergebens. Die Vögel waren wahrscheinlich an solche Drohgebärden von Primaten gewöhnt und fuhren unbeeindruckt fort, an den Bändern zu reißen und ihre Zeit zu vertrödeln, bis fast kein Band mehr übrig war. Besser konnte

links: *Ein Regenbogentukan*
unten: *Eine grüne Kletternatter*

man mir nicht demonstrieren, was es heißt, in einer Baumkrone gefangen zu sein!

Ich hatte bei meinem Geschrei, bei meinen Sprüngen und Drohgebärden auf einem Astende 40 Meter über dem Erdboden meine Umgebung ganz vergessen. Viele Primaten – einschließlich Schimpansen und Kapuzineraffen – versuchen Störenfriede auf ähnliche Weise zu verjagen. An Ästen zu schütteln und mit Gegenständen zu werfen sind primitive Formen des Werkzeuggebrauchs, allerdings nicht besonders beeindrukkende. Vielleicht würde eine Fliege, wenn sie Hände und das notwendige Körpergewicht hätte, mit vergleichbaren Gebärden drohen.

Minuten später ließen sich sieben Gelbwangenamazonen in der Nähe der Schoten auf dem Baum nieder. Sie gingen ebenfalls daran, sich die Schnäbel mit Erbsen vollzustopfen und mich damit nochmals zur Verzweiflung zu treiben. Ich wußte, daß die Samen nicht vollständig ausreifen würden, und mußte daher sofort zum *Hymenolobium*, um das Forschungsmaterial zu retten. Zur Plattform zurückgekehrt, befestigte ich meinen Gurt an einem Abseilgerät und ließ mich schnell zum Erdboden hinuntergleiten. Der Abstieg mit dem Abseilgerät ist mühelos; man kann die Sinkgeschwindigkeit leicht kontrollieren, indem man mit den durch Handschuhe geschützten Händen das Kletterseil mehr oder weniger stark preßt.

Ich stieg den *Hymenolobium* rasch hinauf – genauso schnell wie immer, denn in einem Loch etwa auf halber Höhe hauste ein Schwarm stachelloser Bienen, die ständig um meine Augen und Ohren herumschwirrten und gelegentlich einen schmerzhaften Biß austeilten. Für einen Urwaldriesen war dieser *Hymenolobium* beunruhigend biegsam; bei meinen Kletterbewegungen schwankte die ganze Krone, was ich mit Erstaunen registrierte, denn der Stamm hatte am Stammfuß einen Durchmesser von eineinhalb Metern. Auf einem glatten Ast, hoch genug über den Bienen, die sich nicht mehr gestört fühlten, machte ich Pause. Auf der Rinde krabbelten friedliche Ameisen der Gattung *Chrematogaster*, einige Rüsselkäfer und andere Insekten umher. Außerdem beobachtete ich eine kleine Spinne, die genau wie die Ameisen aussah und sich auch so verhielt.

Ameisen sind Vorbilder für eine ganze Reihe von Mimikryformen, die in allen Stockwerken des Urwalds auftreten. Eine große Spinne hatte die täuschendste Warntracht angelegt: Sie sah haargenau wie eine *Paraponera*-Ameise aus. Nur wenige Tiere würden es wagen, sich mit dieser Spinne einzulassen. Die verschiedenen Formen der Mimikry sollen nach Ansicht vieler Biologen wehrlose Tiere davor schützen, von Eidechsen, kleinen Schlangen und Vögeln gefressen zu werden.

Eine grüne Kletternatter kroch an dem Ast empor, auf dem ich saß, und glitt vorüber, ohne meine Anwesenheit überhaupt zu bemerken. Diese Schlangen kommen oft in den

Kronenraum, werden aber nur selten gesehen, weil ihre Färbung denen der Pflanzen ähnelt, was in zweifacher Hinsicht günstig für die Schlangen ist: Erstens können sie sich unbemerkt an große Insekten und Eidechsen heranpirschen, von denen sie sich zum Teil ernähren, zweitens bleiben sie ihren Hauptfeinden, den Vögeln, verborgen.

Die spektakulärste Form der Mimikry im Urwald führt *Hemeroplanes triptolemus*, ein Nachtfalter, vor. Seine Raupe nimmt sich die grüne Kletternatter als Vorbild. Die Raupen haben eine unauffällige grüne Farbe, die sie im Ruhezustand wie grüne Zweige aussehen läßt. Wenn sie gestört werden, pumpen sie den Körper mit Luft auf und lassen das Kopfende hin und her schwingen. Auf diese Weise ahmen sie den gelben und schwarzen Kopf der Kletternatter täuschend ähnlich nach. Dieses Beispiel Bates'scher Mimikry schreckt auch den entschlossensten Angreifer ab. Und als ob das noch nicht genug wäre, ahmt die Raupe auch noch die Schlegelsche Lanzenotter (*Bothrops schlegelii*) nach, die Giftschlangenart, auf die ich mich am hohlen Baum beinahe gestützt hätte. Man kann nur Vermutungen anstellen, um die verwickelten Vorgänge verstehen zu lernen, die diese fein abgestimmte, mehrfache Mimikry haben entstehen lassen.

Im Baumwipfel traf ich auf die Überreste meiner verwüsteten Forschungsarbeit. Die Vögel hatten zwar die meisten Bänder abgerissen, trotzdem waren die wichtigsten Markierungen bis auf eine übrig geblieben: dünne Aluminiumtafeln, in die ich die wichtigsten Daten eingraviert hatte: Sie sollten jeden Sturm überstehen – die kräftigen Schnäbel der Tukane hatte ich allerdings nicht berücksichtigt.

Ich konnte mir sogar das Material von dem Ast, an dem die Aluminiumtafel fehlte, wieder beschaffen, denn winzige Schleifen aus Aluminiumdraht markierten die selbstbestäubten Blüten. Erstaunlicherweise entwickelten über 80% der selbstbestäubten Blüten Schoten, in denen die Umrisse der nierenförmigen Erbsen klar zu erkennen waren. Zum Glück war meine Untersuchung von größeren Schäden verschont geblieben. Bestimmte Wissenschaftler könnten die Selbstbestäubung damit erklären, daß dieser Baum über einen längeren Zeitraum hinweg, in dem die Evolution wirksam werden konnte, unter dem Problem zu leiden hatte, daß der Blütenstaub zwischen weit voneinander entfernten Artgenossen übertragen werden mußte. Durch die Selbstbestäubung wurde dieses Hindernis auf dem Weg zur Fortpflanzung ausgeräumt. Es gibt allerdings auch noch eine andere Möglichkeit.

Als ich die Ergebnisse meines Experiments gegeneinander abwog, hörte ich, wie sich ein Schwarm von Gelbwangenamazonen dem *Hymenolobium* näherte. Sie begutachteten den Baum, während sie im Formationsflug an ihm vorbeiflogen und ihr elegantes scharlachrotes und grünes Gefieder aufblitzen ließen. Dann stießen sie in einem graziösen Bogen herab, kehrten zurück und ließen sich bunt durcheinander auf den Ästen nieder. Sofort begannen sie sich um die besten Plätze zu streiten. Ein Vogel hüpfte auf den anderen zu, und alle stießen Warnschreie aus; das unterlegene Tier zog sich mit einem Büschel von Schoten auf einen anderen Ast zurück. Nach ein paar Minuten gingen sie gemeinsam daran, die Schoten vom Baum zu pflükken. Bei dem Eifer der Tukane und Amazonen mußten die Schoten in etwa zwei Wochen zu 98% vernichtet sein. Der Anteil von Schoten, der übrig blieb, erschien mir viel zu gering für den Baum, aber es war immerhin besser, als wenn überhaupt keine Samen überlebten. Wenn nur die fremdbestäubten Blüten sich zu Früchten entwickelten, würde die gesamte Samenproduktion des Baumes wohl weniger als ein Zehntel ihrer gegenwärtigen Größe betragen. Bei einer solch kleinen Samenernte hätten vielleicht alle Samen von den Vögeln vernichtet werden können. Vielleicht war die Selbstbestäubung deshalb notwendig: Indem viel mehr Erbsen erzeugt wurden, als die Vögel verzehren konnten, wurde sichergestellt, daß ein paar fremdbestäubte Samen übrig blieben.

Einige Bäume müssen in jeder Saison möglicherweise nur eine verhältnismäßig geringe Zahl lebensfähiger Samen erzeugen, um ihren Platz im Ökosystem zu behaupten. (Der Topffruchtbaum entwickelt zum Beispiel ungefähr 800 Samen pro Saison, eine Zahl, die etwa der Zahl fremdbestäubter Samen des *Hymenolobiums* entsprechen dürfte.) Da fremdbestäubte Samen in der Regel vitaler als selbstbestäubte sind, können selbst wenige fremdbestäubte Samen pro Saison während der Lebenszeit des Baums zu einer beträchtlichen Zahl von Nachkommen führen.

Dieses Thema bringt uns zu einem kuriosen Aspekt biologischer Untersuchungen in den Tropen: der Frage, was mit den Samen geschieht, wenn sie erst einmal am Erdboden angelangt sind. Dabei gilt es, Hinweise zu gewinnen, wie eine bestimmte Baumart ein Bestandteil des Urwalds bleiben kann.

Viele Bäume erzeugen in jeder Saison Zehntausende lebensfähiger Samen und Millionen in der Zeit ihres Lebens. Samen und Sämlinge werden durch zahllose Faktoren vernichtet, beispielsweise durch Schimmelpilze, Tiere, Lichtmangel und herabstürzendes Material. Untersuchungen zu der Frage, wie Samen und Sämlinge vernichtet werden, mögen interessant sein, für das Verständnis der einzigartigen Lebensgeschichte der erwachsenen Bäume tragen sie indes kaum etwas bei.

Ich beobachtete, mit welcher Präzision die Amazonen die Samen aus den Schoten schälten. Mit seinem starken Schnabel packte der Vogel einen Stengel und riß ihn sofort ab, während er das Schotenbüschel mit einem Fuß festhielt. Dann schlitzte er die Schote nur mit dem Schnabel und der Zunge halbmondförmig auf und zog die Erbsen durch den Einschnitt aus der Schote. Ich dagegen stellte mich bei dem Versuch, die Erbsen mit einer Hand aus der Schote zu schälen, ziemlich ungeschickt an.

Diese Beobachtungen waren nicht unnütz; sie berührten den Kern von mehreren Theorien über die Entwicklung der Intelligenz. Man nimmt an, daß die Sprache, die manuelle Geschicklichkeit und die Sozialstruktur wichtige Phänomene waren, die die Entwicklung der menschlichen Intelligenz beeinflußten. Papageien benutzen anders als andere Vögel ihre Füße, um damit nach Gegenständen zu greifen; diese bemerkenswerte Verhaltensweise wird jedoch von ihrer Tapferkeit noch übertroffen. Der Schnabel eines Papageis gilt als Lehrbuchbeispiel für Geschicklichkeit; der Vogel ist mit seinem äußerst beweglichen Schädel in der Vogelwelt einzigartig. Sein Oberschnabel ist durch ein eigenes Gelenk auch noch oben beweglich und kann wie ein Kiefer gegen den Unterschnabel bewegt werden. Das verleiht den Papageien die Fähigkeit, Gegenstände in ihrem Schnabel nach Belieben zu drehen und hin und her zu bewegen. Der Schnabel wirkt dabei nicht allein, die Zunge ist genauso ungewöhnlich: Bei den meisten Vögeln ist die Zunge lang, schmal und dünn, Papageien haben dagegen eine dikke, muskulöse Zunge, die beinahe wie ein Finger aussieht. Sie benutzen diesen »Finger« wie ein Blinder, der ein ausgezeichnetes Fingerspitzengefühl entwickelt hat. Ein Papagei tastet ein Samenkorn in seinem Schnabel mit der Zunge ab, bis er einen geeigneten Ansatzpunkt gefunden hat, und bringt es dann in die richtige Position, um es zu knacken. Papageien besitzen daher in gewissem Sinn eine »manuelle« Geschicklichkeit.

Das Gesellschaftsgefüge der Papageien ist in verschiedenen Punkten mit menschlichen Gesellschaften vergleichbar. Ich fand dafür Beweise, als ich eines Tages einen 50 Meter hohen Almendrobaum hinaufkletterte, auf dem acht oder zehn Paare *Finsch's Conures* nisteten. Das sind mittelgroße grüne Papageien mit roten Flecken am Kopf. Der Schwarm stieß wegen mir ständig Schreie aus, was an und für sich nicht überraschend ist – ich hatte jedoch das Gefühl, daß sie mich mit ungewöhnlicher Aufmerksamkeit verfolgten. Das Geschrei ging weiter, und ich bemerkte, daß alle Paare vor mir kreischten, umherflatterten und an kleinen Schlingpflanzen schaukelten, um meine Aufmerksamkeit zu erregen. Der eigentliche Grund für das

Als typische Waldbewohner können die Amazonen gut klettern, aber nur unbeholfen fliegen

Geschrei lag hinter mir: Zwei Papageien, vermutlich ein Männchen und ein Weibchen, kontrollierten keine drei Meter von mir entfernt eine Nisthöhle. Der lärmende Schwarm hatte mich in die Irre geführt: Während ich ihren komischen Possen zusah, hatte das Paar das Ablenkungsmanöver genutzt, um nach seinen Jungen zu sehen.

Papageien sind sehr geschickt, haben ein weitentwickeltes Sozialgefüge und vielleicht erste Ansätze von Sprache. Eines der ungelösten Probleme der Biologie ist der Zweck ihrer bemerkenswerten Fähigkeit, die menschliche Sprache nachzuahmen. Von einigen Papageien weiß man, daß sie Hunderte von Wörtern wiederholen können, und es gibt eindeutige Hinweise dafür, daß Papageien bestimmte Wörter in richtigen Zusammenhängen benutzen, also vermutlich ihre Bedeutung verstehen. Gary Stiles hielt in seinem Haus in San José einen Papagei als Haustier, der häufig *Good-bye* sagte, wenn jemand das Haus verließ, und *Hello*, wenn jemand eintrat. Man hatte den Papagei weder mit Futterbelohnung darauf dressiert, noch brauchte er einen Souffleur.

Papageien und Menschen sind beide Produkte der Umwelt des Kronenraums, genau wie die Coatis, die nach Ansicht vieler Wissenschaftler zu den intelligentesten Tieren der Erde gehören. Der Kronenraum war anscheinend eine leistungsfähige Fabrik, um Lebensformen zu produzieren, die einen Höhepunkt der geistigen Entwicklung erreicht haben.

Ich schaute den gefräßigen Gelbwangenamazonen zu, die sich mit Erbsen vollstopften. Sie schienen ihr Mahl so zu genießen, daß ich selbst eine Schote pflückte, um sie zu kosten. Als ich die Schote abriß, flatterten die Vögel erschrocken auf. Die Erbsen schmeckten gut; soviel ich weiß, sind sie aber als Nahrungsmittel für den Menschen unbekannt.

Während ich dasaß, Erbsen aß und die ursprüngliche Welt des Kronenraums genoß, schwebte eine flaumige, weiße Feder an mir vorbei und trieb geradewegs auf den Topffruchtbaum zu. Auf dem Weg zur Plattform überquerte sie die Schar schwacher Bäume. Woher die weiße Feder stammte, fand ich heraus, indem ich ihren Kurs durch das Labyrinth der *Hymenolobium*-Äste rekonstruierte. Er führte zu einem großen, weißen Vogel, der ruhig sein Gefieder putzte. Es war ein seltener Vogel vom Dach des Waldes, und er war nach langer Abwesenheit wieder zum *Hymenolobium* zurückgekehrt.

Wochen zuvor hatte der sonderbare Vogel tagsüber auf dem *Hymenolobium* gesessen und geschlummert. Ich war mit einem Studenten der OTS auf der Plattform gewesen und hatte allgemeine Beobachtungen gemacht, als wir den Vogel etwa 80 Meter von uns entfernt im Baum entdeckten. Zuerst sah er wie ein von weißen Flechten überkrusteter Aststumpf aus, dann bemerkte ich jedoch eine kaum wahrnehmbare Bewegung. Ich stieg den *Hymenolobium* hinauf und erwartete, oben einen jungen Habicht zu finden, dieser Vogel sah aber wie eine Kreuzung zwischen einer Eule und einem Habicht aus. Ein solches Tier war mir noch nie begegnet. Ich bat Buck Sanford, den damaligen Leiter der Forschungsstation, mit zum Baum zu kommen und mir seine Meinung über den seltsamen Vogel zu sagen. Auch er war ratlos. Später unterhielt sich Buck mit Gary Stiles, und nachdem sich Gary die Beschreibung angehört hatte, kam er zu dem Schluß, daß es sich um einen Riesen-Tagschläfer handeln mußte.

Das war eine aufregende Entdekkung, denn bis dahin gab es keine Hinweise dafür, daß der Riesen-Tagschläfer (oder Riesen-Urutáu) in Costa Rica vorkam, obwohl sich viele Vogelfreunde in La Selva aufgehalten und ein recht gründliches Verzeichnis der dort beobachteten Vögel angefertigt hatten. Ich machte einige Fotos von dem Tagschläfer; es war das erste Mal, daß der Vogel in seinem natürlichen Lebensraum fotografiert wurde.

Einige Zeit nach dieser Entdekkung wurde ich eines Nachts mehrmals auf meiner Plattform von einem lauten *Waa waa waa* aufgeweckt. Es war der Tagschläfer, der auf seinem Ansitz landete oder von ihm wegflog. Die Schreie erinnerten mich an meine erste Reise nach La Selva im Sommer 1974: Der geheimnisvolle Vogel, der mich auf dem Marsch zum Almendro-Baum verfolgt hatte, war keine Eule, sondern kein anderer als ein Riesen-Tagschläfer gewesen.

Es gibt mehrere Erklärungen, warum der Riesen-Tagschläfer den Legionen von Vogelfreunden, die die Wälder in der Umgebung von La Selva durchkämmten, verborgen geblieben war. In bestimmten Nächten im Juni und Juli war er der lauteste Vogel in den Urwäldern dieser Region, sein Ruf wurde jedoch meist mit dem Ruf der Eulen verwechselt. Tagsüber machte die unauffällige Färbung den Vogel beinahe unsichtbar. Ein anderer Grund ist die Beschreibung seines Rufes. Ich habe darüber in der wissenschaftlichen Literatur keine eindeutigen Angaben gefunden. Jeder Autor gab dem Vogel anscheinend eine andere Stimme. Nach langer Beobachtung stellte sich heraus, daß die Riesen-Tagschläfer von La Selva zwei verschiedene Rufe hatten, die sie häufiger gebrauchten: den *Waa*-Ruf, den der Vogel nur beim Flug ausstieß, und einen ganz merkwürdigen Laut, der nur von Vögeln zu hören war, die auf ihrem Ansitz saßen. Er klingt wie ein tiefes Schnarchen. Ich kann ihn recht gut nachmachen, wenn ich tief einatme und dabei ein langgezogenes *Oooorrr* von mir gebe.

Die Kenntnis der Verhaltensweisen des Riesen-Tagschläfers und seiner Rufe könnte es möglich machen, die Vögel vielleicht an ihren Ruheplätzen aufzuspüren. Mit seinem großen Schnabel, der sich bis hinter die Ohren zieht, soll er angeblich Fledermäuse im Flug fangen können. Gewölle, die sich unter seinem Ansitz finden müßten, würden helfen, diese Frage zu beantworten.

Der Zufall und die gezielte Beobachtung kann den Naturforscher zu den vielfach miteinander verwobenen Geheimnissen des Waldes führen. Eine Entdeckung führt über eine nahezu endlose Kette von Wechselbeziehungen zu einer anderen. Ich hatte den *Hymenolobium* bestiegen, um den Vogel zu finden, aber als ich in der Krone angekommen war, stellte ich fest, daß der Baum kurz vor der Blüte stand, was eine hervorragende Gelegenheit für Bestäubungsexperimente bot. Diese Experimente führten wiederum zu der Entdeckung, daß der Baum sich selbst bestäubte, und so weiter und so fort.

Es sind die gegenseitigen Abhängigkeiten der Lebewesen, die das Interesse der Biologen erregen. Sogar aus unangenehmen Dingen und Ereignissen kann man lernen, beispielsweise aus Exkrementen. Ken Miyata und Adrian Forsyth haben in ihrem Buch *Tropical Nature* (Tropische Natur) vier Seiten dem Thema gewidmet, was geschieht, nachdem man im Wald ein dringendes Bedürfnis erledigt hat. Schnell erscheint eine Reinigungsbrigade, die aus nicht

Der Riesen-Tagschläfer (das erste Foto, das von diesem Vogel in freier Wildbahn aufgenommen wurde)

Die Krone eines Baumwollbaums mit herabhängenden Epiphyten

weniger als 40 verschiedenen Insektenarten, meist Fliegen und Kotkäfern, besteht.

Ich erinnere mich daran, wie ich einmal Zeuge einer ähnlichen Szene wurde, deren Grausamkeit kaum zu ertragen war. Auf einem kleinen Blatt in der Nähe eines Gewöllballens entdeckte ich ein weißliches Objekt, das sich wellenförmig mit den Bewegungen eines indischen Schlangenbeschwörers hin und her bewegte. Es war das hintere Ende eines etwa zwei bis drei Zentimeter langen Kurzflügler-Käfers. Der Käfer köpfte gerade eine Fliege mit langen Stelzenbeinen und verspeiste sie – ein ohnehin grausiger, aber nicht allzu beunruhigender Anblick, denn jedes Tier muß schließlich fressen. Dann bewegte sich im Rücken des Käfers etwas: Von den Bewegungen des Käfers entzückt, hob eine andere stelzbeinige Fliege ihr rechtes Vorderbein, um das schwingende Käferende zu berühren. Das unvorstellbare Trugbild dieses tödlichen Dramas gab meinem Gefühl für Fairness einen Sprung. Der Urwald ist aber nicht fair, er funktioniert nur.

In allen Arten spiegelt sich die Geschichte des Urwalds wider, und jede Art ist ein Zahnrad in dieser betriebsamen Evolutionsfabrik. Ein Papagei im Käfig, Philodendren auf dem Fußboden oder eine Anthurie in einem Blumentopf am Fenster können nicht mehr als Kuriositäten sein; wie die Zellkulturen eines Tieres haben sie den Sinn und die Bedeutung ihrer Existenz verloren. Die Organismen sind, für sich allein betrachtet, schwache Kräfte, keines ist gut und keines schlecht; sie sind nur Bestandteile eines größeren Kosmos, den wir »den Urwald« nennen.

Wie gering das Leben im Kronenraum doch geachtet wird. Kürzlich sah ich einen Dokumentarfilm über den Amazonas, und die »Entdekker«, in Wirklichkeit ein Kamerateam, hatten eine Liane gekappt, um zu zeigen, daß man frisches Trinkwasser aus dem Stengel gewinnen kann. Der Film zeigte allerdings nicht, wie deshalb irgendwo oben im Kronenraum eine schöne Pflanze verdorrte und starb. Hoffentlich stillt eine Liane den Durst vieler! Überall, wo Touristen und Wissenschaftler durch die Wälder streifen, werden die Lebensadern von Philodendren und anderen wichtigen Lianen und Schlingpflanzen gekappt, weil es zu unbequem ist, ein paar Schritte zur Seite zu gehen. Wir sind eine Spezies, die die Zerstörung vorantreibt; erst wenn etwas fast vernichtet ist, beginnen wir zu protestieren.

Der Abend nahte, als ich mich auf der Plattform auf meinem Feldbett zurücklehnte und mit einem halben Dutzend *Hymenolobium*-Erbsen als Nachtisch zu Abend aß. Es gab noch viele andere genießbare Pflanzen in den Wäldern von La Selva, die meine Speisenkarte bereichern konnten. *Brosimum lactescens*, eine Baumart des Kronenraums, auch Milchbaum genannt, liefert einen milchigen Saft sowie Früchte, die genießbar sind. Seine Nüsse kann man wohl auch essen, denn die Maya verwendeten das Mehl einer nahe verwandten Art für Brot. Der Baumwoll- oder Kapokbaum (*Ceiba pentandra*) ist ein häufiger Urwaldriese, dessen Samen vielfältige Verwendung findet. Das Samenöl wird zum Kochen benutzt oder dient als Schmiermittel, als Brennstoff für Lampen oder als Rohstoff für die Herstellung von Farben; die Samen werden dagegen zu Mehl gemahlen und können so geröstet oder als Suppe zubereitet werden. Zusätzlich verwendet man die wasserabstoßenden Fruchthaare, um daraus Seile, Füllmaterial für Matratzen und Kissen sowie Rettungsringe zu machen. Der Baumwollbaum wird auch sehr gern zum Bau von Einbäumen und Flößen genutzt. Die Guyana-Kastanie (*Pachira aquatica*), ein Baum des Kronenraumes, hat Nüsse, deren Öl etwas nach Lakritze riecht. Sie schmecken geröstet oder gebraten sehr gut. Die Pfirsichpalme (*Bactris gasipaes*), eine etwa 20 Meter hohe Palme, wird in Costa Rica viel angebaut und liefert eine stärkereiche Frucht. Eßbare Blätter findet man bei verschiedenen Baumarten der Gattungen *Erythrina, Cassia, Bauhinia, Pterocarpus* und *Pithecellobium*. Alle Früchte der Ananasgewächse sind genießbar, so auch die Früchte der *Sphaeradenia*, die wie Ananas aussehen.

Dies ist nur eine unvollständige Liste der Pflanzen, die als genießbar bekannt sind. Allerdings sollte man sehr vorsichtig sein, wenn man die Früchte einer tropischen Wildpflanze kostet. Es ist zum einen schwierig, sie genau zu bestimmen, zum anderen können die Früchte einer Art, die in einer Gegend genießbar sind, in einer anderen giftig sein. Der *Hymenolobium* und seine Erbsen sind ein Beispiel dafür, welche Möglichkeiten sich für einen erfahrenen Wissenschaftler bei der Suche nach eßbaren Pflanzen in den tropischen Regenwäldern noch eröffnen könnten.

Im Kronenraum gibt es außerdem nahezu unerschöpfliche Mengen von Eiweiß. Insekten, Vögel, Affen und Nagetiere stellen für viele Naturvölker wichtige Nahrungsmittel dar, und sie haben mehr Geschmack, als man ihnen zutraut. Was einem Menschen schmeckt und was er essen möchte, ist überwiegend das Resultat seiner Ernährung als Kind. Wir scheuen uns zum Beispiel besonders davor, Insekten zu essen, und verurteilen Kulturen, bei denen Insekten auf dem Speisenplan stehen, als elend und primitiv. Andererseits essen und genießen wir regelmäßig Krabben, Hummer und Flußkrebse, die sich nur wenig von Insekten unterscheiden.

Mit dem Sonnenuntergang änderte sich der Chor der Urwaldbewohner. Das Geschnatter der Vögel und anderer Tiere verstummte – fast gleichzeitig, als ob sich plötzlich ein Vorhang für einen weiteren Akt herabgesenkt hätte. Das hohe krächzende Gezwitscher mehrerer Laubheuschreckenarten war das erste nächtliche Geräusch, und bald darauf schlossen sich große Frösche in einem entfernten Sumpf mit tiefem, hundeähnlichen Gebell an. Schnell folgten dann die Rufe einer Vielzahl von Tieren, die in der Dämmerung aktiv waren.

Am Urwaldboden verschmolzen die Schatten zu einer undurchdringlichen Finsternis, die sich mit blinkenden Lichtpunkten, lebenden Sternen und den Lichtstrahlen von Schnellkäfern belebten, die wie unsere Glühwürmchen Licht aussenden. Ich zündete eine Kerze an, und die umherwandernden Lichtpunkte kamen aus allen Richtungen auf mich zugeflogen. Die Plattform wurde von einer wachsenden, wirbelnden Wolke aus kaltem biologischen Feuer verschlungen. Die Leuchtkäfer landeten auf nahen Ästen und verwandelten die Krone in einen Weihnachtsbaum. Buntgefärbte Falter stürzten sich in die Kerzenflamme.

Laubheuschrecken kommen in den Tropen in nahezu 4000 Arten vor

Nach einer Weile löschte ich die Kerze, um der Verzückung ein Ende zu machen und die Leuchtkäfer und Falter wieder ihren Geschäften nachgehen zu lassen.

Vom Dach der Plattform hing ein besonders feinmaschiges Netz herab, das Stechmücken und andere Plagegeister abhalten sollte. Im Regenwald und in anderen Landschaftszonen gibt es bekanntlich dichte Schwärme winziger Stechfliegen. Ich legte mich auf mein Feldbett, um in den Wald zu schauen und zu lauschen. Meine Hoffnung, im Mondlicht die Silhouetten großer Fledermäuse zu erkennen, die aus den seit dem späten Nachmittag geöffneten Samenkapseln des Topffruchtbaums Samen stahlen, erfüllte sich indes nicht.

Ein, zwei, vielleicht auch mehrere Stunden waren vergangen, in denen ich auf Tiere wartete. In der Dunkelheit ist es äußerst schwierig, die Zeit richtig einzuschätzen. Ich wurde müde und hakte die Sicherheitsleine los, um bequemer liegen zu können. Warum ist unsere Psyche unmittelbar vor dem Einschlafen so aktiv und wachsam? Meine Augen waren geschlossen, und doch »sah« ich die Bäume und die Plattform, als ob es heller Tag wäre. Plötzlich knickten die Beine des Feldbetts vorne ein, und ich rutschte wie ein Leichnam, der auf See bestattet wird, hinunter: kopfüber und den Bauch nach oben. Ich stürzte durch Blätter und Äste und wurde wie eine der Samenkapseln des Baumes im Erdboden begraben. – Das waren nicht die Träume, die mich sanft in den Schlaf tragen konnten; ich tastete deshalb auf dem Boden nach der Sicherheitsleine und befestigte sie wieder an meinem Klettergurt.

Mitten in der Nacht riß mich ein schriller Schrei aus dem Schlaf. Ich suchte die Baumkrone mit der Taschenlampe ab und entdeckte Kinkajus, die zehn Meter über mir von den Früchten der Balsamfeige (*Clusia*) naschten. Die Wickelbären hangelten, um aus dem Lichtkegel zu verschwinden, Hand über Hand und Fuß über Fuß an einer dünnen Liane nach unten, bis sie das Dunkel der unteren Urwaldstockwerke verschlang.

links: *Epiphyten ranken sich um den Stamm eines Baumwollbaums; sie bieten Unterschlupf für zahllose Tiere*
unten: *Der durchsichtige »Glasfrosch«* Centrolenella

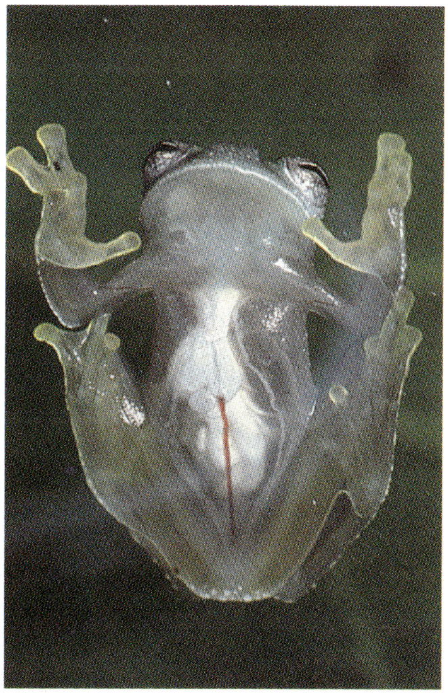

Später weckte mich ein leises Rumpeln, und – benommen, wie ich war –, stellte ich mir vor, der Arenal, ein entfernter, aber noch aktiver Vulkan, würde Asche und Lava aus den Tiefen der Erde ausspucken. Dann glaubte ich, es wäre Kriegslärm, weil die Sandinisten in Nicaragua um die Macht kämpften; die nicaraguanische Grenze war aber fast 100 Kilometer entfernt und der Lärm von Scharmützeln deshalb keinesfalls zu hören. Da es in Costa Rica eine stabile Demokratie gibt, mußte ich mich um Bürgerkriege nicht sorgen. Die nachfolgenden Salven waren lauter und von Wetterleuchten begleitet, das meine Alpträume verjagte: Ein Gewitter kam rasch näher.

Ich stand auf und löste die Schleifen, die am Dach zusammengerollte transparente Plastikfolien zusammenhielten. Sie fielen bis zum Boden der Plattform herab und wurden an ihm befestigt. Während ich hellwach auf dem Feldbett lag und auf den Donner lauschte, war ständig das Geratsche freudig erregter Baumfrösche zu hören, die sich in Erwartung der bevorstehenden Feuchtigkeit selber in einen euphorischen Zustand versetzten. Da es mir bisher nicht gelungen war, eines dieser baumbewohnenden Amphibien zu fangen, entschloß ich mich zu einem neuen Versuch und stand auf. In der Dunkelheit waren sie trotz ihres Geschreis nur schwer auszumachen, und es dauerte eine Weile, bis ich einen Frosch auf einem nicht weit entfernten Ast lokalisiert hatte. Im Jagdfieber stieg ich nackt mit einem Insektennetz in der Hand auf den Ast. Meine Zehen klammerten sich in der weichen Epiphytenschicht fest und hielten mich dadurch besser im Gleichgewicht. Mit ein paar schnellen Schritten kletterte ich den ansteigenden Ast hinauf und schwenkte das Netz: Der verängstigte Frosch entkam mit einem großen Satz.

Das Springen ist im Kronenraum eine ausgezeichnete Art der Fortbewegung, denn es gehört zu den sichersten Verfahren, die Räume zwischen den Ästen zu überbrücken. Mit weiten Sprüngen können die Frösche des Kronenraums Baumschlangen und anderen Feinden entkommen, weil ein weiter Sprung die Geruchsspur unterbricht.

Der Frosch, ein wunderschöner, etwa fünf Zentimeter langer Laubfrosch, war auf einer geflammten Orchidee mit einem Dutzend oder mehr kleinen, rötlich-orangefarbenen Blüten gelandet. Ich mußte nur noch das Netz über ihn werfen, um ihn zu fangen und für Fotos zur Plattform zu bringen. Sein mattes Grün war das Grün der Vegetation, die perfekte Tarnung im Urwald. Als ich das Tier nahe ans Licht hielt, bemerkte ich, daß es zu einer der Arten gehörte, die – aus bisher unbekannten Gründen – durch ein undurchsichtiges, grünes Pigment gefärbte Knochen besitzen. Von den Enden entfernter Äste, auf die ich nicht zu klettern wagte, tönte das Gequake anderer Froscharten. Ich konnte nur rätseln, wie sie aussehen mochten.

Während ich auf dem Feldbett saß und den Fröschen zuhörte, dachte ich mir eine Reihe von Methoden aus, sie in Reichweite zu bringen. Ein Netz von Seilbrücken konnte quer durch die Krone gespannt werden, aber dieses Verfahren hätte einen ungünstigen Nebeneffekt, weil ein solches Netz die natürlichen Verhältnisse im Kronenraum stark beeinflußt hätte. Auf den Seilbrücken könnten sich zum Beispiel Affen und andere Tiere durch die Baumkronen bewegen, und indem der Verkehr von den natürlichen »Baumstraßen« umgeleitet worden wäre, hätte sich das Verbreitungsmuster der Epiphytengesellschaften tiefgreifend geändert. Bei allen biologischen Untersuchungen ist es daher wichtig, die natürliche Umwelt so wenig wie möglich zu verändern.

Der Gewittersturm schlug mit aller Kraft gegen die Plastikwände der Plattform; heulende Winde und Regenschauer peitschten sie. Der Wald wurde von Sturzbächen überflutet, als ob über ihm ein Damm gebrochen wäre. Verfaulte und gesunde Äste, Lianen und Epiphyten wurden von den benachbarten Ästen gerissen. Ich hörte, wie sie nacheinander auf die Blätter tieferer Äste schlugen und schließlich auf den Waldboden klatschten.

Der Topffruchtbaum, der bei normalem Wetter unerschütterlich stand, schien lebendig zu werden. Seine Äste bewegten sich träge, und es schaukelte wie auf einem Tanker in schwerer See. Das Wasser begann durch zahllose Risse in der Plane die Plattform zu überschwemmen. In kurzer Zeit war alles, was auf dem Boden lag, durchnäßt, einschließlich der Kameras. Ich raffte die empfindlicheren Ausrüstungsgegenstände zusammen und steckte sie in Plastikmüllsäcke, als plötzlich der kreischende Sturm von einem Ächzen übertönt wurde, das mir das Blut in den Adern erstarren ließ.

Es war das Geräusch von Holz, das bis an die Grenzen seiner Widerstandsfähigkeit beansprucht wurde – der Klagelaut eines splitternden Stamms. Ein Baum stürzte um. In Panik löste ich meine Sicherheitsleine und dachte daran, auf eine andere Baumkrone zu springen. Das Geräusch wurde noch lauter, fast ohrenbetäubend, wie ein Güterzug, der durch ein Holzhaus rast. Dann folgte ein gewaltiger Stoß; ein riesiger Baum war auf den Erdboden gestürzt und in Bruchstücke zersplittert. Ein Blitz ließ das veränderte Bild des Waldes in bläulichem Licht erstarren. Unmittelbar vor der Plattform, wo bisher ein großer *Pentaclethra* gestanden hatte, gähnte jetzt ein tiefes Loch.

Naß und schweißüberströmt starrte ich in die nun verhältnismäßig stille Finsternis, überglücklich, daß der Baum, auf dem ich saß, verschont geblieben war. Der Wind flaute beinahe so schnell ab, wie er aufgekommen war, und ließ einen sanften Regen hinter sich zurück, um die Wunden des Waldes zu lecken. Erschöpft legte ich mich auf das Feldbett; mit einer kratzenden Wolldecke versuchte ich, Kälte und Nässe zu bekämpfen.

Bei Sonnenaufgang beschäftigten sich meine Gedanken noch immer mit den Prüfungen der vergangenen Nacht. Ich hob das Regendach an und schob die Plastikplanen auseinander: Der Morgennebel stieg in Schwaden aus der neu entstandenen Waldlücke. Sie wurde von Dutzenden kleiner Bäume gesäumt, die jetzt von der kräftigen Sonneneinstrahlung neue Energie erhielten. In dem turbulenten Kreislauf, der die Urwälder jung und vital erhält, hatte das Leben neuem Leben Platz gemacht.

Mit etwas weniger Glück hätte ich ebensogut ein Teil dieses dynamischen Kreislaufes sein können. Ein Unwetter im Urwald trägt viel dazu bei, das Vertrauen in Bäume zu erschüttern, ausgenommen die verstreuten, gesunden, ungewöhnlich starken Urwaldriesen wie die Almendros und Topffruchtbäume. Da sich jedoch auf den schwächeren Bäumen ein Großteil des Tierlebens abspielt, war es wichtig, ein Verfahren zu entwickeln, auch sie für Forschungsarbeiten zugänglich zu machen.

An diesem Morgen löste ich das Problem. In der Nähe des Topffruchtbaums gab es zwei weitere Überständer (hohe Bäume, die das Blätterdach überragten); beide waren Almendros. Wenn ich zwischen diesen drei Bäumen Seile spannte, konnte ich auf Rollen zwischen ihnen hin und her gleiten und in tiefere Urwaldstockwerke absteigen. Auf den ersten Blick besaß der Plan keine Haken: Die Äste der Bäume waren bestimmt fest genug, und wenn ich ein extrastarkes Seil verwendete, konnte ich sicher über den niedrigeren Bäumen des Kronenraums schweben. Ich entschloß mich daher zum Bau eines derartigen Seilsystems. In der nächsten Saison, im März 1979, wollte ich damit beginnen.

rechts: *Das Blütenblatt einer* Cespedezia *mit einer weiblichen* Lyssomanes-*Spinne*
unten: *Der Rotaugen-Laubfrosch* (Agalychnis callidryas) *hat ausgebildete Greifhände*

Ein Netz im Kronenraum

Nachdem ich alles überprüft hatte und sicher war, alle notwendigen Ausrüstungsgegenstände bei mir zu haben, kletterte ich von der Plattform auf einen etwa 25 Zentimeter dicken, waagerecht verlaufenden Ast und hielt mich, um das Gleichgewicht nicht zu verlieren, an einem ein Zentimeter dicken Seil fest. Der Ast war mit großen Pflanzen und lockeren Moospolstern bewachsen, und ich mußte vorsichtig über sie hinweg bis zu der Stelle klettern, an der sich der Ast unter der Last nach unten bog.

Vor mir war ein Netzwerk aus 1200 Fuß (360 m) langen weißen Polyesterseilen durch den Kronenraum gespannt; es sah sehr nach einem abstrakten Kunstwerk aus. Einige Meter links von mir hatte ich ein Seil befestigt, das in einem weiten, sanften Bogen von dem Topffruchtbaum zu einem der 100 Meter entfernten Almendros führte. Dort machte es an einer Rolle scharf kehrt und verlief 100 Meter weit zu einem anderen Überständer. An ihm machte das Seil eine letzte Kehre, bevor es wieder 100 Meter zum Topffruchtbaum zurücklief, wo ich es an einem Ast rechts der Plattform befestigt hatte. Von oben betrachtet, bildete das Seil ein riesiges, gleichseitiges Dreieck zwischen den gewölbten Kronen der drei Überständer. Als letztes inneres Segment des Netzes war ein Seil von der Plattform zu einem Punkt zwischen den beiden Almendro-Bäumen gespannt und dort am äußeren Seil befestigt. Ich hatte mich bei der Klettertour zum Ende des Astes an ihm festgehalten. Um das innere Seil genau über die Kronen schwächerer Bäume mit interessanten Objekten zu dirigieren, mußte ich das äußere Seildreieck nur über Rollen hin und her bewegen. Ich wollte dann mit einer Rolle, an der mein Klettergurt befestigt war, über das Seil zu einer bestimmten Stelle rollen, dort ein Seil in den Wald hinunterlassen und zu meinen Forschungsobjekten hinabklettern. So konnte ich in eine Zone des Urwalds gelangen, in der noch nie ein Mensch gewesen war.

Die Methode, sich mit Hilfe einer kleinen Rolle an einem horizontal gespannten Seil zu bewegen, ist von Bergsteigern entwickelt worden, die damit Spalten überquerten. Mit dieser Methode hatte ich noch keinerlei Erfahrung, was meine Zuversicht nicht gerade stärkte. Ich fühlte mich eher wie ein Versuchskaninchen, denn das gesamte Seilnetz stellte ein erstes Experiment dar und war noch nicht getestet worden.

Einen Augenblick später sah ich mich an dem Ast hängen, während die Sicherheitsleine, die mit dem inneren Seil verbunden war, an meinem Rücken zerrte. Der Gedanke, ich könnte die Jungfernreise an der Sicherheitsleine baumelnd absolvieren, war unerträglich. Es folgten einige atemberaubende Minuten, in denen ich kämpfen mußte, um wieder auf den Ast zu kommen. Während ich mich abstrampelte, verlor ich meinen Helm, der einige lange Sekunden fiel und dann mit einem lauten Poltern 33 Meter unter mir auf den Erdboden schlug.

Schon seit dem Sommer 1978, als ich zum ersten Mal an die Möglichkeit dachte, Seile zwischen Überständern zu spannen und auf diese Weise den Wald zu erforschen, hatte ich mir Sorgen um meine Sicherheit gemacht. Mein Freund John Williams besaß Erfindungstalent, große Erfahrungen als Bergsteiger, handwerkliches Geschick und außerdem ein Ingenieurdiplom. Er half mir, die Sicherheitsvorkehrungen am Netz zu verbessern. Im Laufe der nächsten Wochen änderte sich am Grundprinzip meines Entwurfs nicht viel, dafür wurden aber die Befestigung der Seile an den Überständern und die Funktionsweise des Seildreiecks deutlich verbessert.

Die größte Gefahr beim Gebrauch des Netzes ging von den gewaltigen Kräften aus, die entstehen konnten, wenn die Seile zu straff gespannt wurden. Genauso, wie man selbst schwerste Gegenstände bewegen kann, wenn man nur einen Hebel benutzt, der lang genug ist, konnten bei zu starker Spannung Äste brechen, Seile reißen und theoretisch auch Bäume abknicken. In der ingenieurwissenschaftlichen Bibliothek der

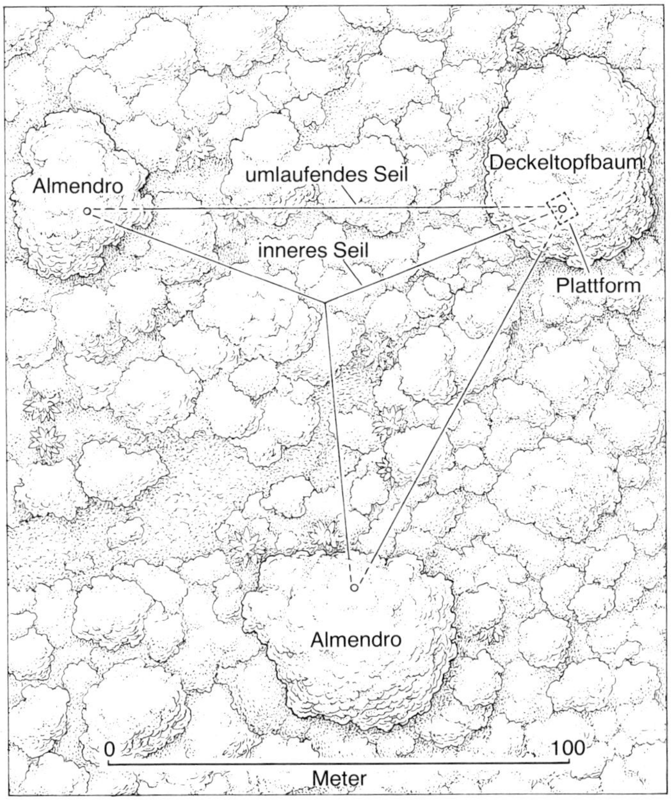

Das von mir entwickelte Seilsystem ermöglicht einem Forscher, sich frei im Kronendach des Regenwalds zu bewegen. Ein Blick von oben auf das Untersuchungsgelände in Finca La Selva zeigt die drei Baumriesen, zwischen denen in über 30 Meter Höhe ein umlaufendes Seil im Dreieck gespannt wurde. Über die Rollen an den drei Befestigungspunkten läßt sich das Seildreieck drehen und damit auch das dazwischen eingespannte innere Seil verschieben, das dabei eine Fläche von etwa 4000 Quadratmetern überstreicht

UCLA entdeckte John Formeln, mit denen wir nach verschiedenen Modifikationen grob berechnen konnten, wie das Netz gespannt werden mußte. Um die berechneten Werte zu überprüfen, fertigte ich ein maßstäbliches Modell des Netzes an. Tagelang spielte ich mit Gewichten und einer Federwaage – nur um zu entdecken, daß mit Hilfe der Formeln die gemessenen Werte nicht ermittelt werden konnten. Die Ursache für die Abweichungen lag darin, daß die Mechanik des Netzes viel komplizierter als die recht simple Formel war. Schließlich konnten wir den Wert, nach dem wir gesucht hatten, doch noch berechnen. Die Seile mußten mindestens fünf Meter durchhängen, um ein sicheres Klettern zu garantieren. Das konnte allerdings dazu führen, daß das Netz im Urwald nicht zu gebrauchen war, denn die Seile würden vielleicht in das Blätterdach eintauchen, wo Äste den Weg versperrten.

Im Herbst 1978 und im Frühjahr 1979 studierte ich an der UCLA und erarbeitete die Grundlagen des Projekts. Im März reiste ich dann mit John Williams nach La Selva und begann mit dem Bau. Der schwierigste Teil der Arbeit war, die Seile über

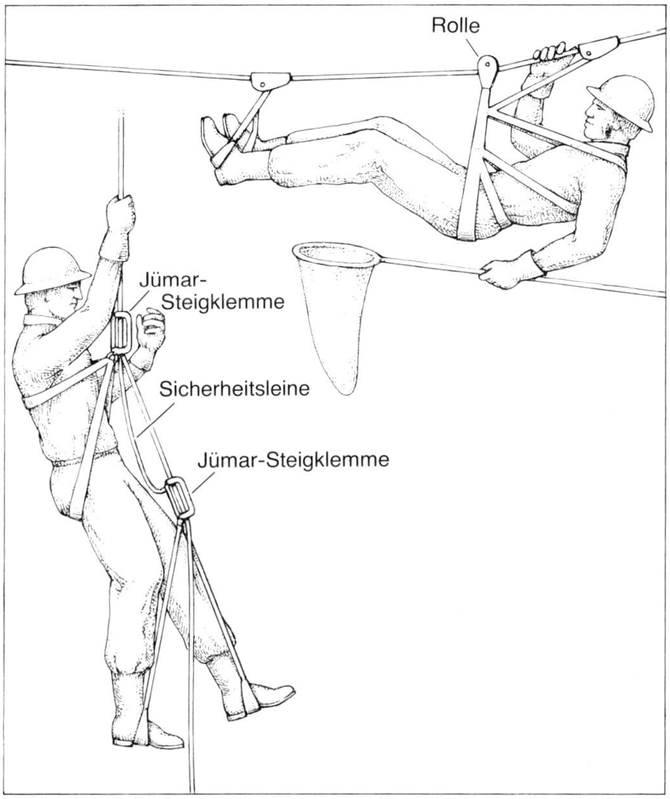

In einem Fallschirmgurt hängend, der über eine bewegliche Rolle am Seil befestigt ist, kann der Beobachter an dem inneren oder umlaufenden Seil entlanggleiten. Mit dem Gurt und mit speziellen Steigbügeln verbundene Klemmen ermöglichen ihm zu bremsen und sich abzustützen. Von dem beweglichen Seilnetz aus kann er an einem beliebig angebrachten senkrechten Seil in das Kronendach hinabklettern

das Blätterdach zu spannen. Meine Armbrust mit 80 Pfund Spannkraft war nicht stark genug, um die Leinen von einem Überständer zum anderen zu schießen. Das bedeutete viele Stunden harter Arbeit, die John und mich bis an die Grenze unserer Leistungsfähigkeit beanspruchte. Wir litten bei der Hitze unter Schwächeanfällen und Schwindel; nachdem wir stundenlang unter der tropischen Sonne gearbeitet hatten, konnten wir nicht mehr klar denken. Bei einer solchen Geistesverfassung war das Klettern äußerst gefährlich; selbst die einfachsten Arbeiten wie das Knüpfen von Knoten wurden zu einem Intelligenztest. Seilrollen, Sicherheitsleinen und Gurtbänder verwandelten sich in ein Gewirr, das unseren getrübten Verstand stark beanspruchte.

Drei Wochen später war das Netz fertig; John flog nach Kalifornien zurück, und ich bereitete mich auf dem Topffruchtbaum allein auf den Sprung ins Leere vor. Ich befestigte eine Rolle an meinem Klettergurt, hakte sie über das innere Seil und stellte sie fest. Dann überprüfte ich die Sicherheitsleine, die von meinem Gurt zu einem Karabinerhaken führte, der sich frei über das Seil bewegte. Indem ich niederkauerte, übertrug ich einen Teil meines Gewichts auf das Seil. Dabei lauschte ich gespannt darauf, ob irgendwo das Geräusch brechender Äste zu hören war. Das Netz schien sicher. Ich überprüfte die Verbindungen ein letztes Mal. Die Seile des Netzes waren straff und bewegten sich nicht. Ich fühlte, wie die Spannung in mir wuchs, so wie vor Beginn einer Achterbahnfahrt.

John Williams bei der Inspektion des Antriebs unseres AWCE-Systems (Automatisches Netz für die Kronendach-Erforschung). Es wird per Fernsteuerung von dem Forscher in dem mobilen »Sessellift« bedient

mich, wie lange ein Seil das aushalten konnte, bis es ersetzt werden mußte.

Es war eine mühelose Talfahrt, aber das Seil hing zu weit durch, und ich steuerte schnell auf eine Baumkrone zu. Da ich nicht bremsen konnte, zog ich die Beine an und spannte den Körper, um den Aufprall abzufedern. Auf wunderbare Weise schlüpfte ich ohne Verletzungen durch das elastische Grün, hinter mir fielen jedoch zerfetzte Blätter wie Konfetti vom Baum, der von meinen baumelnden Ausrüstungsbeuteln etwas zerzaust war. Während ich die Plattform immer weiter hinter mir ließ, an Astspitzen vorbeiglitt, auf die sich nur die leichtesten unter den Urwaldtieren wagen konnten, und die Luftstraßen der Vögel und Schmetterlinge kreuzte, fühlte ich eine berauschende Freude in mir. Bald wurde meine Fahrt langsamer, und ich stoppte, um die neue Perspektive zu genießen. Nach und

Der Ast schlug heftig nach oben, als ich von ihm sprang und einige Meter in die Tiefe stürzte. Das Netz senkte sich unter meinem Gewicht und erzeugte dabei eine Welle, die vor mir durch das Seil raste. Sie überraschte einen Faulvogel, der auf dem Seil Pause machte, und schleuderte ihn in die Luft. Mit einer Geschwindigkeit von etwa drei Metern pro Sekunde (oder 11 km/h) rollte ich von der Krone des Topffruchtbaums abwärts. Die Rolle surrte über das geflochtene Seil; dünne Fasern stoben in die Luft, als das Aluminiumprofil am Seil rieb. Ich fragte

links außen: *John und ich bei dem Versuch, trotz starken Regens einen Flaschenzug an einem der »Stützpfeiler« unseres Netzwerks zu installieren*
links: *Das AWCE-System erlaubt es jeweils zwei Wissenschaftlern, sich in einem Areal von etwa vier Hektar zu jedem Punkt über dem Kronendach und hinunter in die dichteren Vegetationsschichten zu bewegen*

nach überkam mich das befriedigende Gefühl, etwas Großes geleistet zu haben: Ich hatte der Biologie ein neues, riesiges Forschungsfeld eröffnet, und ich war durch die oberen Stockwerke des Urwalds geschwebt, was bisher nur den Tieren des Waldes vorbehalten gewesen war.

Ein knarrendes Ächzen, als ob ein Baum umstürzte, war vom Seil her zu hören. Es erinnerte mich daran, daß meine »Lufttüchtigkeit« von natürlichen Tragbalken aus Holz abhing; wenn nur einer von ihnen brach, war ich hilflos. Ich wußte zwar nicht, was im einzelnen genau passieren würde, zumindest würde das Seil aber heftig an meinen Gliedern reißen und mich wie ein Sahnebonbon durch eine enge Astgabel ziehen. Bald erkannte ich, daß schwankende Äste das Geräusch erzeugten. Sie »spielten« auf den Seilen des Netzes wie auf den Saiten einer riesigen Violine. Das waren keine angenehmen Töne, jede Note nutzte das Seil ab und zwang mich dazu, das Netz in kurzen Abständen zu überprüfen.

Den Rest des Tages verbrachte ich damit, an dem inneren Seil entlangzuhangeln und mein neues Forschungsgebiet zu bewundern. An der rechten Seite tauchte das Netz in die Krone eines *Pentaclethra*-Baumes, die mit Samenkapseln übersät war. Eine Schabe (*Paratropes bilunata*, die Schabe, die den Schnabelkäfer nachahmt) stöberte auf den Kapseln, und Libellen jagten in der Nähe der Blätter. Auf einer anderen Samenkapsel pflegten Ameisen eine Kolonie von Buckelzirpen. Die Buckelzirpen produzieren wie Blattläuse eine süße Flüssigkeit, den Honigtau, den die Ameisen schätzen. Als Entgelt für den Honigtau »hüten« die Ameisen die Buckelzirpen, schleppen sie an andere Standorte und schützen sie vor räuberischen Insekten. Die Ranken einer Trompetenblume spannten sich um die Äste. Auf einer der Rankenspiralen saß eine andere, zierlichere Art von Buckelzirpen. Es sind dies ganz besondere Insekten, denn ihr Halsschild verzweigt sich zu bizarren Formen. Einige Arten schauen so aus, als ob sie mit kunstvollen Fernsehantennen ausgerüstet wären, andere wirken wie Dornen auf einem Ast. Der letzte Zweck dieser Anhängsel ist noch immer unbekannt, man nimmt aber an, daß die scharfen Anhängsel Vögeln, den Hauptfeinden der Buckelzirpen, den Appetit verderben sollen.

An der linken Seite des Netzes war die Passage durch Baumkronen versperrt. Ich kletterte auf das erste Hindernis, einen sechs Zentimeter dicken *Pentaclethra*-Ast – und er brach sofort ab. Dasselbe passierte beim nächsten Baum, einem *Stryphnodendron*, und nochmals in der schön blühenden Krone einer *Cespedezia macroloba*. Das war eine überzeugende Demonstration der »Stärke« vieler Äste im Kronenraum. Ein etwa eineinhalb Zentimeter dicker Ast des großen Topffruchtbaums vermochte dagegen mein Gewicht zu tragen.

Beim Studium der *Stryphnodendron*-Blüten entdeckte ich ein schönes Beispiel einer schützenden Körperfärbung. Ein winziger Stiel, nach dem ich gegriffen hatte, begann wütend zu wackeln. Es war eine Schmetterlingsraupe, die sich zusammen mit dem Baum entwickelt und seine Blütenstiele perfekt nachgeahmt hatte.

Cespedezia hat die größten Blätter aller Bäume im Kronenraum. Sie sprießen aus den Astspitzen wie Staubwedel aus roten Federn. Die neuen Blätter vieler tropischer Pflanzen sind rot und nehmen erst nach ein paar Tagen eine grüne Farbe an. Die Blätter der *Cespedezia* werden knapp einen Meter lang. Wenn sie ihre Aufgabe erfüllt haben, werden sie abgeworfen und gleiten dann wie Segelflugzeuge in Spiralen zum Waldboden hinab. Mitten in den neuen Blättern erblühen gelbe Blüten, die eine ganze Menagerie von Besuchern anlocken. Durchsichtige *Lyssomanes*-Spinnen stolzieren durch die Blumengärten des Kronenraums und verschmelzen mit gelben Blüten und grünen Blättern. Die Blüten der *Cespedezia* werden von vielen Insekten besucht, einschließlich Schmetterlingen, Käfern, Fliegen und Bienen jeder Größe. Sie werden aber nur von einer großen Bienenart bestäubt. Unter dem Gewicht der größeren Biene biegen sich die Antheren (Staubbeutel) um und bringen die Biene mit den weiblichen Fortpflanzungsorganen in Berührung. So fördern sie die Fremdbestäubung, wenn die Biene zuvor einen anderen Baum besucht hat.

An einem der darauffolgenden Tage brachte ich das innere Seil direkt über einem 20 Meter hohen Ameisenbaum in Position, bewegte mich mit der Rolle zu diesem Baum hin und stoppte etwa drei Meter über seiner Krone. Anschließend rollte ich ein Kletterseil auf und ließ das Ende an Ästen und Blättern vorbei hinunter, bis es den Erdboden berührte. Dabei mußte ich sehr behutsam vorgehen und darauf achten, daß das Seil keinen Teil des Baums berührte. Bei der geringsten Störung wären sonst die Bewohner des Ameisenbaumes, die angriffslustigen *Azteca*-Ameisen, alarmiert worden. Nachdem ich das Kletterseil am Netz befestigt hatte, stieg ich mit den Steigklemmen hinab.

Nur wenige Ameisen waren auf dem Baum zu erkennen, bis ich gegen einen Ast schlug und einige Blätter berührte. Innerhalb von Sekunden tauchten Schwärme von Ameisen aus Löchern im Ast auf, die angriffsbereit eifrig nach dem Störenfried suchten. Der Ameisenbaum ist nur eine von vielen tropischen Pflanzenarten, die Ameisen beherbergen. Diese Myrmekophyten (Ameisenpflanzen) leben in einer Art Symbiose mit den Tieren; dabei sind die wechselseitigen Beziehungen oft so eng, daß eine Art nicht ohne die andere existieren kann.

Um eine Vorstellung davon zu bekommen, wie sich einige Myrmekophyten entwickelt haben, betrachtet man zunächst am besten eine sehr einfache Beziehung. Verschiedene Baumameisen kümmern sich nicht besonders darum, wo sie ihre Nester bauen. Humus, der sich irgendwo im

Wurzelgeflecht von Epiphyten angesammelt hat, genügt ihnen bereits. Die Pflanze, die ihnen unabsichtlich einen Lebensraum angeboten hat, profitiert selbst auch von den Ameisen, denn viele verzehren pflanzenfressende Insekten und verscheuchen größere Tiere wie Affen und abenteuerlustige Botaniker. Im Laufe der Zeit kann sich dadurch ein enges Band zwischen Ameisen und Pflanzen entwickeln, solange letztere den Ameisenkolonien fertige Nistplätze zur Verfügung stellen.

Es gibt viele solcher Myrmekophyten in den Tropen der Erde; in den Wäldern von La Selva kommen zahlreiche verschiedene Formen vor, sowohl von Bäumen wie von Epiphyten. Einige Orchideen und Bromelien beherbergen Ameisen in luftgefüllten Hohlräumen an ihrer Basis. Gewöhnlich sind ihre Ameisen aber nicht besonders aggressiv, was anscheinend im Widerspruch zu der Schutzfunktion, die sie vermutlich erfüllen, steht; eine Symbiose kann indes auf jeder beliebigen Beziehung beruhen, aus der beide Seiten Gewinn ziehen.

In Südostasien gibt es zum Beispiel eine epiphytische Ameisenpflanze (*Dischidia*), welche gerade in den Wäldern besonders gut gedeiht, die insgesamt gesehen ungewöhnlich arm an Nährstoffen und Lebewesen sind. Sie beherbergt in hohlen Blättern eine verhältnismäßig friedliche Art von Ameisen (*Iridomyrmex myrmecodiae*). Die Aufgabe dieser Tiere besteht nicht darin, die Pflanze zu schützen, sondern Dünger zu beschaffen. Wenn die Ameisen nach Nahrung stöbern und fressen, bleiben immer erhebliche Mengen von Abfall – ungenießbare Insektenteile und ähnliches – zurück. Dieser Abfall sammelt sich an und füllt teilweise die Hohlräume der Pflanze auf. Schließlich wachsen Wurzeln in das vermodernde Material, um die wertvollen Nährstoffe aufzunehmen. Indem sie ihren Müll im Innern der hohlen Blätter deponieren, versorgen die Ameisen die Pflanze also mit raren Nährstoffen. Umgekehrt vermehrt sich die Pflanze überdurchschnittlich schnell und bietet den Ameisen daher zusätzlichen Unterschlupf.

In den Trockensavannen Costa Ricas findet man eine niedrige Akazie mit hohlen Dornen, die eine bemerkenswerte Beziehung zu Ameisen entwickelt hat. Sie beherbergt eine ungewöhnlich angriffslustige Ameisenart (*Pseudomyrmex*), die ganz ähnlich wie die *Cecropia*-Ameisen jeden Störenfried wütend vertreibt. Die *Pseudomyrmecinen* hausen in den hohlen Dornen; eine Kolonie kann bis zu 30000 Arbeiterinnen umfassen.

Wie Gartenpflanzen in der Wildnis würden diese Akazien ohne ihre Beschützer wohl kaum überleben. Ihre Blätter enthalten keine Bitterstoffe oder andere Substanzen, die Pflanzenfresser abschrecken, und ohne die Ameisen wären die Akazien innerhalb kurzer Zeit entlaubt. Die Ameisen leisten auch Dienste als Gärtner, indem sie Schlingpflanzen stutzen, die auf dem Baum Fuß zu fassen versuchen, und auf dem Erdboden rund um den Stamm alle Pflanzen abweiden. Ohne die sechsbeinigen Gärtner würden benachbarte Pflanzen den Akazien das Licht nehmen, die davon zugrunde gehen müßten. Die Ameisen greifen aber nicht nur in den Konkurrenzkampf der Akazien um das Sonnenlicht ein; mit der pflanzenfreien Zone um den Stamm verringern sie auch die Schäden, die durch gelegentliche Buschbrände entstehen.

Der Baum bietet den Ameisen als Lohn für diese lebensnotwendigen Dienste mehr als nur ein Obdach. An den Spitzen der jungen Blättchen liegt eine reiche Nahrungsquelle. Das mit Fetten und Vitaminen vollgestopfte Gewebe (bekannt als Beltsche Futterkörperchen) ist die wichtigste Eiweißquelle der Kolonie. Die Blattstiele besitzen sogenannte extraflorale Nektarien, Organe, die zuckerreichen Nektar, so dick wie Sirup, ausscheiden. Vom Nektar werden die Ameisen mit geradezu magischer Kraft angezogen. Gemeinsam können Ameisen und Akazien in einem Gebiet existieren, das sonst für jede der beiden Arten unbewohnbar wäre. Hohle Dornen, Nektarien, die Beltschen Futterkörperchen an der Spitze der Blätter und die Verhaltensweisen dieser Ameisen sind neue Antworten auf die Härten des Lebens in den Tropen.

Der Ameisenbaum ist nicht weniger bemerkenswert als die Akazien. Er hat ebenfalls enge Beziehungen zu Ameisen entwickelt, die für beide

links: *Das Netz hilft hervorragend bei der Insektenjagd*
unten: *Fertig zum Abstieg an dem am Netz befestigten Fallseil*

Seiten vorteilhaft sind. Ameisenbäume haben hohle Stämme und Äste, ähnlich wie Bambusgräser, in denen die *Azteca*-Ameisen nisten können. Sie besitzen auch spezielle Nahrungsorgane, die Müllerschen Körperchen, die den Beltschen Futterkörperchen der Akazien gleichen. Ameisenbäume verfügen allerdings nicht über extraflorale Nektarien wie die Akazien; die Ameisen mußten daher eine Methode finden, den Nektar auf einem Umweg aus dem Baum zu gewinnen. Die *Cecropia*-Ameisen halten deshalb überall in den hohlen Ästen und im Stamm Blattlausherden. Blattläuse verarbeiten große Mengen von Pflanzensäften, die sie größtenteils in Form von Honigtau wieder ausscheiden. Der Honigtau enthält viel Zucker und andere Substanzen, die für die Ameisen nützlich sind.

Ich hatte mich in die Krone des Ameisenbaums hinabgelassen, um einen Aspekt dieser Symbiose zu untersuchen, der noch nicht eindeutig geklärt war. Es ging um die Frage, ob die Ameisen die Äste von Epiphyten frei halten. Daniel Janzen, ein Tropenökologe, hatte die Ansicht geäußert, die Ameisen entfernten wahrscheinlich Flechten und Samenkörner, die auf die Äste gefallen waren. Außerdem sollten sie Pflanzenfresser von den Blättern verjagen. Auf benachbartem Weideland konnten Biologen jedoch beobachten, daß viele Ameisenbäume von Schlingpflanzen überwuchert und ihre Blätter gründlich durchlöchert waren. Sie bezweifelten deshalb, daß die Bäume überhaupt Vorteile von den Ameisen hätten. Um dieser Frage nachzugehen, befestigte ich Epiphytenpolster, die ich von umgestürzten Bäumen und abgebrochenen Ästen geschält hatte, in der Krone der *Cecropia*. Sie hatten unterschiedliche Größen: von einem 1 Zentimeter dünnen Moospolster bis zu einer 15 Zentimeter hohen Bromelie.

In dem Augenblick, in dem ich die Polster an den Ästen des Ameisenbaumes befestigte, begannen die Ameisen über sie herzufallen. Das größte Kampfgetümmel spielte sich um die dünne Moosschicht ab. Sie rissen an dem Polster, zerrten einzelne Pflanzen heraus, liefen dann zur Astkante und ließen ihre Last fallen. Nach zwei Tagen hatten die Ameisen alles Moos von den Ästen gerupft. Die größeren Epiphyten waren dagegen anscheinend unempfindlich gegen die Attacken der Ameisen; die große Bromelie wuchs selbst nach zwei Jahren noch an der Stelle, an der ich sie zurückgelassen hatte. Daraus schloß ich, daß Janzen recht hatte: Die Ameisen entfernten die Epiphyten offenbar schon als Samen oder Sämlinge, also in der Phase, in der sie normalerweise die Äste besiedelten.

Was war dann aber der Grund dafür, daß auf den Ameisenbäumen im Weideland Epiphyten wuchsen? Wahrscheinlich lag es daran, daß die Ameisen an diesen stark gestörten Standorten der Flut der Unkrautarten nicht mehr Herr werden konnten; möglicherweise waren sie aber auch erst auf die Bäume gekommen, nachdem die Unkräuter dort bereits Fuß gefaßt hatten. Und da es im Weideland zahllose Pflanzenfresser gibt, hatten sich die Ameisen wohl an die ständigen Angriffe gewöhnt. Was die Ursachen dieser Unterschiede auch immer sein mochten, in meinem Untersuchungsgebiet bewiesen die Ameisen ihre Nützlichkeit, indem sie verhinderten, daß schwache Äste von Epiphyten überwuchert wurden und unter der Last abbrachen.

Die *Cecropia*-Ameisen waren Meister in der Abwehr von Eindringlingen. Nachdem ich die Polster am Baum befestigt hatte, fühlte ich einen schmerzenden Stich an meinem Nacken, dem viele weitere Stiche folgten. Innerhalb von Sekunden hörte man mich laut fluchen, wild um mich schlagen und eilig das Seil hinunterklettern. Drei Meter über mir strömten Ameisen von einem Blatt auf das Seil, und während ich kletterte, regnete es buchstäblich Ameisen. Selbst als der Hauptangriff der Ameisenarmee zurückgeschlagen war, tauchten immer noch einzelne Nachzügler aus ihren Schlupflöchern auf und bahnten sich einen Weg zu meiner Haut.

Das angriffslustige Wachpersonal des Ameisenbaums brachte mich auf die Idee, Ameisen könnten der Grund dafür sein, daß auf den Ästen des *Hymenolobiums* keine Epiphyten wuchsen. Auf einzelnen *Hymenolobium*-Bäumen gibt es riesige Kolonien von *Chrematogaster*-Ameisen, die Pflanzen- und Tierreste von den Ästen entfernen. Höchstwahrscheinlich sind allein die auf den Bäumen lebenden Ameisen dafür verantwortlich, daß auf vielen Arten von hohen Urwaldbäumen kaum Epiphyten zu finden sind, und nicht etwa andere Faktoren wie das Abblättern der Rinde.

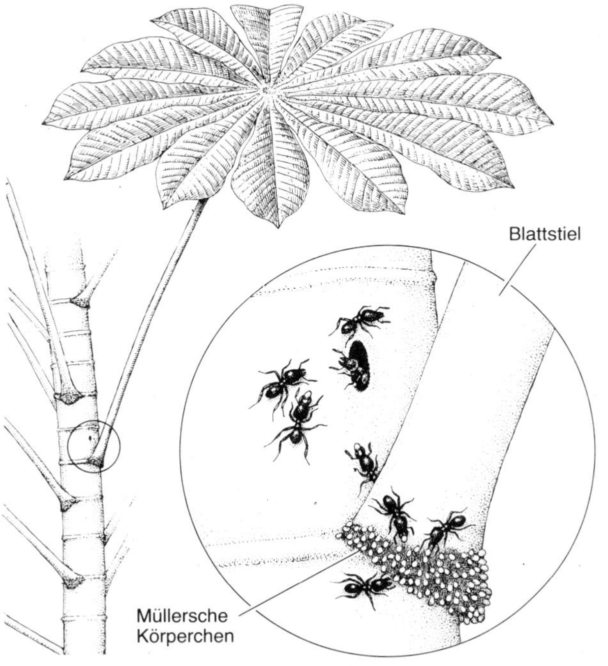

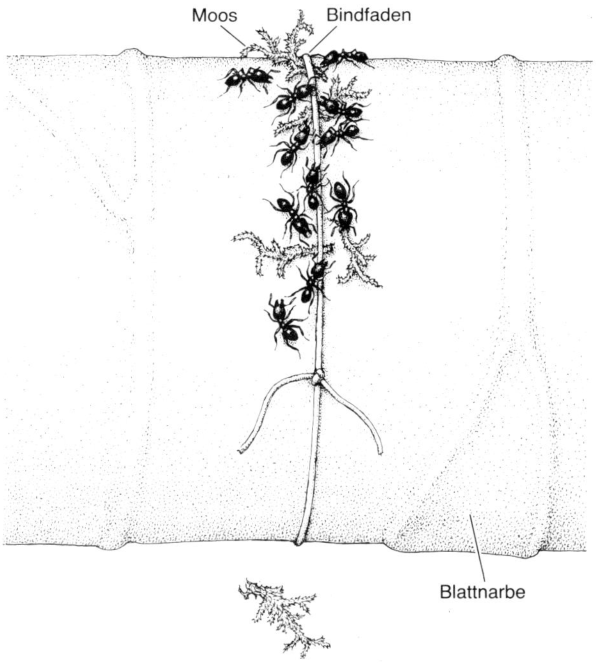

Die Ameisen der Gattung Azteca *und die Bäume der Gattung* Cecropia *bilden eine symbiotische Gemeinschaft. Die Bäume bringen an der Basis ihrer Blattstiele in Haarpolster eingebettete weiße Knöllchen hervor: die rund ein Millimeter großen Müllerschen Körperchen. Diese sind reich an tierischer Stärke und werden von den* Azteca*-Ameisen gefressen. Als Gegenleistung schützen die Ameisen ihre Wirtsbäume vor Epiphyten, unter deren Last die schwachen Äste brechen könnten*

Ich kletterte das herabhängende Seil wieder hinauf, wickelte es zusammen und rollte am Netz entlang bis zu einem Punkt über einem Philodendron. Er war nur wenige Meter von der Stelle entfernt, an der im letzten Jahr der Riesen-Tagschläfer auf dem *Hymenolobium* gesessen hatte. Diesmal hing ich jedoch an der Außenseite der Baumkrone.

Um den Philodendron, der mit seinen großen, gelappten Blättern auf der Spitze eines 20 Meter hohen Baumstumpfes wuchs, zu untersuchen, ließ ich das Fallseil hinunter und kletterte abwärts. Obwohl Philodendren in den Wäldern von La Selva verhältnismäßig häufig sind, bemerkt man sie im allgemeinen nicht, denn ihr Lebensraum befindet sich 30 und mehr Meter über dem Erdboden. Wenn man sieht, wie sie dort wachsen, wird einem eine Erscheinung, die manchem Gärtner vielleicht rätselhaft vorkommen mag, sofort erklärlich: die zahlreichen seilartigen Anhängsel, die aus ihrem Stamm entspringen. Diese bleistiftstarken Luftwurzeln sind bei den als Zimmerpflanzen gehaltenen Sorten nahezu unnütz geworden, stellen aber eine entscheidende Anpassungsform an das Leben auf Bäumen dar. Philodendren können sehr viele Luftwurzeln ausbilden, die häufig mehr als 30 Meter lang werden. Vom Erdboden aus betrachtet, bilden die Luftwurzeln ineinander verschlungene Vorhänge – die einzigen Hinweise darauf, daß hoch oben im Kronenraum Philodendren wachsen. Die Ranken sind lebensnotwendig, denn sie leiten Wasser zu den großen Blättern, die unter der heißen tropischen Sonne sehr viel Wasser verdunsten.

Philodendron-Blüte auf einem Erbsenbaum mit Pflanzensaugern

Genaugenommen sind Philodendren keine Epiphyten. Sie beginnen ihr Leben auf dem dunklen Waldboden als kleinblättrige Schlingpflanzen. Sobald sie eine bestimmte Größe erreicht haben, verwandeln sie sich und erhalten die gelappten Blätter, mit denen wir sie kennen. Der Hauptsproß löst sich vom Boden, und die Pflanze klettert im Laufe der Zeit höher und höher am Baum empor. Wenn sie zusätzliche Luftwurzeln braucht, wachsen neue nach.

Der Philodendron in meinem Untersuchungsgebiet war bereits bis zur Spitze des Baumstumpfes geklettert, und da er von dort nicht mehr weiterkam, war er zu einer prächtigen Mütze geworden. Sogar tote Holzmonumente tragen im Urwald Leben. Ich berührte eines seiner Blätter und fühlte seine seidige Oberfläche. Dabei fiel mir auf, daß das

Blatt mit vielen kleinen Knötchen übersät war, die zum Teil winzige Löcher aufwiesen. Es waren Pflanzengallen, Kinderstuben für Insekten. Ich schälte eine Galle, die kein Loch hatte, von dem Blatt und zerbrach sie. Sie enthielt eine ausgewachsene parasitische Wespe, die bald schlüpfen würde und sich in dem Saft aus der zerrissenen Haut der Galle krümmte. Auf einem anderen Blatt schlüpfte gerade eine weibliche Wespe aus einer solchen Gebärmutter des Pflanzenreichs und ließ sich gleich mit vielen neu geschlüpften Männchen auf eine Orgie ein. Ältere Weibchen legten mit ihrem langen Legestachel Eier in die zarten, sprießenden Blätter und schlossen damit den Lebenszyklus der Wespen.

Mehrere Dezimeter lange, monströse Gebilde, die wie hohle Schlauchpflanzen aussahen, ragten sinnlich aus dem Blattgrund. Es waren Philodendrenblüten (sie gehören zu den größten Blüten in der westlichen Hemisphäre), deren ungewöhnliche Geschichte bis heute noch nicht vollständig geklärt ist. Die zweigeschlechtige Blüte besteht aus zwei Hauptteilen: einem Hüllblatt (Spatha), das eine obere und eine untere Kammer bildet, und einem inneren Kolben, dem Spadix, der die Antheren (Staubbeutel) und Eizellen enthält. Wenn sich die roten scheidenförmigen Tore zur oberen Kammer öffnen, dringen Wärme und ein Modergeruch aus ihr. Keine andere Blüte erzeugt Wärme, und der Zweck bleibt unbekannt. Der Duft lockt nachtaktive Käfer und Blatthornkäfer an, die in der jetzt geöffneten äußeren Kammer des Hüllblattes landen. Sie kriechen sofort durch ein enges Portal in das Halbdunkel der inneren Kammer. Dort finden sie eine düstere Welt; die Innenseite des Hüllblattes hat einen zartscharlachroten Farbton, und der Kolben ist mit roten Kissen, den Eizellen der Pflanze, gefüllt. In der Kammer herrscht ein reges Treiben: Pflanzensauger saugen Saft aus dem Gewebe des Hüllblattes, Kurzflügler-Käfer verspeisen Eizellen, und Legwespen spazieren über die Kissen und suchen einen Platz, um ihre Eier abzulegen. Diese Bewohner nützen der Pflanze nicht, sie können ihr im Gegenteil schaden. Man nimmt an, daß die Blatthornkäfer die Blüte bestäuben, denn sie sind an das Baumuster der Blüte angepaßt und werden in der unteren Kammer angetroffen – was sie dort suchen, ist allerdings unklar. Wenn die Blatthornkäfer die Blüte verlassen, sind sie mit Blütenstaub bedeckt, den sie zur nächsten von ihnen besuchten Blüte transportieren.

Während der folgenden Wochen und Monate machte ich vom Netz ausgiebigen Gebrauch, um den Kronenraum zu erforschen. Ich entdeckte etwa 22 Arten großer Bienen, die zwischen den Blüten an der oberen Grenzfläche des Kronenraums flogen und zum Teil nie zuvor beschrieben worden waren. Sie kamen fast nie zum Erdboden herab und werden deshalb für sehr selten gehalten. Die großen Bienen bestäuben eine ganze Reihe von Baumarten des Kronenraums, unter anderem Almendros, *Hymenolobium*- und Topffruchtbäume.

Eine neue Gruppe von Blüten, die bei der Fremdbestäubung auf Vogelfüße angewiesen ist, gehört gleichfalls zu meinen Entdeckungen. Bis zum heutigen Tag konnte ich in der wissenschaftlichen Literatur keinen einzigen Aufsatz über dieses Thema finden. Die Struktur dieser Blüten ist so ungewöhnlich, daß sie vielleicht in den Lehrbüchern der Bestäubungsökologie ein neues Kapitel verdienen.

Ich untersuchte die betreffende Pflanze im Frühjahr 1986 zusammen mit Manuel Santana (einem Tropenbiologen) und Gary Stiles. Es ist eine zähe Kletterpflanze, *Norantea sessilis* aus der Familie der Marcgraviaceen, deren einzigartige schöpflöffelförmigen Nektarien täglich mehrere Kubikzentimeter süßen Nektars produzieren, um damit Vögel anzulokken. Wenn die Vögel morgens kommen, um an den zahlreichen Blüten zu schmausen, tropft der Nektar buchstäblich von der Pflanze. Ich habe mich zehn Jahre lang mit Blüten beschäftigt, aber nie zuvor soviel vergeudeten Nektar gesehen.

Das Anlocken der Vögel ist für die Kletterpflanze nur eines der Probleme bei der Bestäubung. Der Pollen muß außerdem von einer Blüte zur anderen geschleppt werden. Wahrscheinlich glauben die meisten Biologen nicht, daß die glatten Schuppen an den Füßen der Vögel mit Erfolg Blütenstaub übertragen können. *Norantea sessilis* unterscheidet sich aber in einem wichtigen Punkt von den meisten anderen Gewächsen: Ihr Blütenstaub ist in einen zähen, durchsichtigen Schleim eingebettet. Er klebt an jeder glatten Oberfläche und bleibt deshalb auch leicht an den Füßen der Vögel haften.

Das größte physikalische Problem, das die Pflanze bewältigen muß, ist die mechanische Beanspruchung der Blüten. Kein Wunder, daß die weiblichen Organe der Blüten von *Norantea sessilis* wie kleine flache »Knöpfe« geformt sind, die im Gegensatz zu den meisten anderen Blüten erstaunlich große Druck- und Scherkräfte überstehen können und trotzdem lebensfähig bleiben. Über die Tatsache hinaus, daß ihre Fortpflanzungsstrategie für die Wissenschaft ein Novum darstellt, ist die Biologie von *Norantea sessilis* eng mit einem Jahr für Jahr in Nordamerika zu beobachtenden Ereignis verknüpft: *Norantea* zieht viele Arten nordamerikanischer Zugvögel an, beispielsweise die Waldsänger *Dendroica castanea, Dendroica fusca, Dendroica dominica, Protonotaria citrea* und *Vermivora peregrina* sowie die Baltimore-Trupials. Ein großer Schwarm exotischer und bunter Vögel der Tropen besucht die Kletterpflanze ebenfalls. Für Gary waren diese neuen Erkenntnisse über die Zugvögel überraschend, obwohl er jahrelang in den Tropen ornithologische Untersuchungen durchgeführt hatte. Er ist jetzt mehr denn je davon überzeugt, daß der Kronenraum der mittelamerikanischen Regenwälder der ursprüngliche Lebensraum der nordamerikanischen Zugvögel war (er betrachtet die Zugvogelarten in der Tat als tropische Arten, die in den Norden fliegen). Ich frage mich, ob nicht irgendwann ein Sommer kommen wird, in dem die schönen tropischen Vögel Nordamerikas nicht mehr zurückkehren, weil die Wälder im Süden vernichtet worden sind.

Auf meinen Kletterexkursionen in den Kronen der Regenwälder habe ich ihre einmalige Schönheit erfahren, die man sonst nirgendwo auf unserem Planeten mehr finden kann. Biologen, die die Baumkronen erforschen, scheinen reich belohnt zu werden, aber der Fortgang der Forschungen im Kronenraum wird noch immer behindert.

Bis vor wenigen Jahren war der einzige Weg, sich über die Lebewesen des Kronenraums einen Überblick zu verschaffen und sie zu untersuchen, die Tiere und Pflanzen aufzusammeln, die auf den Waldboden gefallen waren – wenn man nicht Bäume fällte und die in Bruchstücke zerschmetterten Lebensgemeinschaften nachträglich wieder zusammenzufügen versuchte. Feldbiologie ist in erster Linie die Erforschung der Lebewesen *in situ*, also in ihren natürlichen Lebensräumen. Keine der heutigen Forschungsstationen auf der Erde hat die Mittel, das Leben in den Baumkronen *in situ* zu untersuchen, und beim Blick in die Bibliothek einer Hochschule wird man nur eine Vielzahl veralteter oder weitgehend erfolgloser Verfahren zur Untersuchung des Kronenraumes entdecken, etwa Türme, Laufgänge oder Plattformen. Bessere Beobachtungsmethoden findet man unter den Kletterern, die auf den Techniken der Bergsteiger aufbauen. Ich selbst habe die von mir entwickelten Verfahren schon oft angewandt, viele andere Wissenschaftler, die sich auf dem Erdboden wohler fühlen, warten jedoch auf eine Gelegenheit, den Kronenraum frei von Angst vor tödlichen Gefahren zu erforschen.

Gegenwärtig verfolge ich das Ziel, das erste Fahrzeug für Untersuchungen im Kronenraum zu bauen. Mit ihm wird es möglich sein, sich praktisch ohne Risiko in einem großen Ausschnitt des Waldes vom Erdboden bis über die Baumkronen hinauf frei zu bewegen. Dieser Plan wird in Rara Avis, einem weiten Landareal in den nebligen Fußhügeln bei La Selva, verwirklicht werden. Das Gebiet ist völlig isoliert, weil es am Ende einer nicht ausgebauten Piste liegt, die sich in der Regenzeit in knietiefen Morast verwandelt. Andererseits sind die Fußhügel wegen ihrer abgeschiedenen Lage noch immer von jungfräulichen Wäldern überzogen und von der Zivilisation fast unberührt geblieben. Wie unberührt die Natur in diesem Gebiet ist, erkennt man an seinen kristallklaren Flüssen – solche Flüsse sind in den Tropen, wo das Abholzen der Wälder und der Ackerbau schwere Erosionsschäden verursachen, inzwischen eine Rarität.

John Williams und ich haben gemeinsam einen durch Funksignale ferngesteuerten Sessellift konstruiert: das *Automated Web for Canopy Exploration* (Automatisches Netz für die Kronenraum-Erforschung), kurz AWCE genannt. Es macht Wissenschaftler quasi zu Piloten, die in den oberen Stockwerken des Regenwaldes nach Belieben umherfliegen können. AWCE wird die hohen Bergkämme in Rara Avis nutzen, um ein Netz aus rostfreien Stahlseilen über ein kleines Tal zu spannen. Unser System wird es jeweils zwei Wissenschaftlern erlauben, sich mit Hilfe handlicher Fernsteuerungsgeräte in einem Areal von etwa vier Hektar zu jedem Punkt über dem Kronendach und hinunter in die dichteren Vegetationsschichten zu bewegen, um dort die Geheimnisse des Urwalds zu erforschen. Das AWCE-System wird allen Wissenschaftlern eine bisher unbekannte Bewegungsfreiheit verleihen und sie so an der Erforschung des Lebens im Kronenraum teilnehmen lassen.

Eine Fahrt in unserem »Sessellift« ist ein unbeschreibliches Erlebnis. Plötzlich führte er uns hier über eine Klippe und eröffnete den Blick auf einen doppelten Wasserfall: Der obere Katarakt stürzt aus etwa 15 Meter Höhe hinab und ergießt sich in eine weite schwarze Lagune

Der ferngesteuerte Sessellift kann darüber hinaus für andere Aufgaben eingesetzt werden: beispielsweise für den Bau von kleinen Beobachtungsplattformen oder einer Forschungsstation im Kronenraum, die man *Tree-lab* (Baumlabor) nennen könnte. Sie böte Wohn- und Arbeitsräume für drei Wissenschaftler mit einer Regenwasserdusche, einem wirksamen Insektenschutz, bequemen Schlafkojen und einer Kochecke. Forscher könnten das Netz von dort aus benutzen und sich für längere Zeit im Kronenraum aufhalten. *Tree-lab* und das AWCE-System wären zusammen für die Grundlagenforschung in den tropischen Regenwäldern von unschätzbarem Wert.

Mit Hilfe der Firma *Montres Rolex S.A.* in der Schweiz, der *Heinz-Stiftung* und dem *Institute of Current World Affairs* ist das Projekt mittlerweile begonnen worden. Obwohl wir noch mehr finanzielle Unterstützung brauchen, erwarte ich, daß das AWCE fertiggestellt sein wird, wenn dieses Buch in Druck geht.

Da jeder tropische Wald seinen besonderen Charakter hat, ist es wichtig, daß alle Forschungsstationen rund um die Erde mit einem eigenen AWCE-System ausgerüstet werden.

Die Ökologie einer neuen Welt

Über den Forschungen in den Urwäldern der Erde hängt eine dunkle Wolke. Mit rasender Geschwindigkeit werden die tropischen Regenwälder der Erde ohne Rücksicht auf Verluste zerstört. In seinem Buch *Conversion of Tropical Moist Forests* (Mißbrauch der tropischen Regenwälder, 1980) berichtet Norman Myers, daß um 1990 fast alle Tiefland-Regenwälder auf den Philippinen, auf der Malaiischen Halbinsel, auf Sumatra, in Sabah und Melanesien durch Holzkonzerne vernichtet sein werden. Der Holzraubbau und zusätzliche Faktoren wie die systematische Erschließung neuer Landwirtschaftsflächen, der Wanderfeldbau und die Viehwirtschaft werden die Wälder in vielen anderen Ländern bis 1990 weiter dezimieren, zum Beispiel in Australien, Bangladesch, Indien, Indonesien, Sri Lanka, Thailand, Vietnam, an der brasilianischen Atlantikküste, in Mittelamerika, im kolumbianischen Amazonastiefland, in Ecuador, Madagaskar, Tansania und Westafrika. Die Zerstörung der Wälder mag in Burma, Papua-Neuguinea, in Peru und Kamerun nicht so schnell voranschreiten wie in den zuerst genannten Ländern, trotzdem werden auch ihre Wälder um das Jahr 2000 weitgehend verschwunden sein.

Schon Anfang der 80er Jahre schätzte Peter Raven, der Direktor der *Missouri Botanical Gardens*, daß jährlich 250000 bis 300000 km^2 Wald, also etwa die Fläche Großbritanniens oder der Bundesrepublik Deutschland, abgeholzt werden. Vom Wachstum der Weltbevölkerung innerhalb der nächsten 20 Jahre werden 90% vor allem auf die oben genannten Länder entfallen, und die Bevölkerungsexplosion wird die Entwaldung voraussichtlich noch beschleunigen. Um die Mitte des nächsten Jahrhunderts werden vielleicht alle Wälder verschwunden sein, sogar im riesigen Amazonastiefland.

Die Folgen des Bevölkerungswachstums werden sich in kleineren geographischen Regionen wie Mittelamerika oder auf einigen tropischen Inseln besonders verheerend auswirken. Amazonien wird wegen seiner gewaltigen Fläche wahrscheinlich die letzten Relikte unberührter tropischer Wälder samt ihrer artenreichen Tier- und Pflanzenwelt beherbergen. Gerade jetzt strömen jedoch Tausende von Menschen in das Amazonastiefland und verändern seine Natur. Und dieser Wandel ist alles andere als friedlich.

Bruce Handler von der Nachrichtenagentur *Associated Press* berichtete, daß zwischen den Neuankömmlingen und den im Urwald heimischen Sammlern von Paranüssen offener Krieg ausgebrochen sei. Von Januar 1983 bis August 1984 starben beim Streit um Land mehr als 20 Menschen. Die Nüssesammler versuchen, ihre Ernte im Wert von 40 Millionen Dollar pro Jahr zu schützen, und die Siedler wollen der Armut in den Slums der Städte entfliehen. Die Nußernte soll nach Angaben der Sammler in den letzten fünf Jahren um 40% zurückgegangen sein, weil die Siedler die Nüsse stahlen und Bäume mit wertvollem Holz fällten. Wer der wirkliche Übeltäter ist, kann häufig nur schwer entschieden werden. Einige möchten die Siedler unterstützen, indem sie behaupten, daß die Nüssesammler ihre eigenen Bäume fällen, um wertvolles Holz zu gewinnen und Viehweiden anzulegen, obwohl die Regierung ihnen die billigen Landkonzessionen nur für die Nußernte gewährt hat. Die Sammler schieben dagegen den Siedlern die Schuld für die Zerstörung der Umwelt zu. Aus der Sicht des Waldes macht es indes keinen Unterschied, wem eine Weide gehört, so lange das Interesse des Besitzers nur dem größtmöglichen Profit gilt. Die Zukunft der brasilianischen Paranüsse sieht so oder so düster aus.

Andere »Erzeugnisse«, die für uns ganz selbstverständlich sind, werden zusammen mit den Wäldern verschwinden, unter anderem Primaten, Papageien, Zierpflanzen, Mahagoni-, Teak- und Rosenhölzer und – noch viel wichtiger – Hunderttausende von Tier- und Pflanzenarten, deren möglicher Nutzen bei der Schädlingsbekämpfung, in der Pharmazie und Medizin überhaupt noch nicht erforscht worden ist. Die tropischen Wälder sind der Erde größtes Reservoir für genetisches Material. Indem die Gentechnologie die Verfahren, dieses Material zu verändern, immer weiter verfeinert, könnte uns ein riesiges Lager von unschätzbarem wirtschaftlichen Wert zur Verfügung stehen. Die tropischen Wälder sind nicht nur durchweg außergewöhnlich reich an unbekannten Arten, selbst kleine Waldareale haben ihre eigene exklusive Flora und Fauna. Mit jeder Minute schwinden die Wälder jedoch, und Arten gehen unwiederbringlich verloren.

Die Ausrottung zahlloser Tier- und Pflanzenarten läßt sich anscheinend nicht mehr aufhalten. Die Dokumente aus der Erdgeschichte belegen den Verlust von Arten in einer Größenordnung, die unsere Vorstellungskraft übersteigt. In einem Bericht an die *Geological Society of America* stellt Thomas Schopf fest, daß »wohl mehr als 99,99999% aller Arten, die je auf der Erde lebten, heute ausgerottet sind«. Es ist eine allgemein anerkannte Tatsache, daß die heutigen Organismen der Erde, bis auf wenige Arten, dieses Schicksal teilen werden.

Die Ursachen des Massensterbens sind zwar noch unklar, es gibt allerdings eine ganze Reihe möglicher Erklärungen. Zum Beispiel könnten Kontinente und Inseln über den Erdball gedriftet, im Meer versunken oder in große Höhen gehoben worden sein. Eiszeiten könnten die Temperaturen in weiten Teilen der Erde unter den Gefrierpunkt sinken lassen und Dürrezeiten Wälder in Wüsten verwandelt haben. Jeder schroffe Wechsel der Umweltbedingungen ließ bestimmte Tier- und Pflanzenarten aussterben, gab anderen Arten damit aber auch die Chance, die freigewordenen ökologischen Nischen einzunehmen und sich zu entfalten.

Der rätselhafte Untergang der Dinosaurier hat seit jeher das Interesse der Wissenschaftler auf sich gezogen, und es gibt zahllose Theorien, die ihr Ende erklären wollen. Im Lauf der letzten Jahre haben verschiedene Medien der Theorie, die das Massensterben am Ende der Kreidezeit mit dem Zusammenstoß der Erde mit einem Asteroiden, einem großen Brocken kosmischer Materie, erklärt, große Aufmerksamkeit gewidmet. Diese Katastrophentheorie hat sogar gesicherte wissenschaftliche Erkenntnisse zur Grundlage: Eine Gruppe von Wissenschaftlern, angeführt von Walter Alvarez, fand 1979 erste Hinweise auf eine Katastrophe vor rund 65 Millionen Jahren. Die Wissenschaftler entdeckten über den Meeressedimenten der jüngsten Kreide eine Schicht, die ungewöhnlich viel Iridium enthielt. Oberhalb dieser iridiumhaltigen Schicht fehlten in den Sedimenten bestimmte Planktonorganismen; man folgerte daraus, daß sie damals ausgestorben seien. Heute, nach viel wissenschaftlicher Kleinarbeit, spricht einiges dafür, daß dieses Iridium aus dem Weltall auf die Erde gelangte.

Das sind die Fakten, und doch fehlt der entscheidende Punkt: der Beweis, der eine Verbindung von der iridiumhaltigen Schicht innerhalb der Meeressedimente und den ausgestorbenen Planktonten zum Massensterben auf dem festen Land herstellt.

Selbst Walter Alvarez erkannte, daß die Fossilien landlebender Arten die Kollisionshypothese weder belegen noch widerlegen. Die fossile Landflora, die am eindeutigsten darüber Aufschluß gibt, was auf dem festen Land geschah, hat Alvarez sogar gezwungen, seine ursprüngliche Auffassung zu revidieren. In einem 1982 erschienenen Artikel mit dem Titel *Current status of the impact theory for the terminal Cretaceous extinction* (Der gegenwärtige Stand der Kollisionstheorie zur Erklärung des Massensterbens in der späten Kreidezeit) erörtert er zusammen mit seinen Mitautoren diese Streitfrage:

»Bei dem Staub-Szenarium gingen wir davon aus, daß die Dunkelheit wenige Jahre dauern würde ... Diese Annahme beruhte auf einem Bericht der *Royal Society of London* (1888), die nach der Explosion des Krakatau im Jahre 1883 untersucht hatte, wie lange außergewöhnlich farbenprächtige Sonnenuntergänge auftraten, und dabei zu diesem Ergebnis kam. Damals standen uns keine anderen verläßlichen Informationen zur Verfügung. Hickey (1981 [ein Paläobotaniker, der sich mit tropischen Pflanzen beschäftigt]) wandte sich entschieden gegen das Staub-Szenarium. Eine Dunkelheit, die mehrere Jahre lang anhielt, hätte seiner Ansicht nach eine große Zahl tropischer Pflanzen aussterben lassen. Tropische Pflanzen haben nicht die Fähigkeit, diesen langen Zeitraum in einem Ruhestadium zu überstehen. Hickey konnte keine Hinweise auf ein derartiges Massensterben unter den tropischen Pflanzen entdekken ... Milne und McKay (1981) berechneten, daß eine wenige Monate lange Dunkelheit unter dem ozeanischen Phytoplankton etwa zur gleichen Aussterberate geführt hätte, die bei den Fossilien in den Meeressedimenten beobachtet worden ist. Hickey (persönliche Mitteilung, 1981) kam zu der Auffassung, daß das Überleben der tropischen Pflanzen eine wenige Monate lange Dunkelheit nicht zwingend ausschließt.«

Die Unschlüssigkeit über den Zeitraum, in dem die Staubwolke den Himmel verfinsterte, ist nur eine Schwäche der Kollisionshypothese. Eine andere ist die Frage, warum nur die Dinosaurier als einzige größere Gruppe von Landtieren von einer solchen Katastrophe hätten betroffen sein sollen. Man kann sich das nur sehr schwer vorstellen, ohne zu spekulieren. Auf die Medizin übertragen, würde es der Behauptung entsprechen, Cyanid (ein Salz der Blausäure) könnte alle Arten von Krebszellen abtöten, aber kein anderes Gewebe. Alvarez und seine Kollegen waren auf dem richtigen Weg, als sie überlegten, wie sich eine längere Dunkelheit auf Pflanzen auswirken würde. Es wäre vielversprechend gewesen, wenn sie diesem Weg weiter gefolgt wären und andere Landlebewesen bei ihrer These berücksichtigt hätten.

Ich muß gestehen, um die Diskussion einige Augenblicke lang ruhen zu lassen, daß ich ein Zyniker bin, wenn es darum geht, an die meisten neuen biologischen »Theorien« zu glauben. Nach meinen Erfahrungen mit den Akademikern stehen alle – von den Ordinarien bis hinunter zu den ehrgeizigen Doktoranden – unter einem erheblichen Druck, bedeutende Forschungsarbeiten und Theorien zu produzieren. Die Fähigkeit, die biologische Diskussion zu schüren, und sei es auch nur für kurze Zeit, kann helfen, sich eine Position an einem größeren Institut zu sichern, selbst wenn man dabei erdrückendes Faktenmaterial nicht zur Kenntnis nimmt, und es macht auch nichts, wenn die eigene Theorie bald darauf vergessen ist.

Eine logisch erscheinende, vielleicht aber weniger spektakuläre Erklärung für das Aussterben der Meeresorganismen ist die Möglichkeit, daß sie durch eine Substanz vergiftet wurden, der die Landlebewesen entgingen. Diese Möglichkeit sollte viel stärker in Betracht gezogen werden. Erkenntnisse über die vorzeitliche Verseuchung des Meerwassers könnten Aufschluß über die Folgen der gegenwärtigen weltweiten Verschmutzung der Ozeane durch den Menschen liefern.

Die Kollisionstheorie indes hat der weitverbreiteten Meinung, die Dinosaurier hätten ein plötzliches Ende gefunden, neuen Auftrieb gegeben. Dadurch fühlten sich die Paläontologen kräftig auf die Zehen getreten, die man zu einem Symposium über das Thema »Geologische Schlußfolgerungen aus dem Einschlag großer Asteroiden und Kometen auf der Erdoberfläche« eingeladen hatte. Die Paläontologen vertraten weiterhin die Ansicht, daß es für ein plötzliches Ende der Dinosaurier keinerlei Hinweise gebe. So stellte William Clemens in einem Beitrag fest: »Das Artensterben in der jüngsten Kreidezeit unter den Landlebewesen (Dinosaurier, Landpflanzen usw.) scheint sich in einem geologisch kurzen, mit den Zeitmaßstäben der Biologie gemessen jedoch längeren Zeitraum abgespielt zu haben. Es war offenbar das

Ergebnis vielfältiger, miteinander verknüpfter Änderungen physikalischer und biologischer Faktoren.«

Diese Feststellungen sollten der Kollisionstheorie eigentlich ein Ende bereitet haben; statt dessen wurden sie von der aufregenden Vorstellung, wie die Ökosysteme unter einem Asteroidenhagel zugrunde gingen, selbst hinweggefegt.

Bei demselben Symposium äußerte Norman Newall die Ansicht, die Asteroidentheorie gebe eher Aufschluß über das, worüber Leute am liebsten diskutierten, als daß sie das Schicksal der Dinosaurier erklären könne. »Die Idee von einer weltweiten Katastrophe, von Tod und Zerstörung spricht die Vorstellungskraft an und ist in der Tradition (und Religion) des Abendlands fest verwurzelt.«

Aber es ist nicht nur die Tradition, die unser Interesse an erdgeschichtlichen Katastrophen erregt. Ein Atomkrieg und der nachfolgende »nukleare Winter« stellen uns vor sehr reale Bedrohungen. Vielleicht ist die Angst vor der Selbstvernichtung die treibende Kraft hinter dem Erfolg der Kollisionstheorie bei einem breiten Publikum. Das könnte man aus einem Beitrag von Natalie Angier für das Nachrichtenmagazin *Time* schließen. Ihr Artikel ist unübertroffene Rhetorik, die einem kalte Schauer über den Rücken jagt; wenn er allerdings die Länder der Erde dazu bewegt, ihre Schwerter zu begraben, kann es nur zu unser aller Wohl sein:

»Die betäubende Kraft des Aufpralls, schätzungsweise 100 Millionen Megatonnen, hätte einen riesigen, 1700 °C heißen Feuerball erzeugt, der sich mit Schallgeschwindigkeit ausgebreitet und von Nordamerika bis Ostasien Wälder entzündet hätte. Mehrere hundert Milliarden Tonnen Pflanzen und Tiere wären verbrannt, riesige Schwaden aus schwarzem Rauch aufgestiegen, um sich in der Stratosphäre mit dem beim Aufprall aufgewirbelten Staub zu vermischen und um den Erdball zu kreisen. Dazu kommt, daß der Ruß vom Regen nicht so leicht ausgewaschen worden wäre und der PROTONUKLEARE (Hervorhebung von mir, D. P.) Winter dadurch viel länger gedauert hätte, als wenn er vom Staub in der Atmosphäre allein verursacht worden wäre. Die meisten Pflanzen und größeren Tiere, die die Explosion, die Feuer und die tödlichen Wolken aus Kohlenmonoxid überlebt hätten, wären schließlich doch den Klimaänderungen zum Opfer gefallen. Kleinere Kreaturen aber hätten sich in Höhlen verkriechen und in ihnen überwintern können, bis das Sonnenlicht zurückkehrte. Dann wären sie wieder aus ihren Schlupflöchern aufgetaucht, um die Erde von neuem zu bevölkern.«

Angiers Theorie erinnert mich an die Monster in Horrorfilmen, bei denen alle tödlichen Waffen versagen. Überhaupt gleichen Theorien über fossile Lebewesen Monstern, denn sind sie erst einmal niedergeschrieben, werden sie unsterblich. Am besten verdeutlicht dies eine Hypothese, der wir diesen Schlamassel zum

Teil verdanken: diejenige, die behauptet, die riesigen Reptilien wären ausgestorben, weil die Säugetiere alle ihre Eier gefressen hätten. Es gibt keinerlei Beweise für diese Theorie; weil man aber keine bessere hat, bleibt die »Eierfresser-Hypothese« in Kraft.

Die Tatsache, daß die Säugetiere die Kreidezeit überlebt und sich dann auf breiter Front entfaltet haben, um die meisten ökologischen Nischen zu füllen, hat zu dem Irrglauben geführt, daß die Säuger den Dinosauriern überlegen gewesen wären und sie in den Tod getrieben hätten. Wenn das zuträfe, müßte man sich doch die Frage stellen, warum die Säugetiere mehr als 100 Millionen Jahre lang »friedlich« mit den Dinosauriern zusammenlebten, bis letztere schließlich ausstarben. Dies ist eines der größten Rätsel der Geschichte des Lebens auf der Erde. Möglicherweise konnten die Säuger die Dinosaurier im Konkurrenzkampf nicht besiegen und mußten erst auf ein von außen kommendes Ereignis wie den Aufprall eines Asteroiden warten, um die Vorherrschaft zu gewinnen.

Diese Überlegungen führen zu einigen hochinteressanten biologischen Fragen, auf die es bis heute noch keine befriedigenden Antworten gibt: Wie sah unser Planet aus, als Säugetiere und Dinosaurier noch gemeinsam auf ihm lebten? Was waren die ökologischen Ansprüche beider Tiergruppen? Die richtigen Antworten auf diese Fragen werden wir wohl niemals finden.

Theorien über fossile Dokumente aus der Erdgeschichte spiegeln die Meinungen und den Wissensstand der Forscher wider, die diese Theorien aufstellen. Meiner Ansicht nach werden sich die besten und wahrscheinlichsten Theorien über das Artensterben in früheren Epochen der Erdgeschichte aus den Erkenntnissen entwickeln, die wir über lebende Organismen besitzen. Beispielsweise gibt es heute fundierte ökologische Argumente, die erklären, warum die Säugetiere nicht mit den Dinosauriern ums Überleben kämpften (s. Kapitel »Der Untergang der Dinosaurier«).

Die frühen Säuger waren so groß wie Mäuse oder Ratten und ernährten sich von Insekten, Würmern, Aas, vielleicht auch von Knospen und Samen. Die pflanzliche Nahrung hatte damals einen hohen Faseranteil und einen geringen Nährwert. Nach dem, was wir heute über die Säuger wissen, wäre es für sie unmöglich gewesen, sich zu größeren pflanzen- oder fleischfressenden Arten zu entwickeln, denn die damaligen Pflanzengesellschaften konnten größere, warmblütige Tiere einfach nicht ernähren. Für die riesigen kaltblütigen Dinosaurier, die weniger

Energie brauchten, reichte die primitive Vegetation dagegen aus. Die Säugetiere fristeten ihr Leben als Insekten- und Aasfresser und »warteten« darauf, daß sich die ökologische Energiebilanz zu ihren Gunsten veränderte. Das geschah dann in der Schlußepoche der Kreidezeit gemeinsam mit der Evolution von Pflanzen, die Blüten und Früchte trugen. Und diese Theorie wird von den verfügbaren fossilen Dokumenten sicher getragen.

So einleuchtend die oben gegebene Erklärung auch ist, sie wird die Anhänger der Asteroidentheorie noch immer nicht überzeugen. Stellen wir uns aber vor, daß sich ein »protonuklearer Winter« tatsächlich über die Bewohner der Erde gesenkt und es keine Nahrung und kein Licht gegeben hätte; überall wäre es eine lange, lange Zeit bitterkalt gewesen. Jeder Biologe kann sagen, welche Tiere solche Bedingungen überlebt hätten. Auch in diesem Punkt irrt die Asteroidentheorie. Sie steht wirklich auf schwachen Füßen und muß in sich zusammenfallen, weil sie die einfachsten biologischen Gesetze ignoriert.

Welche Tiere hätten also eine derartige Katastrophe überlebt? Das ist eine Frage der Energie. Die Tiere, die ihre Energiereserven am schnellsten aufgebraucht hätten, wären zum Untergang verurteilt gewesen. Im Vergleich mit Säugetieren hätten die Dinosaurier wesentlich größere Überlebenschancen besessen: Zum einen braucht ein Dinosaurier im Vergleich mit einem Säugetier der gleichen Größe nur ein Sechstel der Nahrungsmenge, um zu überleben, zum anderen hätten die Dinosaurier – wie viele Säugetiere auch – Winterschlaf halten können, wenn es ihnen zu kalt wurde. Es gab viele Dinosaurier kleiner bis mittlerer Größe, die einen schützenden Unterschlupf gefunden hätten. Daraus kann man nur folgern, daß die Dinosaurier einen »protonuklearen Winter« ebenso gut oder sogar noch besser als die Säugetiere hätten überstehen müssen.

Was wäre bei einer solchen Katastrophe mit den Vögeln geschehen? Die Asteroidentheorie versagt in diesem Punkt völlig, und das versetzt ihr den Gnadenstoß. Vögel sind Tiere, die buchstäblich mit einem Fuß im Grab stehen: Sie suchen am Tag nach Nahrung und brauchen, gemessen an ihrer Körpergröße, täglich große Futtermengen, nur um zu überleben. Sie halten auch keinen Winterschlaf. Innerhalb einer Woche nach der kosmischen Explosion wären sämtliche Vogelarten auf der Erde ausgestorben – und doch haben fast alle bedeutenderen Vogelsippen die Kreidezeit überlebt und sich rasch vermehrt! Allein die heutige Existenz der Vögel beweist, daß es in den letzten 150 Millionen Jahren keinen »protonuklearen Winter« auf der Erde gegeben haben kann, was wiederum bedeutet, daß für das Massensterben am Ende der Kreidezeit nicht Wolken aus Rauch und

Asche verantwortlich waren. Ein Ereignis anderer Art muß den Untergang der Dinosaurier bewirkt haben.

Neuerdings geriet die Asteroidentheorie durch einen Aufsatz von D. Raup und J. J. Sepkoski Jr. ein weiteres Mal ins Wanken. Die beiden Autoren behaupten, daß sich das Massensterben nach statistischen Untersuchungen im Lauf der Erdgeschichte in regelmäßigen Abständen von 26 Millionen Jahren wiederholt hätte. Komplizierte Statistiken sollten jedoch immer mit Skepsis betrachtet werden, bis andere die Ergebnisse bestätigen. Selbst wenn sich dieser Zyklus als richtig erweist, kann das nicht bedeuten, daß »protonukleare Winter« in regelmäßigen Abständen ein Artensterben auf unserem Planeten verursachten.

Sofern sich das Massensterben tatsächlich in einem Zyklus von 26 Millionen Jahren ereignet, wird es dem zitierten Aufsatz nach von heute an gerechnet in etwa 15 Millionen Jahren wieder ein verheerendes Artensterben geben. Die Autoren übersehen indes ganz offenkundig die unwiderlegbaren Indizien, die beweisen, daß sich die Erde gegenwärtig an einem Scheideweg ihrer biologischen Geschichte befindet. Der Kamm der größten Ausrottungswelle seit der jüngsten Kreide läuft über sie hinweg. Nach Schätzungen des *National Research Council of the American Academy of Sciences* werden um das Jahr 2100 mehr als 50% der Tier- und Pflanzenarten unseres Planeten ausgestorben sein. Dafür können nicht das Wetter, Kollisionen von Planeten, die Sonnenstrahlung, Gletscher oder irgendwelche anderen Erklärungen verantwortlich gemacht werden. Das, was den Lebewesen der Erde bevorsteht, kann man nur so erklären: Sobald Lebewesen im Lauf ihrer Entwicklung eine nächste, »höhere« Stufe erreicht haben, sind sie – durch den *Konkurrenzkampf* – imstande, die Ökosysteme der Erde so schnell zu verwüsten, als wären diese von einem Kometenhagel oder einem »protonuklearen Winter« heimgesucht worden.

In vielen, die behaupten, daß der Mensch sich von anderen Organismen unterscheidet und das Artensterben, das wir heute verursachen, in der Erdgeschichte ohne Beispiel ist, steckt eine gehörige Portion Selbstgefälligkeit, denn dasselbe könnte man von den »Gewinnern« jedes Massensterbens in der Vergangenheit behaupten.

Wenn man das, was die Menschheit tut, unvoreingenommen betrachtet, wird eines klar: Das, was sich heute abspielt, unterscheidet sich nach Philip Regals ökologischer Erklärung kaum von den Vorgängen in der Kreidezeit. Ziemlich schnell, wenigstens nach geologischen Zeitmaßstäben, ist ein baumbewohnender Primat zum Erdboden hinabgestiegen und hat begonnen, mit Hilfe von Werkzeugen Nahrungspflanzen anzubauen und Tiere zu domestizieren. Der Zugang zu reichen und zuverlässigen Nahrungsquellen gewährte ihm immer mehr »Freizeit« und schärfte seinen Verstand bei der

Herstellung von Werkzeugen. Durch die natürliche Selektion verbesserte der Mensch seine Kulturpflanzen und Haustiere, und das neue ökologische Gefüge entwickelte sich schnell. Intellektueller Fortschritt und der Gebrauch immer neuer Werkzeuge vergrößerten die Spannbreite von Klimazonen und Lebensräumen, in denen Menschen mit ihren Haustieren leben und überleben konnten. Das Wirkungsgefüge zwischen Menschen, Haustieren, Werkzeugen und der Fähigkeit des Menschen, immer komplexere Formen von Energie zu nutzen, ist der wirkungsvollste Synergismus, der sich je im Lauf der Evolution entwickelt hat. Kein Wunder, daß diese synergistische Gemeinschaft alle verfügbaren Ökosysteme systematisch überrannt hat, genauso wie der Synergismus zwischen Vögeln, Insekten und Blütenpflanzen die Dinosaurier ausrottete.

Keine einzige Art hat in der Vergangenheit die Ökosysteme so tiefgreifend verändert, wie es *Homo sapiens* seit seinem Erscheinen in der jüngsten Eiszeit getan hat. Unsere Cleverness ließ uns die anderen großen Tiere der Erde an Zahl weit übertreffen. Man schätzt, daß im Jahr 2000 weitere zwei Milliarden Menschen den Erdball und seine Ressourcen mit uns teilen werden. Da die meisten Verbrechen und menschlichen Leiden auf Überbevölkerung und mangelnde Ressourcen zurückzuführen sind, wäre es folgerichtig und nützlich für jede Organisation in der Welt, sei sie religiöser, politischer oder sonstiger Art, zu erkennen, daß die Bevölkerungsexplosion die weitaus größte Gefahr für unseren Planeten darstellt – größer noch als die der Atomwaffen.

Noch ist es möglich, daß wir die tropischen Wälder und uns selbst retten können, aber wir dürfen nicht anderen, ärmeren Menschen die Schuld dafür geben, daß die Ökosysteme des Planeten Erde verwüstet werden. Jeder von uns ist dafür mitverantwortlich!

Die gegenwärtige Weltkrise bedeutet für die Menschheit das Ende einer langen Periode, in der sie sich selbst etwas vorgemacht hat. Unsere hervorstechendsten Eigenschaften bestehen darin, daß wir mit unseren kollektiven geistigen Fähigkeiten prahlen und uns selbst beweihräuchern. Diese menschlichen Eigenschaften spiegeln sich vor allem in Kunstsammlungen wider, in denen man Wand an Wand in monotoner Folge zahllose Gemälde von Menschen finden kann. Bücher über die Entwicklung des Menschen triefen ebenso von selbstzufriedenem Wissen über den bemerkenswerten Aufstieg des *Homo sapiens* aus den dunklen Tiefen animalischer Unwissenheit zum Morgenrot der Selbsterkenntnis und Intelligenz. Sogar unsere Götter sind nach unserem Ebenbild gemacht. Die Entwicklung des Menschen wird dargestellt, als ob die Evolution auf wunderbare Weise eine Kreatur mit solch verblüffenden geistigen Fähigkeiten ausgespuckt hätte. Dabei ist das menschliche Gehirn kein größeres Wunder als eine Blüte, eine Feder oder irgendeine andere Anpassungsform.

Was wäre, wenn andere Organismen den größten Teil ihrer Zeit damit verbrächten, sich wegen ihrer besonderen evolutionären Spezialisierung gegenseitig auf die Schultern zu klopfen? Der Elefant könnte umherpoltern und murmeln: »Oh, mein Rüssel, mein Rüssel, mein Rüssel, mein Rüssel! Was für ein höchst außergewöhnliches und elegantes Organ! Es gibt kein anderes Tier auf der ganzen Erde, das diese erhebende, wunderbare Offenbarung evolutionärer Perfektion besitzt!« Die Insekten würden summend einfallen und einstimmig spotten: »Gehirne! Wer braucht Gehirne? Gehirne haben den großschädligen Bestien nicht geholfen. Wir werden fortfahren, uns von ihnen zu ernähren, uns zu vermehren, zu verbreiten und zu verbergen, und wir werden noch hier sein, lange, nachdem sie verschwunden sind. Uns gehört die im Himmel geschaffene Perfektion. Wir sind die auserwählten Scharen.« Alle Arten von Würmern, Ratten, Schlangen, Schmetterlingen, Schmarotzern, Vögeln, Krebsen, Fischen, Schnekken, Hundertfüßern, Skorpionen, Eichhörnchen, Bibern und Bären würden kreischen, quaken, schnauben, bellen, quäken, krähen, quietschen und die Luft mit dem unerträglichsten Lärm füllen.

Der Mensch ist ein Tier, nicht mehr und nicht weniger. Dem Menschen kann man für die Verwüstung der Erde, die durch seinen Entwicklungsstand verursacht wird, nicht die Schuld geben, genausowenig wie man eine Ratte für die Flöhe, die die Pest übertragen, verantwortlich machen kann. Wir sind bloß Tiere, die innerhalb der Evolution sowohl einen kleinen wie einen großen Schritt vorwärts gekommen sind: Einen kleinen Schritt in der Beziehung, daß wir immer noch 100prozentig Tiere sind, ein Zustand, dem wir niemals entkommen können, und ein großer Schritt, weil unser Verstand sich eine Realität vorstellen kann, die unseren Genen unbekannt ist, eine Welt, in der alle Formen des Lebens mit Mitleid betrachtet werden.

Beim Rückblick auf die Angiospermen-Energie-Revolution (auf die Umwälzungen, die mit der Evolution der Blütenpflanzen und der in Samen und Früchten enthaltenen Energie verbunden waren) und auf die zwangsläufig notwendige Entwicklung zu Lebewesen, die sich im freien Flug bewegen können, scheint es nur eine Frage der Zeit zu sein, bis ein Organismus durch sein Wissen das Geheimnis der »freien« Energie entdeckt. Unsere Ahnen aßen nicht vom Baum der Erkenntnis, sie wurden von den Bäumen der Erkenntnis im Blätterdach des Urwalds geboren. Das Gehirn, das dort entstand, ist dazu übergegangen, die nächste Stufe von Umweltenergie auszubeuten. Wie der Synergismus, der Bäume mit Vögeln vereint, ist das ebenfalls eine Energie-Revolution, die den Menschen mit der Maschine verschmelzen läßt. Das ist kein Fehler des Menschen, denn er wird von dem fundamentalen Verlangen der Tiere vorwärtsgetrieben, physische und soziale Bedürfnisse zu befriedigen. Die erfolgreiche Suche unserer Spezies nach Energie steuert heute allerdings auf einen Höhepunkt zu. Falls nicht viel mehr Menschen den Wäldern helfen, wird diese Suche dazu führen, daß uns nur noch wenige Jahrzehnte bleiben, in denen Sie und Ihre Kinder Gelegenheit haben werden, die vielfältigsten und interessantesten Lebensgemeinschaften kennenzulernen und zu erforschen, mit denen die Erde jemals gesegnet wurde.

»Dort drüben im Dunkel mag es Leben, sogar zelluläres Leben geben. Aber ob hoch oder nieder in der Natur, es wird nicht die Gestalt des Menschen haben. Diese Gestalt ist das Produkt der Evolution, einer langen, sonderbaren Wanderung durch das Dachgeschoß des Waldes. Und zu groß ist die Wahrscheinlichkeit des Fehlschlages, als daß jemals wieder ein menschliches Wesen diesen Weg kommen wird«, schrieb Loren Eiseley in ihrem Buch *The Immense Journey* (Die unvergleichliche Reise).

20 Millionen Jahre nach unserer Zeit, lange nachdem es auf dem Planeten von Milliarden hoffnungslos Sterbender gewimmelt, lange nachdem der Mensch nahezu alle anderen Arten ausgerottet hat, jenseits der Zeit, in der wir in die Tiefen unserer kleinmütigen Seele und unseres Verstands geschaut haben, und lange nach dem Stadium, in dem wir uns für unfähig erklärt haben, mit giftigen, mörderischen Zerstörungswerkzeugen zu leben und zu regieren, dann und erst dann werden tropische Wälder wieder ihre Kronen verschwenderisch erheben, um sich an der warmen Sonne zu ergötzen. In diesem zukünftigen Kronenraum werden Tiere auf den Bäumen leben; bestimmt werden einige von ihnen von den Bäumen herabsteigen, um unseren klugen Kurs zu kreuzen. Vielleicht wird eines stehenbleiben, um sich über fossile Reste zu wundern, und dabei entdecken, daß eine andere zweibeinige Art schon lange vor ihm von den Bäumen kletterte. Und es mag sein, daß es ein wunderbares Geschöpf sein wird, das in der geistigen Entwicklung größere Fortschritte macht und die Erde und ihre Bewohner auf eine Weise behandelt, von der wir stets nur geredet haben.

Es ist meine Hoffnung, daß der Kronenraum tropischer Regenwälder erhalten und zum Nutzen künftiger Generationen erforscht werden kann. Aus dieser Hoffnung heraus habe ich die Arbeit an mehreren Langzeitstudien im Kronenraum aufgenommen. Alle, die bereit und in der Lage sind, einen Beitrag zur Finanzierung dieser Forschungsprojekte zu leisten, können dies über die *University of California Foundation* tun oder über folgende Adresse direkten Kontakt mit mir aufnehmen:

Donald R. Perry
1341 Ocean Avenue, # 154
Santa Monica, CA 90401, USA

Grundlegende Literatur

Bates, Marston: *The Forest and the Sea.* New York: Vintage Books 1960.
Beebe, William: *Tropical Wild Life.* New York: New York Zoological Society 1917.
Colbert, Edwin H.: *The Age of Reptiles.* New York: W. W. Norton & Company 1965.
Darrah, William C.: *Principles of Paleobotany,* New York: The Ronald Press Company 1960.
Eiseley, Loren: *The Immense Journey.* New York: Vintage Books 1957.
Forsyth, Adrian/Miyata, Ken: *Tropical Nature,* New York: Charles Scribner's Sons 1983.
Heilmann, Gerhard: *The Origin of Birds,* New York: Dover Publications 1972.
Hudson, W. H.: *Green Mansions.* New York: Random House 1944.
Janzen, Daniel H.: *Costa Rican Natural History,* Chicago: The University of Chicago Press 1983.
Menninger, Edwin A.: *Edible Nuts of the World,* Stuart, Florida: Horticultural Books 1977.
Murray-Aaron, Eugene: *The Butterfly Hunters,* New York: Charles Scribner's Sons 1903.
Page, Jake u. a.: *Forest,* New York: Time-Life Books 1983.
Romer, Alfred S.: *The Vertebrate Story,* Chicago: The University of Chicago Press 1959.
Seeley, H. G.: *Dragons of the Air,* New York: Dover Publications 1967.
Twain, Mark: *Life on the Mississippi,* New York: Harper and Brothers 1896.